MEINE GESCHICHTE

Mohammed bin Rashid Al Maktoum

MEINE GESCHICHTE

Erste Edition: Juni 2019

Herausgegeben von
Explorer Publishing & Distribution
PO Box 34275, Dubai, UAE
+971 (4) 340 8805
info@ask**explorer**.com
ask**explorer**.com

National Media Council Approval Number MC-02-01-1929909

ISBN 978-1-78596-523-4

„Die Menschen aus den Emiraten
können dieses Zeugnis als Beweis
dafür nehmen, wer wir früher waren
und wie wir eines der dynamischsten
und erfolgreichsten Länder der Erde
aufgebaut haben"

Mohammed bin Rashid Al Maktoum

Einführung

In den letzten 50 Jahren war es mir eine Ehre und ein Privileg, den Menschen in den Vereinigten Arabischen Emiraten zu dienen. In einem halben Jahrhundert hat sich Dubai von einem kleinen, lebhaften Hafen am Golf zu einer wahrhaft globalen Stadt, deren Bevölkerung fast alle Nationalitäten der Erde umfasst, entwickelt. In weniger als zwei Jahren feiert meine Nation ihr goldenes Jubiläum – den 50. Jahrestag des Abkommens, das die Vereinigten Arabischen Emirate als stolzes und unabhängiges Land geschaffen hat.

Dieses Buch erzählt von einigen Höhepunkten meiner Reise und von vielen lebendigen Erinnerungen an die Menschen und Ereignisse, die einen großen Teil meines Lebens und oft auch das Leben unseres Landes geprägt haben. Dementsprechend halte ich meine 50 Jahre im Dienst in einem Buch mit 50 Kapiteln fest. Diese persönlichen Meilensteine habe ich für meine Mitbürger festgehalten, in der Hoffnung, dass sie zukünftigen Generationen als Einblick und Inspiration dienen werden.

Dies ist und kann nur eine unvollständige Aufzeichnung sein – nur ein kleiner Teil der Geschichtsdokumentation unserer geliebten Nation und deren Bewahrung für die kommenden Generationen. In den folgenden Jahren können die Menschen aus den Emiraten dieses Zeugnis als Beweis dafür nehmen, wer wir früher waren und wie wir eines der dynamischsten und erfolgreichsten Länder der Erde aufgebaut haben. Unser einziger Wunsch ist es, dass kommende Generationen sehen können, wie hart wir daran gearbeitet haben, die Zukunft, die sie erben werden, aufzubauen.

Ich habe diese Ereignisse so aufgezeichnet, wie ich mich mit Hilfe von Tagebüchern, Gedichten und anderen Notizen, die ich damals gemacht habe, an sie erinnern konnte. Ich habe diese Erinnerungen, wie es mir die Zeit erlaubte, niedergeschrieben, in der Hoffnung, dass wir – während wir unsere Zukunft gestalten – auch auf unserer Vergangenheit aufbauen können.

Vor 50 Jahren begaben wir uns auf eine Reise, geleitet von den Worten: „Arbeite aufrichtig und bald werden Gott und die Gläubigen deine Bemühungen wahrnehmen."

Der vor uns liegende Weg ist nach wie vor lang und unsere Vision, die zum Wohle unseres Volkes und unserer Nation gestaltet wurde, muss noch erfüllt werden. Wir suchen immer das Beste im Menschen und wollen sein Potenzial zum Nutzen aller entwickeln. Krisen und Hindernisse werden uns nicht aufhalten oder bremsen. Wir werden weder zögern noch uns von Zweifel zurückhalten lassen.

Mit diesen einfachen Worten hoffe ich, dass man ein wenig Weisheit und ein Spiegelbild meiner Liebe zu unserer Nation, meinen Brüdern und Schwestern in den Vereinigten Arabischen Emiraten und der ganzen Welt erkennen kann. Ich teile dies mit Ihnen, um vielleicht unsere arabische Jugend sowie die Jugend überall zu inspirieren oder zu lehren. Wie auch wir, möchten sie eine bessere Heimat aufbauen und die Hoffnung für die Zukunft und für die Zukunft unserer Welt verbreiten.

Als Diener meines Landes erhalte ich Freude und Energie aus dem Glück meines Volkes und aus seiner Zufriedenheit und Sicherheit. Ich weiß, dass auch sie meiner Familie und meinen Kindern das wünschen, was sie sich für die eigene Familie wünschen.

Im Namen Gottes, des Gnädigsten, des Barmherzigsten

Ihr Bruder,

Mohammed bin Rashid Al Maktoum

Inhalt

01

Von Unseren Anfängen Bis Heute

Der 6. Dezember 2017 ist ein Tag, an den ich mich besonders gut erinnern kann. Ich war früh aufgestanden, frühstückte aber erst nach 11 Uhr, da der Großteil des Morgens für ein neues und sehr aufregendes Projekt vorgesehen war – eines, das unsere Nation in eine neue und unerwartete Richtung führen würde. Ich liebe es, Herausforderungen zu stellen, weil ich glaube, dass Entwicklung und Evolution durch das Fordern des 'Unmöglichen' geschaffen werden. Wenngleich es gut ist, die Augen auf den Horizont gerichtet zu haben, ist es doch der Blick darüber hinaus, der uns Menschen die Vorstellungskraft gibt, um wahre Errungenschaften zu erzielen.

Dieses neue Ziel war wirklich außergewöhnlich. Daher wollte ich es dazu nutzen, die Vorstellungskraft der Menschen anzuregen. Ich wollte eine klare Botschaft: Nichts ist unmöglich, keine Barriere kann unserem Volk und unserem Willen zum Erfolg im Weg stehen.

Wir haben an diesem Projekt mehrere Jahre in aller Stille gearbeitet. Wir formten unser Team, erweiterten unsere Kapazitäten und festigten internationale Partnerschaften. Um unsere Fähigkeiten im Bereich der Wissenschaft auszubauen, hatten wir einen neuen und ehrgeizigen Weg eingeschlagen.

Später an diesem Tag teilte ich mehr als 15 Millionen Fans in den sozialen Medien das Projekt mit – die Entsendung der ersten Astronauten der Vereinigten Arabischen Emirate zur Internationalen Raumstation.

Dies war der Höhepunkt der Arbeit von mehr als einem Jahrzehnt, in welchem ein integriertes Ökosystem von Weltraumwissenschaften, Raumfahrttechnik und Kontrollzentren geschaffen wurde. Wir hatten bereits mit unserer Mission, eine unbemannte Sonde in die Umlaufbahn des Mars zu schicken, begonnen und verkündeten die Entwicklung der ersten Stadt der Erde, welche die klimatischen Bedingungen unseres Nachbarplaneten simulieren würde. Das Projekt Mars 2117 hat das langfristige Ziel, eine bewohnte und nachhaltige Stadt auf dem Roten Planeten zu errichten.

Wir entwickelten das erste arabische Satellitenfertigungsprogramm, welches die Fähigkeit hat, eigene Satelliten zu entwerfen, zu bauen und zu verwalten, um so eine schnell wachsende Gemeinschaft von Satelliteningenieuren, Weltraumforschern und Technikern in den Emiraten zu kultivieren. Nun konnten wir unsere Astronauten an Bord der Internationalen Raumstation ISS schicken, um wissenschaftliche Experimente durchzuführen. Diese Experimente wurden von akademischen Einrichtungen der Vereinigten Arabischen Emirate entworfen, um so unsere wissenschaftliche Kenntnis und unser Verständnis wahrlich zu verbessern. Für unsere Astronauten hatten wir solide Ziele, die über eine bloße Reise in den Weltraum hinausgehen sollten. Ich beobachtete die Reaktionen der Menschen auf diese Nachricht und erlebte einen Aufschwung des Stolzes und des Glücks in unserer Nation. Vor allem junge Leute fanden diese Idee faszinierend. Ich wusste, dass wir einen neuen Gipfel zu stürmen hatten, und auch, dass dies nur der Anfang war. An diesem schönen Morgen, mit dem fernen Blick in den Weltraum, schweiften meine Gedanken zu meinen eigenen Anfängen zurück. Wie weit haben wir es gebracht?

„Ich liebe es, Herausforderungen
zu stellen, weil ich glaube, dass
Entwicklung und Evolution durch das
Fordern des 'Unmöglichen' geschaffen
werden"

Ich wurde im Haus meines Großvaters, Scheich Saeed, in Schindagha geboren. Ich erinnere mich an die mit Korallen durchsetzten Lehmwände, die frische Luft passieren ließen, sowie die niedrigen Dächer, den Innenhof und die Schlafzimmer meiner Eltern und Geschwister. Ich erinnere mich an meinen Großvater mit seinem weißen Bart und strahlendem Gesicht. Meine Erinnerung an ihn ist die von einem Mann, der Respekt wegen seines guten Herzens und starken Glaubens gewann. In vielerlei Hinsicht beginnt Dubais Geschichte mit ihm, denn er half der Stadt, sich zu diversifizieren und neue Märkte zu erschließen. Er erschloss Dubais neue Handelsrouten und bereitete den Weg zum Wohlstand. Aber seine größte Errungenschaft war seine Beziehung zu seinem Volk. Er liebte die Menschen, wie auch sie ihn liebten. Es hieß, dass er vor dem Fadschr-Gebet im Morgengrauen aufwachte, zu einem entfernten Brunnen ging, einen großen Eimer mit Wasser füllte und ihn zur Moschee brachte, damit andere ihre Wudū' (Waschungen) vor dem Gebet ausführen konnten. Mein Großvater war weder voreingenommen noch regierte er mit Angst, sondern war erfüllt von äußerster Liebe und Mitgefühl. In seinen Madschlis teilte er seine Weisheit und hörte sich die Beschwerden seiner Mitbürger an, um so sicherzustellen, dass die Gerechtigkeit siegte. Vielleicht kam er mir deshalb an dem Tag in den Sinn, an dem wir verkündeten, die ersten Emiratis in den Weltraum zu schicken. Barmherzigkeit und Liebe können weder vergessen noch durch die Zeit ausgelöscht werden.

Ich war fast neun Jahre alt an seinem Sterbetag, als er kurz nach dem Fadschr-Gebet seinen letzten Atemzug tat, mit meinem Vater an seiner Seite. Ich erinnere mich an das Wehklagen der Frauen und das Weinen der Männer. Nie hätte ich gedacht, dass diese stolzen Männer weinen würden. Ich erinnere mich an die Fahnen, die auf Halbmast gesenkt wurden, und die große Menschenmenge, die sich an seiner letzten Ruhestätte von ihm verabschiedete. Ich habe sein Bild klar in meiner Erinnerung, wie er vor dem Fadschr mit seinem Wassereimer in der Moschee auf sein Volk wartet.

Oh, Abu Rashid, du hast uns gelehrt, wie man Menschen dient! Möge Gott deiner Seele gnädig sein.

Die Lektion Der Lektionen Vom König Der Könige

Er ist der König aller Könige. Er übersteht alles und alles andere geht zugrunde. Kein Schwächling soll ewig dauern, denn Größe gehört Gott allein.

> Wie ein Dichter einmal sagte:
> Wo sind die gekrönten Könige des Jemen,
> und wo sind ihre mit Juwelen besetzten Diademe und Kronen?
> Wo sind die Gebäude, die Shaddad im Iran errichtet hat,
> und wo ist das Reich, das die Sassaniden in Persien beherrschten?
> Wo ist das Gold, das Qarun einmal besaß?
> und wo sind 'Ad und Shaddad und Qahtan?

Man sagt, dass es vier Könige auf der Erde gab: Nimrod, Bakht Nasr, Dhū l-Qarnain und Salomo, der größte von allen. Man sagt, ein Mann habe einmal versucht, die Prozession eines Königs zu stoppen, um mit ihm zu sprechen, aber die Wächter des Königs hielten ihn zurück.

Er rief: „Oh König! Der Prophet Salomo wurde von einer Ameise aufgehalten. Er blieb stehen und sprach mit ihr. Bin ich noch verächtlicher als eine Ameise? Liebt Gott dich mehr als Salomo?"

Der König sprang von seinem Pferd und ging zu ihm, um mit ihm zu sprechen.

Ich wurde durch die Ereignisse der letzten Jahre oft an diese Zeilen erinnert. Diese führen mich auch zu einer Schlüsselerfahrung in meiner Jugend zurück. Nachdem mein Vater, Scheich Rashid, Herrscher von Dubai geworden war, begann ich, ihn bei Auslandsterminen zu begleiten. Ich begleitete ihn bei einem Besuch bei Mohammad Reza Pahlavi, dem

„Herrschaft gehört Gott allein. Größe gehört Gott allein"

Schah des Iran – dem 'Kaiser' oder Schahanschah ('König der Könige'), wie er sich später auf dem Pfauenthron selbst nannte.

Da ich elf Jahre alt war, habe ich nicht viel von dieser schwindelerregenden Größe verstanden und auch nicht von den Methoden, die Könige einsetzten, um sich von ihrem Volk zu unterscheiden.

Bis heute bin ich immer noch verwirrt über das Bedürfnis einiger Führer, ihrem Volk die Illusion einer solchen Klassenunterscheidung zu vermitteln. Sie haben die Vorstellung, dass sie die wenigen Auserwählten sind, und entfernen sich so weiter vom Volk, bis sie in ihren eigenen, selbst auferlegten Gefängnissen isoliert sind.

Ich sah diese schillernde Welt 1971 wieder, als ich selbst den Schah besuchte, um den 2500. Jahrestag der Gründung des Persischen Reiches zu feiern. Die Iraner gaben mehr als 100 Millionen US-Dollar, was damals eine kolossale Summe und heute rund 750 Millionen US-Dollar wäre, für eine großartige Zeremonie in der alten iranischen Stadt Persepolis aus. Zu dieser Zeremonie wurden Staatsoberhäupter aus aller Welt eingeladen. Auf einer Fläche von mehr als 160 Hektar standen etwa 60 Zelte mit drei großen königlichen Pavillons in der Mitte in einem üppigen Garten, der eigens für diesen Zweck angelegt worden war. Französische Köche bereiteten Gerichte aus Pfauenfleisch zu, die auf Limoges-Porzellan serviert wurden, während Getränke in Baccarat-Kristallgläsern angeboten wurden. Tausende Soldaten in historischen persischen Kostümen waren anwesend, um die königliche Pracht zu demonstrieren.

Ich habe die Zeremonie, die Shows und das Treffen mit den Gästen und Teilnehmern genossen. Ich sah aber auch die Dörfer im Iran, die Armen und Bedürftigen, die auf der Straße lebten. Dies verstärkte den Eindruck meines ersten Besuchs als junger Mann – dass die glitzernde Opulenz des Führers auf Kosten der Menschen ging.

Damals war Dubai noch eine Kleinstadt mit begrenzten Mitteln und das Leben war für viele Menschen hart. Mein Vater lebte jedoch nicht in einem Palast. Er begann seinen Tag am frühen Morgen. Er traf sich mit Leuten und kontrollierte Projekte mit Arbeitern und Ingenieuren, beriet sich mit der Öffentlichkeit und hatte ein einfaches Mittagessen mit seinen Gästen. Er hatte ein Büro oberhalb des Kais am Khor Dubai, wo Daus ihre Waren entluden. Er war ein bescheidener Mann und seine Besucher dachten manchmal, er sei nur ein Angestellter. Projektingenieure nannten ihn sogar ‚Bauführer', da er regelmäßig Kontrollbesuche durchführte. Die Beziehung meines Vaters zum Schah war natürlich gut und er besuchte ihn oft, doch es gab einen starken Gegensatz zwischen den beiden Männern.

Dieses Paradox vergaß ich nach der Zeremonie nie. Ich konnte mir niemals vorstellen, dass Scheich Rashid auf einem Pfauenthron sitzen und sich eine Krone auf den Kopf setzen würde. Er war weit davon entfernt, da er sich der Einfachheit und den Menschen näher fühlte. Das Geheimnis einer erfolgreichen Führungskraft ist, in der Nähe des Volkes zu bleiben. Dies ist die größte aller Lektionen.

Ich wünschte, der Schah hätte sich mit etwas mehr Weisheit umgesehen. In den vorherigen zwei Jahrzehnten sind mehrere Throne und Monarchien – von denen wir gedacht hatten, dass sie unveränderlich waren – gefallen. Im Jahr 1952 führte die ägyptische Armee einen Militärputsch gegen König Farouk, zwang ihn abzudanken und ins Exil zu fliehen. 1958 wurde der irakische König Faisal zusammen mit anderen Mitgliedern seiner Familie ermordet. Vier Jahre später wurde Imam Muhammad Al Badr im Jemen abgesetzt. 1969 wurde König Idris in Libyen von einem von Muammar Gaddafi angeführten Militärputsch gestürzt. Waren diese historischen Präzedenzfälle unbeachtet geblieben?

Der König der Könige schenkte diesen raschen Veränderungen wenig Beachtung und setzte auf britische und amerikanische Unterstützung anstatt auf die Liebe seines Volkes. Er beschäftigte sich mit seinen Palästen und seinem absurden Lebensstil und war daher weit vom Volk entfernt. Im Jahr 1979, nur acht Jahre nach dieser großen Feier, stürzte der König der Könige infolge von Unruhen und Demonstrationen in seinem Land vom Pfauenthron. Dies führte zu einer von den Mullahs geführten islamischen Revolution. Da dem Schah sogar die Unterstützung seiner früheren Freunde fehlte, floh er nach Ägypten.

Wie so oft in den von Revolution verwüsteten Ländern wurden die Revolutionäre dann zu ‚Königen' einer anderen Art, indem sie ihre Länder einfach ‚Republiken' statt ‚Monarchien' nannten. Wie die früheren Könige oder Kaiser errichteten auch sie sich majestätische Paläste, fernab von den Menschen, und umgaben sich mit Bewunderern, die ihre Leistungen würdigten.

Jahre später, im Jahr 2004, wandte ich mich an die damaligen arabischen Führer und sagte: „Ihr habt eine Revolution herbeigeführt. Also sorgt weiterhin für Veränderungen in der Wirtschaft, im Bauwesen, im Wiederaufbau und in der Bereitstellung eines anständigen Lebens für euer Volk. Ändert euch, sonst wird man euch verändern. Ich habe das schon vorher beobachtet und kann es nun wiederkommen sehen."

Leider hörten sie nicht zu. Ihre Länder stürzten in Dunkelheit, Revolution, Unordnung und Chaos, was nur zu weiteren Schäden führte. Wo befinden sich die Vereinigten Arabischen Emirate und wo stehen die anderen Länder heute? Wo sind Zayed und Rashid und ihr Traum von einer Union der VAE? Und wo sind der König der Könige und seinesgleichen heute?

Es besteht ein grundlegender Unterschied zwischen unserer Regierungsführung und der dieser anderen Länder. Dieser besteht in der Nähe zu unserem Volk und darin, gleichzeitig bescheiden zu sein, zu dienen und Glück zu gewährleisten. Dies ist der einfache Unterschied zwischen Wohlstand und Zusammenbruch, Erfolg und Misserfolg, Anstand und Schande.

03

Schlafen Mit Skorpionen

Ich war sieben oder acht Jahre alt, als mein Vater mich in die Wüste brachte, um einen der Ältesten des Manasir-Stammes, Humaid bin Amhi, zu besuchen und die Jagdkunst zu erlernen. Humaid lebte nicht wie der Rest der Bedu in der Nähe des Wassers, sondern befand sich weit entfernt in der Wüste mit einem Kamel, einem Falken, einem Jagdhund und Zelten sowie seiner Frau, an deren Standhaftigkeit ich mich heute noch ehrfürchtig erinnere. Sie hatte die Kraft, Feuerholz zu tragen, die Kamele zu melken sowie Schafe zu schlachten und zu kochen. Zusätzlich beherrschte sie auch Falknerei – und Jagdfähigkeiten. Ich erinnere mich noch an die Mahlzeit, die sie zubereitet hatte, wenn wir nicht auf der Jagd waren: ein dickes Brot, das unter Kohle und Asche gebacken und mit Butterschmalz und Honig gegessen wurde. Dazu tranken wir Kamelmilch. Es war ein herrliches Essen, das ich inmitten der winterlichen Wüstenkälte genoss.

Mein Vater hat mich oft tagelang bei Humaid gelassen. Ich lernte von ihm, wie man mit Falken und Hunden jagt. Er brachte mir auch die Bewegung, die Gewohnheiten und viele Tarnungstricks von Tieren bei. Er lehrte mich auch, wie ein Raubtier jagt und wie die Schwachen niedergeschlagen werden.

Zum Beispiel ist es sinnlos, Kaninchen zu jagen, wenn sie fressen, da sie sofort flüchten. Sie können viel leichter gefangen werden, wenn sie unter Tage sind. Im Sommer graben sie tiefere Höhlen, während sie im Winter zwischen den Büschen, die aus dem Sand stechen, ruhen. Der beste Weg, um Kaninchen zu fangen, besteht darin, ihre Bewegungen in ihren Höhlen zu verfolgen. Sie können dies jedoch vermeiden, indem sie sehr weich – so leicht wie Baumwolle auf Sand – zu ihren Schlafplätzen springen, um den Feinden keine Spuren zu hinterlassen. Nur ein Experte, der mit diesen Arten und Gewohnheiten sowie mit der Wüste und der Bewegung des Sandes vertraut ist, kann solche schwachen Spuren entdecken.

Ich habe von Humaid auch viel über Falken und ihre Neigungen sowie über Jagdhunde und ihre Eigenschaften gelernt. Man kann Hunde dazu abrichten, wilde Hirsche zu jagen, aber man kann sie auch gleichzeitig dazu ausbilden, mit den gezüchteten Hirschen zusammen zu leben. Man kann außerdem einen Hirsch trainieren, mit Schafen zu grasen und keine Angst vor einem Jagdhund zu haben. Viele Leute wissen zum Beispiel nicht, warum die Bedu den Falken immer auf ihren Arm setzen und auf Augenhöhe heben. Der Falke erkennt Gefahr, wenn er unterhalb eines anderen Tieres ist. Der Adler ist der Feind des Falken und schlägt von oben zu. Deshalb greift ein Falke jeden Vogel an, der über ihm fliegt.

Nach einem Tag mit Jagen und Lernen versammelten wir uns oft um das Feuer, um ausgiebig zu speisen und zu reden. Diese Erinnerungen an schöne, leidenschaftliche und sogar schmerzhafte Momente sind mir immer noch in Erinnerung geblieben.

Die Wärme des Bettes inmitten der kalten Wüste kann von nichts übertroffen werden. Ich bin in der Nacht oft mehrmals durch kleine Skorpionstiche aufgeweckt worden. Die Skorpione schienen ebenfalls nach Wärme in meinem Bett zu suchen. Ich wachte oft mit starken Schmerzen auf. Woraufhin Humaid mich in die Nähe des Feuers brachte und Asche auf die Wunde legte, um das Gift zu reduzieren und zu absorbieren. Der Schmerz wird durch die Hitze der Asche gelindert und kommt zurück, sobald die Asche abkühlt.

„Nicht alles, was dir weh tut, ist böse. Manchmal lehrt und schützt uns der Schmerz"

Man kann es sich kaum vorstellen, drei – oder viermal pro Nacht durch einen solchen qualvollen Schmerz aufgeweckt zu werden. Ich war immer überrascht, dass ich der Einzige war, der von Skorpionen gestochen wurde! Ja, der Einzige!

Mit der Zeit fand ich heraus, dass es zwei Gründe dafür gab. Der erste war meine Schuld: Ich hatte nicht auf den Rat der Bedu gehört, mein Bett in der Wüste zu überprüfen, bevor ich schlafen ging. Der zweite Grund war Humaid selbst, da er zehn bis zwölf junge Skorpione einsammelte und absichtlich in mein Bett legte!

Er wollte meine Immunität gegen tödliche Skorpionstiche aufbauen. Er hatte recht, da ich bis heute noch immun gegen Skorpiongift bin. Nicht alles, was dir weh tut, ist böse. Manchmal lehrt und schützt uns der Schmerz.

Vor ein paar Jahren war ich in der Wüste und jagte einen großen Skorpion, der unter einigen kleinen Büschen in Deckung gegangen war. Als ich unachtsam einen Schritt rückwärts tat, stach der Skorpion heftig zu.

Ich bandagierte mein Bein und legte etwas Asche und heißes Wasser darauf. Ich habe den Stich überlebt, dank Humaids einfacher Weisheit und Gottes Gnade.

Wüstenskorpione sind leichter zu handhaben als ihre menschlichen Gegenstücke. Wüstenskorpione suchen in der Nacht nur nach Wärme und ziehen, anstatt zu attackieren, lieber ab, wenn die Kälte nachlässt. Sie stechen nur, wenn sie Gefahr spüren. Der menschliche Skorpion liebt es jedoch, zu beißen und zu verletzen. Man sagt, dass man menschliche Skorpione in Form von Schwätzern und Verschwörern finden kann, da sie Seelen stören, Beziehungen zerstören und den Geist von Gemeinschaften und Teams untergraben. Ich mag keine Schwätzer und Verschwörer. Sie sind giftig, sie animieren dazu, gegen die Menschlichkeit zu handeln, die Moral der Gruppe zu zerstören, Leistungen zu unterschätzen, sich nur auf das Negative zu konzentrieren und niemals das Gute in anderen zu sehen. Sie sind Heuchler, Menschen mit zwei Gesichtern, die von Neid und Eifersucht angetrieben werden.

> „Ich mag keine Schwätzer und
> Verschwörer. Sie sind giftig,
> sie animieren dazu, gegen die
> Menschlichkeit zu handeln, die Moral
> der Gruppe zu zerstören, Leistungen
> zu unterschätzen, sich nur auf das
> Negative zu konzentrieren und niemals
> das Gute in anderen zu sehen"

Eines Tages wandte sich ein König an einen seiner treuen Gefährten und konfrontierte ihn mit den Dingen, die über ihn gesagt wurden. Als der Gefährte bestritt, etwas gesagt oder getan zu haben, beteuerte der König die Glaubwürdigkeit seines Informanten. Aber der Gefährte antwortete: „Schwätzer sind niemals ehrlich", und der König musste zustimmen.

Ein Dichter sagte einmal:

> Die Leute reden und
> > reden hinter dem Rücken
> Dem, der über andere schwätzt,
> > wird man niemals glauben
> Weil der Fluss fließt,
> > bleibt dies unbemerkt

Es ist wahr: Mit Wüstenskorpionen zu schlafen ist manchmal einfacher, als mit den menschlichen Skorpionen zu leben.

Möge Gott deiner Seele gnädig sein, Humaid.

04

Mein Vater,
Mein Erster Lehrer

Mein Vater Rashid bin Saeed war mein erster Lehrer. Er war groß und sein Gesicht war von Falten durchzogen, denn er hörte nie auf zu lächeln. Die Linien, die seine Augen umgaben, betonten seine beachtliche Größe und Würde. Seine Stimme war ruhig und warm, so sanft wie ein Atemzug. Trotzdem wurde es still, wenn er zu sprechen begann.

Zu den allerersten Momenten, die ich nie vergessen werde, gehört die Zeit, als ich mit ihm auf seinem Pferd geritten bin. Ich war noch keine drei Jahre alt, als er mich auf seinem Morgenritt mitnahm. Mein Vater, die Pferde und Dubai sind meine ersten Kindheitserinnerungen, die mir bis zum Ende erhalten bleiben. Pferde symbolisieren gleichzeitig Stolz, Selbstwertgefühl, Zärtlichkeit und Kraft. So wie mein Vater. So wie Dubai!

Mein Vater schickte mich zur Schule, damit ich Lesen und Schreiben sowie Sprachen und Wissenschaften erlernte. Er nahm mich mit zu seinen Treffen, Reisen und Besuchen, so dass ich mehr über die Welt erfahren konnte.

Als ich zwischen vier und acht Jahren war, brachte mir mein Vater viel über die Wüste bei, wie man dort trotz der Härte, des Ressourcenmangels und der Trostlosigkeit, die viele Menschen abschrecken, ein erfülltes Leben führen kann. Er brachte mir bei, wie man Spuren findet und den Sand liest, als würde man durch ein Buch blättern. Er zeigte mir die Spuren von Kamelen und sagte: „Jeder Beduine kann seine eigenen Kamele anhand ihrer Fußabdrücke erkennen, selbst unter Hunderten von anderen Spuren!"

Als ich jung war, lehrte mich mein Vater, wie man die Spuren von Hirschen, Kragentrappen, Brachvögeln, Skorpionen, Schlangen, Wölfen, Füchsen und allen anderen Tieren, die in der Wüste leben, verfolgt. Er pflegte zu sagen: „Man kann ein Tier nicht verstehen, ohne die Umgebung, in der es lebt und wo es hingehört, zu verstehen. Gleiches gilt für den Menschen. Die Umgebung, in der man lebt, macht einen entweder zu einem Engel oder einem Teufel. Man muss die Umgebung kennen, in der jemand aufgewachsen ist."

Als er mir die Kunst der Falknerei beibringen wollte, machte er mich zuerst mit den Nahrungsmitteln der Falken, wie Tauben und Spitzmäusen, sowie mit ihren Feinden, wie Wölfen und Adlern, sowie mit den Krankheiten, die sie töten könnten, vertraut. Um ein bestimmtes Tier kennenzulernen, sollte man sich mit all seinen Eigenschaften vertraut machen, einschließlich seinem Verhalten, seinen Vorlieben und Abneigungen.

Wir haben lange Nächte in der Wüste verbracht. Sobald die Sonne unterging, machten wir oft ein großes Feuer. In der Nacht nahm mich mein Vater dann mit, um zu beobachten, was um uns herum geschah. Eine ganz neue Welt erwachte zum Leben, während so viele Menschen schliefen. Der Morgen war am schönsten und enthüllte langsam die Löcher, aus denen sich Skorpione leise in ihr Bett schlichen. Die Hunde wachten oft nachts auf, wenn sie die Schritte einer Gazelle hörten oder ihren Geruch wahrnahmen, und machten sich geräuschlos auf den Weg, um sie zu erbeuten. Ob wir am nächsten Tag jagen konnten oder nicht, hing davon ab, wo sich die Hunde aufhielten, sowie an den Entfernungen und Höhen, die sie zurückgelegt hatten, um ihre Beute zu fangen.

Mein Vater hat mir beigebracht, wie Tiere reagieren, wenn sie uns oder einander sehen. Wenn zum Beispiel die Kragentrappe der

Sonne entgegenfliegt, tut sie dies, um ihren Jäger zu blenden. Der Hase hingegen sucht nach einem Versteck und die Gazelle nutzt den offenen Raum, um einen Angreifer zu sehen. Wenn ein Tier mit angehobenen Vorderbeinen springt, ist diese rasende Bewegung eine Warnung für alle. Um in der Wüste Zugang zu Nahrung zu finden, ist jedoch eine Strategie erforderlich. Mein Vater sagte immer: „Wenn man die Nacht hungrig verbringt, wird man am nächsten Morgen intensiver lernen."

„Mein Vater, die Pferde und Dubai sind meine ersten Kindheitserinnerungen, die mir bis zum Ende erhalten bleiben"

Noch bevor ich acht Jahre alt war, habe ich von meinem Vater das Schießen gelernt und ich habe gelernt, wie man eine Waffe entlädt und säubert. Von ihm erfuhr ich aber auch, dass es ein schwerwiegendes Vergehen ist, Waffen unbeaufsichtigt zu lassen, da sie in die Hände einer ungeschulten Person fallen und so unschuldige Leben nehmen könnten.

Mein Vater lehrte mich, wie man die gejagte Beute häutet, das Fleisch kocht und, was am wichtigsten ist, das Fleisch in sehr feine Scheiben schneidet und dann in der Sonne trocknet, um es so über längere Zeit haltbar zu machen.

Beim Jagen benutzten wir nur grundlegende Hilfsmittel und fingen doch fast alles, was wir brauchten. Mein Vater achtete sehr darauf, meine Beobachtungsgabe zu verbessern. Er testete mich jederzeit, Tag oder Nacht. Ich gewöhnte mich daran, mitten in der Nacht aufzuwachen, meine Lage zu überprüfen und alle damit zusammenhängenden Fragen zu beantworten. Im Auto würde er mich bitten, das Gelände zu beschreiben. Er hörte mir aufmerksam zu und korrigierte mich mit einer Vielzahl kleiner, aber wichtiger Details, die ich übersehen hatte. Während er mit seinen Freunden redete oder nachts auf unebenen Wegen unterwegs war, drehte er sich um, starrte mich intensiv an und fragte mich, in welche Richtung wir gehen sollten – Norden oder Süden, Osten oder Westen. Mein Vater sorgte dafür, dass ich über die Wegweiser der Erde und des Himmels Bescheid wusste. Die Sterne sind der Kompass der Wüste und des Ozeans. In bewölkten Nächten konnten wir den Wind und das Glühen des Mondes nutzen, um uns zu leiten. Er pflegte zu sagen: „Sich in der Wüste zu verlaufen, ist sehr leicht. Denke daran, dass die Gruppe immer einen Anführer braucht, um ihr den Weg zu zeigen."

Dieser Überlebensinstinkt und das Lesen meiner Umgebung verwurzelten sich jeden Tag tiefer in mir, bis dies zu einem völlig natürlichen und automatischen Prozess wurde. Ich habe gelernt, dass ich nach den Fußabdrücken der Kamele suchen muss – oder sogar nach Kot, wenn ich mich verirrt habe. Aus irgendeinem Grund halten die Hufabdrücke von Tieren länger im Sand als menschliche Fußabdrücke. Von Tieren zu lernen ist oft der einzige Weg, um zu überleben. Eitelkeit und Arroganz passen daher nicht zu denen, die in der Wüste leben.

Viele Male wagte ich mich mit meinen älteren Brüdern Maktoum und Hamdan und ihren Freunden in die Wüste. Wir unternahmen lange Wanderungen, oft ohne Vorräte. Sie vertrauten meiner Führung in der Wüste aufgrund dessen, was ich von unserem Vater gelernt hatte.

Als ich acht Jahre alt war, hatte mein Vater mir beigebracht, wie man in der Wüste überlebt: mit Ungeziefer und Tieren, mit Wölfen und Hirschen, mit der Kälte und Hitze und den sich ständig ändernden Gegebenheiten umzugehen. Später brachte mir mein Vater auch bei, wie man in der Stadt und mit Menschen lebt. Dies war viel komplizierter.

Wie grausam und trocken kann der menschliche Dschungel sein und wie reich ist doch die Wüste.

05

Latifa: Meine Erste Liebe

Latifa bedeutet auf Arabisch freundlich, gütig und unterstützend. Latifa bedeutet in der arabischen Phraseologie, das Herz und die Seele zu öffnen. Im wahren Leben war Latifa meine Mutter – mein Herz und meine Seele. Latifa war in Wirklichkeit die wunderbarste, unterstützendste, sanfteste, freundlichste und außergewöhnlichste Person in meinem Leben.

Ihr voller Name war Latifa bint Hamdan bin Zayed Al Nahyan und ihr Vater war von 1912 bis 1922 der Herrscher von Abu Dhabi. Sie war über 40 Jahre lang das Licht im Leben meines Vaters.

Ein Jahr nach ihrer Heirat mit Scheich Rashid brachte sie ihre erste Tochter Maryam zur Welt. Der zukünftige Herrscher von Dubai, Maktoum bin Rashid, wurde drei Jahre später geboren. Eine große Zeremonie wurde abgehalten, als Scheich Maktoum das Licht der Welt erblickte.

Ein paar Jahre später empfing die Familie einen zweiten Sohn, Hamdan bin Rashid, der nach meinem Großvater Hamdan bin Zayed benannt wurde. Meine Mutter brachte noch einen anderen Sohn zur Welt, Marwan. Unglücklicherweise starb er tragisch, als er noch jung war. Meine Mutter konnte diesen großen Verlust kaum ertragen. Sie lebte ein schönes Leben, doch blieb sie jahrelang sehr traurig. Es heißt, sie habe davon geträumt, einen weiteren Sohn namens Mohammed zur Welt zu bringen. Mein Vater freute sich über ihren Traum und die schöne Vorstellung darüber, da er das Herz und die Seele seiner geliebten

Lebensgefährtin während ihrer Zeit der Trauer und des Leidens tröstete. Bald wurde der Traum wahr. Sie gebar einen Sohn, den sie Mohammed bin Rashid Al Maktoum nannte.

Jeder Sohn kann sich an die Liebe, die sich im Gesicht seiner Mutter widerspiegelt, erinnern. Meine Mutter war einzigartig, ruhig und sanft.

Meine Mutter liebte alle ihre Kinder zutiefst, aber ich fühlte immer, dass ich ihrem Herzen am nächsten war. Ich habe noch nie eine Liebe, ein Herz oder eine Zärtlichkeit wie ihre erfahren. Die ersten Jahre meines Lebens verbrachte ich in der warmen Umarmung meiner Mutter und meines Vaters, meiner Familie. Als ich zwei oder drei Jahre alt war, setzte mich mein Vater auf sein Pferd und nahm mich mit, wohin er auch ging.

Ich habe es immer geliebt, früh aufzustehen. Früher stand ich oft vor den meisten anderen im Haus auf. Meine Mutter war immer schon wach, um unser Frühstück vorzubereiten, obwohl wir Personal hatten, das dies für sie getan hätte.

Ich erinnere mich immer noch an den Geruch des Brotes meiner Mutter sowie an all unsere morgendlichen Unterhaltungen. Ich genoss unsere Gespräche über Kräuterheilmittel. Meine Mutter war für ihre medizinischen Fähigkeiten, die sie sich im Laufe der Jahre angeeignet hatte, bekannt. Die Menschen reisten mit ihren Kindern oder Verwandten über weite Strecken, um sich Kräutermedizin und Salben von ihr verschreiben zu lassen.

Meine Mutter konnte auch besser schießen als viele Männer. Als wäre sie im Sattel geboren, konnte sie auch ein Pferd oder ein Kamel besser als die meisten kontrollieren. Sie traf sich mit anderen Frauen und zögerte nie, Scheich Rashid deren Sorgen mitzuteilen. Sie hatte einen starken Charakter, war aber gleichzeitig bezaubernd. Jeder, der sie kannte, liebte sie zutiefst.

„Jeder Sohn kann sich an die Liebe,
die sich im Gesicht seiner Mutter
widerspiegelt, erinnern. Meine Mutter
war einzigartig, ruhig und sanft"

Jeden Tag bereitete sie, bevor ich zur Schule ging, mein Frühstück zu. Auf meinem Weg würde ich die Mahlzeit in zwei Hälften teilen – eine für mich und die andere für mein geliebtes Pferd. Ich war jung und dachte, Brot mit Eiern sei gut für Pferde. Meine Mutter bemerkte, dass ich sehr hungrig von der Schule nach Hause kam. Als sie erfuhr, dass ich mein Frühstück mit meinem Pferd teilte, verdoppelte sie meine Portion. Ich dachte immer, dies war einfach ein glücklicher Zufall, bis ich als Erwachsener erfuhr, dass sie die ganze Zeit von meinem Vorgehen wusste.

Das war meine Mutter. Sie aß erst, nachdem wir gegessen hatten. Sie ruhte sich erst aus, nachdem wir eingeschlafen waren, und sie freute sich erst, als sich unser Kummer aufgelöst hatte.

Unabhängig davon, dass Tage und Nächte vergehen,
deine Liebe bleibt für immer in meinem Herzen.
Du bist der hellste Mond von allen.
All meine Liebe und Zuneigung fließen zu dir.

06

Latifa:
Das Geschenk
Des Lebens

Nizar Qabbani schrieb Klagen über den Tod seiner Frau, Balqis:

> Balqis...
>> War die schönste Königin von Babel
> Balqis...
>> War die höchste aller irakischen Palmen.
> Sie geht anmutig
>> wie von Pfauen begleitet,
> und gefolgt von Oryxantilopen.

Diese Verse erinnern mich an meine Mutter, als ich noch jung war. Ich erinnere mich daran, wie sie mit einer Herde Hirsche, um die sie sich seit ihrer Kindheit gekümmert hatte, umherging. Die Hirsche begleiteten sie, wohin sie auch ging. Meine Mutter war so schön, so elegant und hatte eine königliche Haltung, die alles um sie herum verzauberte.

Das erste Mal, als ich meiner Mutter ein Geschenk gab, war ich ungefähr sieben Jahre alt.

Ich war mit Humaid bin Amhi unterwegs, der mir die Kunst der Jagd und des Überlebens in der Wüste beibrachte. Ich sah ein junges Hirschkalb, das von seiner Mutter verstoßen worden war. Es ist normal, dass eine Hirschkuh die Herde verlässt, um zu gebären. Manchmal, wenn die Mutter versucht, sich der Herde wieder anzuschließen, wird sie ängstlich und lässt ihr Kalb zurück. Humaids Frau und ich haben zugesehen, wie dies geschah. Wir warteten bis zum Sonnenuntergang, aber die Mutter kam nicht zurück.

Ich nahm das Hirschkalb in die Arme und wusste in diesem Moment, wer seine Mutter ersetzen würde. Ich wusste, dass dies meine Mutter wäre, denn sie liebte Hirsche.

Da meine Mutter mir Leben gab, konnte ich nun dem Hirschkalb das Geschenk des Lebens geben.

Mein Vater kam zusammen mit einer Gruppe von Männern an. Nachdem sie Humaid die Geschenke, die meine Mutter geschickt hatte, übergeben hatten, nahm er mich und das Hirschkalb mit. Ich erzählte, wie ich das verlassene Tier entdeckt hatte und dass ich es meiner Mutter geben würde.

Als ich zuhause ankam, hielt ich das Tier immer noch in den Armen, doch als ich meine Mutter sah, öffnete ich meine Arme und schenkte ihr das kleine Hirschkalb. Sie war überglücklich und mein Herz zersprang fast vor Freude. Wenn man jemanden, den man liebt, überraschen will, und dieser Mensch sich darüber freut, ist die eigene Freude noch viel größer. So viel ist sicher!

Ihr Lächeln gab mir Leben. Ihr Lächeln war das Schönste, was ich je gesehen hatte!

Es gibt viele Momente im Leben mit meiner Mutter, die ich nie vergessen werde. Ich erinnere mich noch, wie ich auf ihrem Schoß saß, als sie mit mir über meine erste Reise nach London sprach. Sie erzählte mir von dem seltsamen Land und den großen Abenteuern, die mich erwarteten, sobald ich die riesige Flugmaschine, die Ozeane überqueren konnte, verlassen würde. Ich war erstaunt, als ich erfuhr, dass wir in einem hohen Gebäude schlafen würden, in einem Land mit einem anderen Klima als

Dubai, wo wir in heißen Sommernächten auf dem Dach schliefen und uns mit Wasser besprühten, um uns abzukühlen, während es schnell verdampfte.

> „Ihr Lächeln gab mir Leben.
> Ihr Lächeln war das Schönste, was ich
> je gesehen hatte!"

Wir vergessen nie das Wunder unseres ersten Schlüsselerlebnisses, unserer ersten Entdeckung oder der Sensation des Lernens. Ich werde auch nie die bewegenden Worte meiner Mutter vergessen.

Ich werde nie die schlaflose Nacht vergessen, nachdem meine Mutter mir sagte, dass ich zum ersten Mal nach London reisen würde. Dies war 1959, in dem Jahr, nachdem mein Vater Herrscher von Dubai wurde. Als meine Mutter mir eine elegante Jacke und zwei neue Kandura (die lange weiße Robe, unsere Nationaltracht) kaufte, war ich glücklich, überglücklich! Ich war begeistert, vier Kandura zu besitzen. Sie schlug vor, dass ich meine beiden alten beim Reiten von Pferden und Kamelen tragen sollte, und kürzte diese gekonnt. Alles, was mich glücklich machte, machte sie immer noch glücklicher.

Gab es noch jemanden wie dich, Mutter?

07

Abschied Von Latifa

Im Mai 1983 verlor ich meine Mutter, Latifa bint Hamdan, die Liebe meines Herzens. Mein Vater verlor seine Gefährtin, die ihn über vier Jahrzehnte lang begleitet hatte. Er verlor seine Unterstützung, seine Liebste, Freundin, Begleiterin und Geliebte. Mein Vater verlor meine Mutter – die einzige Person, die jeden Tag sein Frühstück zubereiten durfte. Er hatte sich daran gewöhnt, die laufenden Projekte bei Tagesanbruch zu kontrollieren und dann nach Hause zu kommen, um mit ihr zu frühstücken und tiefsinnige Gespräche zu führen.

Wer würde jetzt sein Frühstück zubereiten? Wer würde jetzt mit ihm reden? Als sie starb, hat sich Rashid bin Saeed für immer verändert.

Ich liebte meine Mutter auch und wurde zutiefst von ihr geliebt. Wie jedes andere Kind habe ich immer behauptet, ihr Liebling zu sein. Die Größe einer Mutter spiegelt sich in ihrer Fähigkeit wider, jedem ihrer Kinder das Gefühl zu geben, dass es ihrem Herzen am nächsten ist. Als ich älter wurde, wollte ich sie immer glücklich machen. Ich wollte immer, wenn ich im Ausland war, das perfekte Geschenk für sie mitbringen. Ihr Glück war meine größte Freude. Ihr Lächeln machte jeden Tag zu einem perfekten Tag und ihre Worte waren der größte Trost für mich in diesem Leben.

Wer noch nie die Liebe und Zuneigung einer Mutter erlebt hat, hat das Leben noch nicht vollständig erlebt. Die Müdigkeit einer Mutter schmerzt uns, der Kummer einer Mutter zerbricht uns und die Krankheit einer Mutter erschöpft uns. Wir haben sogar Angst vor den kleinsten Dingen, die ihr Schmerzen bereiten könnten.

Was ist, wenn wir sie verlieren? Was ist, wenn sie uns zurücklässt? Ein schrecklicher Schmerz, eine große Leere, ein Gefühl der Verlassenheit – das ist es, was wir fühlen, wenn wir unsere Mütter verlieren.

Mein Vater hatte seine Gesundheit und sein Wohlergehen nach einer Krankheit wiedererlangt, wurde nun aber vom Trauma des Verlusts heimgesucht. Der starke, feste, standhafte Sieger, der niemals geschwächt oder erschüttert wurde, litt stark unter dem Verlust seiner Latifa. Er war nie wieder derselbe.

Ich hatte große Angst um meinen Vater, als meine Mutter von uns ging. Nach diesem Schock, der auch Dubai und seine Menschen, die aufrichtig die Mutter von Dubai liebten, beunruhigte, standen wir ständig an seiner Seite.

Scheicha Latifa behandelte die Kranken, kümmerte sich um die Kinder, tröstete die Armen, hörte den Frauen zu und teilte ihre Freude und ihren Kummer mit ihnen. Ich habe oft beobachtet, wie sie die Zubereitung von Speisen beaufsichtigte und sie dann mit ihren Nachbarn, Verwandten und Gästen teilte.

Ich erinnere mich noch an das letzte Mal, als ich sie sah, bevor sie zur Behandlung nach England reiste. Ich küsste und umarmte sie. Ich hielt sie fest und nahm ihre Hand in meine. Sie sah mich an und sagte: „Gibt es noch jemanden wie dich?"

Sie drückte ihre Bewunderung für die Uhr aus, die ich am Handgelenk trug, und machte sich auf den Weg. Ich überlegte, welches Geschenk ich ihr bei ihrer Rückkehr geben könnte. Ich dachte lang darüber nach und beschloss, ihr meine Uhr zu geben. Ich hatte das Gefühl, als wollte sie einen Teil von mir, der sie begleiten konnte. Daher beschloss ich, ihr die Uhr, die ihr so gefiel, zu schenken.

Leider kam meine Mutter nie zurück.

Ihre Beerdigung war majestätisch. Tausende von Menschen nahmen daran teil und weinten um die Mutter von Dubai. Ich ließ sie ins Grab hinab, während mein Vater und mein Bruder mich von oben beobachteten. Ich legte sie in ihre letzte Ruhestätte, während Tränen über meine Wangen liefen.

Unser Zuhause hat sich nach dem Verlust meiner Mutter verändert. Es hat sich für immer verändert. Nichts war mehr dasselbe, da wir nur noch die Erinnerung an sie hatten.

Nach ihrem Tod war mein Vater stark, edel und mutig sowie geduldig, langmütig und nachsichtig. Nach einigen Tagen lud er Kamal Hamza, Leiter der Stadtverwaltung von Dubai, zu uns ein. Hamza beeilte sich, der Einladung meines Vaters nachzukommen. Mein Vater bat seinen Assistenten Salloum, ihm einen Stift und Papier zu bringen. Sein Blick spiegelte tiefe Trauer, aber auch Stolz wider. Er sagte: „Schreiben Sie! Ich werde Ihnen den Willen unserer geliebten Verstorbenen diktieren."

Er brach in schmerzhafte, bittere Tränen aus.

Hamza war darüber überrascht. Vor anderen Leuten war mein Vater immer der starke, eigensinnige Ritter und der freundliche, fähige Führer. In der Öffentlichkeit war mein Vater der Ingenieur, der Dubai zum Leben erweckte, der baute, eine Erneuerung vorantrieb und Projekte leitete. Mein Vater gewann so die Bewunderung der Welt.

Niemand hatte jemals erwartet, einen solchen Moment zu erleben, in dem dieser mächtige Krieger zusammenbrechen würde, als all dieser Schmerz in ihm aufstieg. Sie boten ihm ein Glas Wasser an und erinnerten ihn an die Gnade Gottes, bis er sich schließlich beruhigte. Kurz danach bat er darum, den Willen seiner geliebten verstorbenen Frau aufzuschreiben.

„Die Müdigkeit einer Mutter schmerzt uns, der Kummer einer Mutter zerbricht uns und die Krankheit einer Mutter erschöpft uns. Was ist, wenn wir sie verlieren? Was ist, wenn sie uns zurücklässt?"

Wieder brach er in bittere Tränen aus und wiederholte: „Der Wille meiner geliebten Verstorbenen, der Wille meiner geliebten Verstorbenen, der Wille meiner geliebten Verstorbenen."

08

Auf Der Suche Nach ‚Dubai' – Eine 185 Jahre dauernde Reise

Dubai wurde nicht versehentlich oder zufällig gegründet. Dubai ist vielmehr das Ergebnis einer mehr als 185 Jahre dauernden Reise. Dubai ist das Produkt eines langen, mühsamen Weges und der Bemühungen, Gefahren zu überwinden, die seine Existenz und Langlebigkeit bedroht haben. Ich glaube, dass Dubai die Perle der Welt ist und für immer bleiben wird, so Gott will.

Die Reise Dubais begann im frühen 19. Jahrhundert mit Scheich Maktoum bin Butti, dem Herrscher, der das heutige Erbe unserer Familie festigte und den Grundstein für unsere moderne Lebensweise legte. Sein vorrangiges Ziel war es, Dubai zu einem sicheren Ort für alle Einwohner zu machen. Ihm folgte sein Bruder Scheich Saeed bin Butti, der im aufstrebenden Emirat absolute Gerechtigkeit etablierte. Die Wahrung der Gerechtigkeit für alle war der Schlüssel für die Langlebigkeit Dubais. Dies ist ein zentraler Teil des Erbes meiner Familie sowie der erste Grundsatz der ungeschriebenen Verfassung des Emirats.

Die Regierung von Scheich Saeed überstand harte Jahre, in denen Kriege zwischen Stämmen und Familien ausbrachen und sich ausbreiteten. Scheich Saeed hat die innere Sicherheit fest etabliert und Allianzen mit Abu Dhabi und den anderen Emiraten gepflegt. Es gelang ihm sogar, mit den Briten in Kontakt zu treten und einen Vertrag auszuhandeln, in dem unsere innere Autonomie gewahrt und alle Verteidigungs – und Außenbeziehungen von

London beaufsichtigt wurden. Diese ausgewogenen Beziehungen sowie die laufenden Allianzen bilden den zweiten Grundsatz der ungeschriebenen Verfassung von Dubai.

Scheich Hasher bin Maktoum übernahm in der zweiten Hälfte des 19. Jahrhunderts die Zügel für einen Zeitraum von 27 Jahren, in denen Dubai von anhaltender Stabilität und wirtschaftlichem Wachstum profitierte. Scheich Hasher war für seine Weisheit und Entschlossenheit bekannt und hatte großen Respekt vor den Verträgen, die Dubai mit den Briten und den benachbarten Emiraten geschlossen hatte.

„Die Diversifizierung der Ressourcen ist ein Vermächtnis, das meine Familie an mich weitergegeben hat. Sie ist die Garantie dafür, dass die Lehren unserer mühsamen Reise in den letzten 185 Jahren nicht als selbstverständlich angesehen werden“

Im Jahr 1886 folgte ihm Scheich Rashid bin Maktoum, der acht Jahre lang Dubai regierte. Während seiner Regierungszeit wurden die Sicherheit und die wirtschaftliche Stabilität des Emirats gefördert und verbessert.

Dann kam Scheich Maktoum bin Hasher, der Ende des 19. Jahrhunderts die Macht übernahm. Er hatte eine außergewöhnlich scharfsinnige wirtschaftliche Vision, die es Dubai ermöglichte, durch Handel und Investitionen bemerkenswerten Wohlstand zu erzielen. Nachdem im Jahr 1902 die iranische Regierung in Bandar Lengeh die Steuern für Händler auf dieser Seite des Golfs angehoben hatte, schaffte Scheich Maktoum alle Einfuhrzölle ab, öffnete Dubais Hafen und hieß alle Händler willkommen. Als Folge dieser Freihandelspolitik gingen Waren in den Hafen der Stadt ein und aus, und Dubai wurde in kurzer Zeit zum Wiederausfuhrzentrum der Golfregion. Eine bedeutende Anzahl großer Händler, die in der Golfregion Handel trieben, zogen bald nach Dubai und machten die Stadt zu ihrem regionalen Hauptsitz. Für alle offen zu bleiben, Grundsätze des Freihandels zu übernehmen und alle willkommen zu heißen, die einen Mehrwert für unsere Wirtschaft schaffen wollen – dies ist der dritte Grundsatz der ungeschriebenen Verfassung von Dubai.

Nach dem Tod von Scheich Maktoum im Jahr 1906 regierte Scheich Butti bin Suhail Dubai sechs Jahre lang, bevor er 1912 von meinem Großvater, Scheich Saeed bin Maktoum, abgelöst wurde. Unter Scheich Saeeds 46-jähriger Regierungszeit wurde das Emirat Dubai auf ein völlig neues Niveau gehoben, in dem das Herz einer modernen Stadt zu schlagen begann. Unter seiner Führung wuchs nicht nur die Bevölkerung Dubais erheblich an, sondern auch der Seeverkehr des Hafens nahm zu, durch den Waren wie Stoffe, Kräuter und Weihrauch transportiert wurden. Da Scheich Saeed weiterhin den Freihandel förderte, wurden die Händler in Dubai nicht von Gebühren wie Tarifen und Zöllen auf Perlenexporte beschränkt. Perlen waren bis zum Zusammenbruch des Perlenmarktes in den 1930er Jahren der größte Handelssektor in der Region. Diese Krise hat einen Lebensnerv der Wirtschaft abgeschnitten. Dubai hat jedoch nie aufgehört, in die Zukunft zu blicken und seinen Handel zu diversifizieren. Unsere Wirtschaftskrise verschärfte sich mit dem Zweiten Weltkrieg, aber auch unsere Entschlossenheit, alternative Handels – und Einkommensquellen zu finden, nahm zu.

Im Jahr 1937 unterzeichnete Scheich Saeed einen Ölförderungsvertrag mit der Petroleum Development (Trucial Coast) Ltd. Nach 20-monatigen Verhandlungen gewährte eine Vereinbarung der Iraq Petroleum Company gegen eine jährliche Gebühr von 30.000 Rupien die Explorationsrechte für 75 Jahre.

Dubai hatte große Hoffnung, dass Öl entdeckt würde, insbesondere, da das Unternehmen versprach, innerhalb von zwei Monaten nach der Entdeckung kommerzieller Ölmengen 200.000 Rupien sowie drei weitere Rupien für jedes exportierte Barrel Öl an die Regierung von Dubai zu zahlen. Am Ende konnte das Unternehmen jedoch keine Spur der wertvollen Ressource finden.

Dubai musste erneut nach anderen Handelswegen, Einnahmen und Chancen suchen. Wir haben weiter in die Zukunft investiert und uns auf das konzentriert, was wir immer am besten konnten: Handel im Allgemeinen und insbesondere mit Wiederausfuhrmärkten. Händler führten Waren aus verschiedenen Märkten in großen Mengen zu wettbewerbsfähigen Preisen nach Dubai ein, um diese dann ohne starke Besteuerung wieder zu exportieren. Gold war das wichtigste Material, das aus Dubai wieder exportiert wurde, insbesondere nach dem Zweiten Weltkrieg, da andere Länder aus wirtschaftlichen Gründen den Import blockierten. Dubais Händler kauften Gold im Ausland, hauptsächlich über das Vereinigte Königreich, und verkauften das Edelmetall an Händler, die andere Märkte in der Region belieferten. Der Handel etablierte Dubai buchstäblich als ‚Stadt des Goldes'. Während Gold in den fünfziger und sechziger Jahren weiterhin eine wichtige Rolle spielte, war es nicht die einzige Ware, die verkauft wurde. Hunderte anderer Warenkategorien wurden auch in die Golfstaaten, den Iran, den Irak, den indischen Subkontinent und nach Ostafrika verschifft.

Das Erbe meines Großvaters bestand in der wirtschaftlichen Diversifizierung, damit Dubai niemals wieder auf eine einzige Einkommensquelle angewiesen sein würde. Dieses Prinzip wurde von meinem Vater, Scheich Rashid, durch den Bau von Häfen, die Erweiterung des Khor Dubai, die Entwicklung von Freizonen und den Flughafen sowie durch die Erschließung neuer wirtschaftlicher Möglichkeiten, wie das Aluminiumschmelzen, übernommen.

Die Leute fragen mich oft, warum Dubai ständig neue und unterschiedliche Projekte startet, wie zum Beispiel Medienzonen, Internetstädte, Technologiebeschleuniger, globale Häfen und Flughäfen, Luftfahrt, Aluminium, Immobilien, fortschrittliche Technologien sowie islamische und herkömmliche Bankunternehmen. Warum so viel Vielfalt?

Die Antwort liegt wieder einmal in der ungeschriebenen Verfassung von Dubai. Die Diversifizierung der Ressourcen bildet die vierte Säule, auf der Dubais Erfolg basiert. Sie ist ein Vermächtnis, das meine Familie an mich weitergegeben hat. Sie ist die Garantie dafür, dass die Lehren unserer mühsamen Reise während der letzten 185 Jahre nicht als selbstverständlich angesehen werden. Freier und offener Handel, wirtschaftliche Diversifizierung und Unternehmergeist sind das Herzstück unserer Stadt und ihres Erfolgs.

09

Der Große Sturm – Der Jüngste Tag

Wann hast du das letzte Mal etwas zum ersten Mal gemacht? Diese Frage wurde von einer Emirates-Werbeanzeige gestellt, bei der Schnee vor einem Hotelfenster fiel. Zwei Reisende machen sich auf den Weg: „Zum ersten Mal im Leben den Schnee genießen."

Als ich die Anzeige sah, erinnerte mich dies an meine Kindheit, als ich in unserem Winter kleine Hagelkörner in der kalten Wüste von Dubai sah. Ich kann mich noch an die Gespräche der Ältesten erinnern, die zu Zeiten meines Großvaters Scheich Saeed lebten, obwohl ich erst zehn Jahre alt war. Sie dachten über die Veränderungen nach, die sie im Meer beobachtet hatten, und über die Fischer, die mit Geschichten über ungewöhnliche Ereignisse zurückkehrten. Sie sprachen von fremden Fischen aus der Tiefe, die sich am Ufer zeigten, von der Verbreitung von Algen in Gebieten, wo diese sonst nicht gefunden werden, und dem Anblick der Möwen, die sich vor dem Sturm sammelten. Die Ältesten sprachen über die arabische Trappe und das Audubon-Baumwollschwanzkaninchen und wie sich ihre Gewohnheiten veränderten, sowie über die Kraft der Winde, die sie noch nie vorher erlebt hatten. Alles deutete darauf hin, dass ein heftiger Sturm Dubai treffen würde. Sie verglichen diese Stürme mit dem jüngsten Tag, doch als ich das ruhige blaue Meer beobachtete, schenkte ich ihren prophetischen, verhängnisvollen Worten nicht viel Beachtung.

In der Nacht des 8. April 1961 schlief ich tief und fest in meinem Zimmer, als ich eine große Bewegung spürte, die mein Herz in meiner Brust hämmern ließ. Ich befand mich in meinem Bett inmitten eines ausgewachsenen Sturms, während die Fenster in dem stürmischen Wind, der durch unser Heim wehte, zuschlugen. Mein Vater rief: „Hamdan ... Mohammed ... eure Hände!"

Ich zuckte zusammen und rannte auf seine Stimme zu. Hamdan rief, ich solle meine Matratze mitbringen, um die Tür zu schließen. Wir sind alle zu ihm gerannt. Meine Mutter und meine Schwestern suchten nach Brettern, um die Türen zu schließen und zu verhindern, dass der Wind alles zerstörte. Es schien, als würde die Welt um mich herum untergehen, was in anderen Kulturen als das Ende aller Tage beschrieben wird. Für uns war es der Beginn einer scheinbar endlosen Nacht. Aus Angst kamen die Leute in großen Gruppen in den Palast und baten Scheich Rashid um Hilfe. Wir konnten die Türen kaum weit genug öffnen, um die Menschen herein zu lassen, da die Intensität der Winde alles, was ihnen im Weg stand, umzuwerfen schien. Dieser Sturm, vor dem uns die Ältesten gewarnt hatten, war furchterregend. Die Menschen kamen einzeln und in Gruppen mit Geschichten von Schmerz und Verlust. Ich erinnere mich noch immer an das Gesicht meiner Mutter, als sie eine Frau beruhigte, die vor Angst zitterte und nicht sprechen konnte. Meine Mutter und meine Schwestern zerrissen Laken, um die Wunden der Verletzten zu verbinden, die vor unserer Haustür standen. Mein Vater begann mit leiser Stimme nach dem Ausmaß des Schadens zu fragen, so dass sich die Angst nicht im ganzen Haus ausbreiten würde. Mit jeder Antwort konnte ich die Traurigkeit und den Schmerz in seinem Gesicht sehen. Es gab schwere Zerstörungen, Palmen flogen wie Spielzeuge durch die Luft, viele Häuser waren beschädigt oder völlig zerstört und Fischerboote wurden in die Straßen der Stadt geworfen. Viele Familien erlitten in dieser Nacht Tod oder Verletzungen. Mein Vater wartete nicht auf alle Einzelheiten. Innerhalb von Minuten teilte er die Männer in

Gruppen auf und gab ihnen Anweisungen. Die erste Gruppe sollte den Palast verlassen, um zu versuchen, den Schaden im Krankenhaus einzuschätzen. Mein Vater sagte, dass Medikamente und medizinische Hilfsgüter auf jede mögliche Weise transportiert und sicher aufbewahrt werden müssten, da sie sehr bald benötigt würden. Es gab viele Verletzte im Krankenhaus. Danach erhielt mein Vater eine Nachricht, die ihn vor Schreck erstarren ließ. Britische Soldaten eilten durch die Tür. Außer Atem riefen sie: „Hoheit! Es gibt ein Feuer auf der Dara!"

Die Welt schien still zu stehen. Die *MV Dara* war ein Schiff einer britischen Reederei. Es war seit über 13 Jahren in Betrieb und transportierte Passagiere und Fracht von Mumbai und anderen Häfen entlang des Golfs. Als der Sturm ausbrach, ereignete sich im Laderaum des Schiffes eine starke Explosion, die einen riesigen Brand verursachte. An Bord des sinkenden Schiffes befanden sich mehr als 800 Passagiere. Die Soldaten sagten, viele wären sofort tot gewesen, doch jede Minute starben mehr Passagiere, die Rettung suchten – manche wurden zu Tode gedrückt, andere ertranken in den Fluten. Überladene Rettungsboote kenterten mitten im Meer, während die starken Winde die Boote in alle Richtungen zerstreuten.

Wir versammelten unsere Angehörigen sowie eine große Anzahl von Dubais Bewohnern bei uns zu Hause. Mein Vater schickte ausnahmslos unsere gesamte Familie mit Rettungsbooten hinaus, um möglichst viele Menschen zu retten. Wir konnten ungefähr 500 Menschen in dieser Nacht retten – eine Nacht, von der ich dachte, dass sie niemals enden würde. Eine Nacht voller Schrecken, Gewalt und furchtbarer menschlicher Tragödien. Das Chaos dauerte mehrere Tage, in denen mein Vater kein Auge zumachte. Obwohl sich der Wind beruhigt hatte, hingen die Folgen des Sturms für Wochen wie eine dunkle Wolke über Dubai. Die Zahl der Todesfälle und Verletzungen war überwältigend. Jeder Haushalt hatte eine Tragödie erlebt. Leere Gebäude wurden in provisorische Häuser und Unterkünfte umgewandelt. Daraus habe ich gelernt, die Kraft der Natur nie zu unterschätzen. Ich habe auch gelernt, wie wichtig es ist, jederzeit auf einen Notfall vorbereitet zu sein. Trotz der Schwere des Sturms zeigte sich die edle Natur der Menschen von Dubai, die in einer Zeit großer Gefahr und Bedrängnis zusammenstanden und sich gegenseitig unterstützten. Trotz der verheerenden Verluste erfuhr ich, wie sich ein Führer einer plötzlichen Krise stellen muss. Was mich bis heute am meisten geprägt hat, ist, dass mein Vater seine eigenen Söhne und Neffen entsandte, um die Ertrinkenden auf See zu retten, bevor er andere Personen losschickte. In Krisenzeiten zeigt sich tatsächlich das wahre Gesicht eines Menschen.

10

Der Gütigste Mann, Den Ich Je gekannt Habe

Eine Kindheitserinnerung, die ich nie vergessen werde, ist der Tod des gütigsten Mannes, den ich je gekannt habe – mein Großvater Scheich Saeed bin Maktoum, möge Gott seiner Seele gnädig sein.

Niemand konnte sich Dubai ohne Scheich Saeed vorstellen. Er herrschte 46 Jahre lang über das Emirat und brachte Dubai auf den Weg zu einer wirklich globalen Stadt. Diese Reise möchte ich gerne fortsetzen. Mein Großvater starb am 10. September 1958. Ich erinnere mich noch an den Tag, an dem seine Seele unmittelbar nach dem Fadschr-Gebet zu ihrem Schöpfer zurückkehrte.

Mein Vater hatte diese letzten Tage an der Seite meines Großvaters verbracht. Sein Kummer war so groß, dass er in dieser Zeit kaum gegessen hatte. Als die Nachricht kam, klammerte ich mich an das Kleid meiner Mutter, die vergeblich versuchte, ihre Tränen zurückzuhalten. Die Stimmen der Frauen, die leise trauerten, hallten durch den Raum. Sie gestatteten sich nicht, offen zu weinen, weil dies wie ein Widerspruch gegen den Willen Gottes erschien.

Trotz der drückenden Hitze versammelten sich Männer um das Haus meines Großvaters. Sie kamen in großer Zahl zusammen, überwältigt von Ruhe, Stille und unerträglichem Kummer, während mein Vater und einige seiner Verwandten das rituelle Waschen meines Großvaters durchführten. Die Nachricht von Scheich Saeeds Tod war ein schwerer Schlag für die Menschen von Dubai. Sie liebten ihn so sehr und schätzten seine Freundlichkeit, sein Mitgefühl und seine Zuneigung. Er war ein aufrechter, fürsorglicher, durch und durch anständiger Mann mit einem offenen und großzügigen Charakter. Auf Arabisch sagen wir: „Was immer er besaß, war für andere."

Er kümmerte sich mit aufrichtiger Besorgnis um andere Menschen und war für alle eine Vaterfigur. Er hatte Ungerechtigkeit nie akzeptiert und stand immer auf der Seite der Gerechtigkeit, auch wenn es bedeutete, gegen diejenigen zu handeln, die ihm am nächsten standen. Scheich Saeed war bekannt für seine Großzügigkeit und dafür, dass er Widrigkeiten mit Weisheit, Toleranz und Geduld begegnete. Trotz der vielen Schwierigkeiten seiner Herrschaft gelang es meinem Großvater, Dubai als pulsierendes, florierendes Emirat und bedeutendes Handelszentrum zu etablieren. Während seiner Regierungszeit erlebte der Perlenhandel einen starken Aufschwung, der durch die Handels- und Zollbestimmungen in Dubai noch verstärkt wurde. Aber was Dubai damals zu einem beliebten Ziel für viele Perlenhändler machte, war seine unverwechselbare Gesellschaft. Dubai war immer offen und hieß andere willkommen. Es ist keine Übertreibung zu sagen, dass die Saat der breiten und friedlichen kulturellen und sozialen Vielfalt, die wir heute genießen, von Scheich Saeed gesät wurde. Offenheit, Toleranz und Chancen für alle waren nur einige der Markenzeichen dieser Ära. Ich bin stolz darauf, dass sie bis heute erhalten geblieben sind.

Unter der Herrschaft von Scheich Saeed durchlebte Dubai viele Krisen, und jedes Mal ist Dubai wie der legendäre Phönix aus der Asche auferstanden, und zwar stärker und lebendiger als je zuvor.

Mit der Weltwirtschaftskrise der 1930er Jahre und dem Zusammenbruch von Dubai als einem der wichtigsten Zentren des Perlenhandels stand Scheich Saeed vor einer beispiellosen Herausforderung. Doch Dubai sollte im Laufe des Jahrhunderts noch mehr Tragödien ertragen. Im Februar 1939 brach in Deira ein großes Feuer aus, das etwa 300 Häuser und Geschäfte zerstörte und viele Menschenleben forderte. Dubai hatte dieses schmerzliche Kapitel kaum beendet, als eine noch größere Katastrophe eintrat. Nur ein Jahr später, im Februar 1940, verwüstete ein weiterer Brand Bur Dubai und zerstörte mehr als 400 Häuser und Geschäfte. Diese und andere Katastrophen waren für Scheich Saeed eine Bewährungsprobe. Immer wieder erwies er sich als Führer mit einem unbezähmbaren Willen und zeigte beispiellose Beständigkeit und Geistesgegenwart. Scheich Saeed fand nicht nur eine, sondern viele Alternativen zum Perlenhandel, und dank seiner Voraussicht und Führung erholten sich die kommerziellen Aktivitäten in Dubai bald. Durch die Diversifizierung seiner Einkommensquellen, die Verbesserung der Dienstleistungen sowie die Entwicklung des Hafens und den Ausbau des Landverkehrs erreichte das Emirat in den 1940er Jahren eine komfortable wirtschaftliche Stabilität.

Der Sohn von Scheich Saeed, mein verehrter Vater Scheich Rashid, spielte ebenfalls eine entscheidende Rolle beim Wachstum von Dubais Wirtschaft. Der junge Kronprinz war die rechte Hand von Scheich Saeed und wich während der verschiedenen Etappen des Aufbaus und der Neuerfindung Dubais nie von seiner Seite. Dubai hat sein Versprechen auf Wohlstand für sein Volk und all diejenigen, die auf der Suche nach einem besseren Leben hierhergekommen sind, gehalten.

Im Jahr 1944 erlitten Dubai und mehrere Küsten-Emirate eine Pockenepidemie, die viele Menschenleben kostete. Scheich Saeed setzte alle seine Ressourcen ein, um Impfungen für Tausende von Menschen bereitzustellen. Zu dieser Zeit gab es nur eine kleine Apotheke, die kaum in der Lage war, die Bedürfnisse unserer schnell wachsenden Bevölkerung zu befriedigen, sowie einige Kliniken, die keine umfassenden Gesundheitsleistungen anbieten konnten. Scheich Saeed beschloss, die Apotheke zu erweitern und in ein Krankenhaus umzuwandeln. Dieses wurde 1951 eröffnet und durch ihn selbst finanziert. Er entwickelte und erweiterte die Räumlichkeiten des neuen Al Maktoum-Krankenhauses stetig und gab großzügig Gelder für mehrere neue Spezialgebiete aus, beschäftigte qualifiziertes medizinisches Personal und stellte die neuesten Geräte bereit. Das Krankenhaus wurde so zu einer der wichtigsten medizinischen Einrichtungen in der Region.

In Bezug auf den Bildungssektor gab Scheich Saeed 1938 die Gründung des Dar Al-Ma'aref-Bildungsausschusses für Dubai bekannt, obwohl damals nur wenige dessen Bedeutung verstanden. Der Ausschuss, der über ein stabiles Budget verfügt, ist seitdem für die Beaufsichtigung der Ausbildung zuständig. All dies führte in den fünfziger Jahren zu einem Quantensprung im Bildungsbereich. Es wird oft gesagt, dass es Scheich Saeed sehr am Herzen lag, Schüler am frühen Morgen auf dem Schulweg zu sehen. Manchmal fuhr er neben ihnen her, während sie ihre Schultaschen trugen, winkte aus dem Fenster und begrüßte den neuen Schultag mit ihnen gemeinsam.

Er war wirklich ein großartiger Mann, doch der Tod holt uns schließlich alle ein. Ich erinnere mich noch, wie der Leichnam meines Großvaters aus dem Haus getragen wurde. Mein Vater packte fest meine Hand, als wir beim Begräbniszug hinter dem Sarg liefen. Ich weiß immer noch nicht, warum er mich an diesem Tag so festgehalten hatte. War es Traurigkeit oder wollte mein Vater einfach, dass ich mich immer an diesen Moment erinnerte? Ich weiß jedoch, dass wir alle diese letzte Reise antreten werden, ganz gleich, wie lange wir leben, wie viel wir erleben und wie groß unser Verdienst ist. Alles, was bleibt, sind die Taten, die ein Mensch vollbracht hat. Dies hält die Erinnerung an ihn lebendig.

Gute Taten erhöhen das Ansehen eines Menschen vor dem Schöpfer, zu dem wir alle zurückkehren müssen.

Viele Menschen, Jung und Alt, wetteiferten um die Ehre, den Sarg mit dem Leichnam meines Großvaters tragen zu dürfen. Ich schaute zurück und sah meine Mutter schweigend an der Tür stehen, während die Frauen um sie herum klagten. Ich ging neben meinem Vater, der meine Hand hielt.

Ich war immer noch zu klein, um über die Köpfe der Männer in der Prozession hinwegzusehen. Doch zwischen ihnen erblickte ich Frauen, die in den Ladeneingängen standen und hinter ihren Burkas weinten. Die Prozession endete am Haus von Scheich Saeeds ältester Tochter, Scheicha Mozah bint Saeed, die meinen Großvater sehr liebte und in diesen letzten, schicksalhaften Tagen nie von seinem Bett wich.

„Wie der legendäre Phönix ist Dubai aus der Asche auferstanden"

Viel zu früh erreichten wir den Friedhof, der drei Kilometer vom Palast entfernt lag. Mein Vater und mein Onkel ließen langsam den Sarg hinab, in dem mein Großvater lag, der gütigste Mann, den ich je gekannt habe. Ich kämpfte darum, meine Tränen zurückzuhalten. Dann beteten wir und dankten Gott für das wunderbare Leben, mit dem Scheich Saeed uns gesegnet hatte.

Zu Lebzeiten war mein Großvater das Epizentrum meines Lebens. Ich habe den größten Teil meiner Kindheit mit ihm verbracht. Als ich die Menschenmassen, die ihr Beileid bekunden wollten, aus allen Richtungen zu unserem Haus strömen sah, fragte ich mich, was das alles bedeutete. Ich wusste nur, dass ich meinen Großvater vermissen würde.

Nun würde mein Vater Dubai regieren. Die formalen Verfahren und Verantwortlichkeiten begannen sofort; tatsächlich standen die Männer Schlange, um meinem Vater ihr Beileid auszusprechen. Mir wurde klar, dass der Nachfolger eines Herrschers nach dessen Tod keine Zeit hat, um über sich und seine Familie nachzudenken. Die Zeit schreitet voran, aber die Verantwortung hört nie auf.

11

Scheich Rashid bin Saeed: Ein Visionärer Herrscher

Die Lehren von Scheich Rashid bin Saeed kennen kein Ende. Er war eine Institution. Er war ein Lehrer. Er war ein Herrscher und vor allem ein Vater für alle.

Sein Tag begann mit dem Fadschr-Gebet. Er war es auch, der mich lehrte, jeden Tag mit dem Gebet zu beginnen.

Um zu beten, stand er vor dem Morgengrauen auf und begann unmittelbar danach seine Kontrollgänge, um alle laufenden Projekte zu inspizieren. Noch vor dem Frühstück saß er vor dem Palast, um Beamte zu empfangen, und ging dann in sein Büro in der Nähe des Wassers, um sich mit den Projektleitern zu treffen. Es hat mir Spaß gemacht, ihm zuzuhören, während er nach dem Fortschritt verschiedener Bauprojekte fragte. Alle waren immer überrascht, dass er mehr über ihre Arbeit wusste als sie selbst, da er jeden Morgen in der Morgendämmerung die Baustellen besuchte. Danach kam er zurück zum Haus, um das Frühstück einzunehmen, das meine Mutter für ihn zubereitet hatte.

Mein Vater traf sich mit Menschen nicht nur während der sogenannten Geschäftszeiten, sondern auch immer wieder zwischen dem Asr-Gebet (Nachmittagsgebet) und dem Maghrib-Gebet (Sonnenuntergangsgebet).

Die häufigen Inspektionen meines Vaters in der ganzen Stadt hatten drei Vorteile. Erstens wusste jeder Projektmanager, dass es keine Möglichkeit für Fahrlässigkeit oder Nachlässigkeit gab. Zweitens wussten die Leute, die an diesen Projekten arbeiteten, dass sie die Aufmerksamkeit und das Interesse von Scheich Rashid hatten, was sie dazu veranlasste, härter zu arbeiten und sich noch stärker anzustrengen. Drittens hatten Korruption und finanzielle Unregelmäßigkeiten keine Chance. Jeder Auftragnehmer und jeder Beamte wusste, dass sie unter der Kontrolle von Scheich Rashid standen. Seine Besuche waren eine Botschaft für die Arbeiter und eine Lektion für die Leiter und Beamten.

Einerseits war Scheich Rashid stets bemüht, den Ruf Dubais zu wahren, und bemühte sich, alle Zahlungen an Auftragnehmer und Unternehmer immer schnell und regelmäßig zu begleichen. Er pflegte zu sagen, dass unser echtes Kapital unser Ruf bei Händlern ist. Andererseits hat er niemals Manipulationen der anwendbaren Gesetze oder Vorschriften akzeptiert.

Mein Vater zog ein Pferd auf, das er Saqlawi nannte. Er fütterte ihn aus einer Flasche, zähmte und bildete ihn ganz alleine aus. Saqlawi liebte Scheich Rashid und dieser wiederum liebte sein Pferd. Er ritt oft abends auf seinem Pferd, wenn er die Bauprojekte nochmals besuchte. Zu Hause konnte sein Pferd sich frei im Stall bewegen und kam schließlich sogar bis zur Tür des Palastes. Mein Vater brachte Saqlawi bei, sein Vorderbein zu heben, wenn er seine Hand hob, um ihn zu begrüßen, und sich auf Befehl hinzuknien. Mein Vater hat Saqlawi nie angebunden und das Pferd durfte sich auch frei bewegen, wenn er zu Baustellen ritt und diese besichtigte. Saqlawi folgte meinem Vater als gehorsamer Diener und stellte sich dann hinter ihn, wenn er mit Aufsehern sprach. Ich liebte Saqlawi ebenfalls, da mir klar wurde, dass er nicht nur eine ähnliche Persönlichkeit wie ich, sondern auch Sinn für Humor besaß!

Scheich Rashid hatte ein Büro neben dem Khor Dubai. Durch ein verspiegeltes Glasfenster mit Blick auf den Kran beobachtete er die Bewegung von Schiffen, Gütern und Rohstoffen sowie ihre Entladung. Er kannte alle Schiffe und ihre Besitzer. Er wusste sogar, wie viele Waren und Rohstoffe vor Ort waren. Als einige neue Händler versuchten, die Zahlung von Zöllen durch die Einreichung von Beschwerden zu umgehen, erinnerte Scheich Rashid sie an ihre Schiffe und ihr erfolgreiches Geschäft und erklärte ihnen, dass die Regierung das Recht habe, ihren Anteil zu fordern. Die Kaufleute waren immer erstaunt über Scheich Rashids Wissen über ihre Handelsaktivitäten am Khor Dubai und zollten ihm dafür großen Respekt und Wertschätzung.

Von Anfang an konzentrierte sich mein Vater auf die Entwicklung des Khor. Für ihn war das wichtigste Ziel, die Wasserstraße zu erweitern, zu vertiefen und zu öffnen, um größere Schiffe aufnehmen zu können. Zu diesem Zweck befahl Scheich Rashid, den Khor auszubaggern. Das herausgeschöpfte Gestein und der Sand wurden verwendet, um regelmäßig von den Gezeiten überflutete Gebiete wiederherzustellen. Dieses Land wurde dann verkauft, um die Kosten dieser Arbeiten zu bezahlen. Infolgedessen wurde der Khor tiefer und zog mehr und größere Schiffe an, was zur Förderung des Handels in Dubai beitrug. Von diesem Moment an erbte ich die Leidenschaft meines Vaters für Projekte, die die Stadt aufwerten konnten.

Die Regierungszeit meines Vaters wurde durch die Fülle an Projekten gekennzeichnet, die er in Gang brachte. Dazu gehörten die Gründung des Khor Dubai und des Flughafens sowie von Telekommunikations-, Wasser- und Stromunternehmen. Darüber hinaus beaufsichtigte er die Verbesserungen des Al Maktoum-Krankenhauses sowie andere Investitionen im Rahmen der sozialen Entwicklung. Ob in der Regierung oder in der Wirtschaft, mein Vater verkörpert meine Vorstellung von einem Führer –

einer Person, die anderen hilft voranzukommen, die kreiert, baut und anderen dient.

Ich habe schon früh gelernt, dass ein Führer die fähigste Person ist, um Projekte effizient umzusetzen. Ich habe auch gelernt, dass jeder Dirham wertvoll ist und sehr sorgfältig ausgegeben werden sollte. Die von Scheich Rashid bin Saeed gegründete Regierungskultur basiert auf den Grundsätzen der klugen Ausgaben und dem Verzicht auf verschwenderische Regierungspraktiken. Eines der wichtigsten Geheimnisse für Dubais Erfolg sind die von Scheich Rashid festgelegten Werte des Regierens. Werte, die jetzt das Land definieren und von allen Menschen geteilt werden.

12

Führungslektionen

Mein Vater begann seine Herrschaft im Jahr 1958 mit großer Energie, eifriger Begeisterung und guter Laune. Jeden Tag, an dem ich ihn in Aktion beobachtete, lernte ich eine neue Lektion, die mir frische Ideen, aufregende Projekte und schließlich mehr Verständnis, und vielleicht sogar ein bisschen Weisheit vermittelte.

Eine der allerersten Entscheidungen, die Scheich Rashid traf, war die Etablierung engagierter Räte für Händler, Kaufleute und andere fähige Leute in unserer Gesellschaft, wie z.B. Konstrukteure, Ingenieure und Intellektuelle. Als ich ihn fragte, warum er all diese neuen Personen eingeladen hatte, um etwas über ihre Ansichten zu erfahren, sah er mich ernst an und sagte: „Ein Mann hört nicht auf zu lernen. Wir möchten, dass sie uns beim Aufbau von Dubai unterstützen. Wir möchten, dass sie dir beibringen, eine Führungsrolle zu übernehmen. Dies ist der Beginn deiner Ausbildung."

Dass kein Mann perfekt geboren wird, war die erste einfache, aber tiefgreifende Lektion, die ich von Scheich Rashid gelernt habe. Wir alle brauchen die Gedanken und Gemüter anderer, um unsere eigenen zu vollenden. Jeder muss weiter lernen, ganz gleich, wie viel er oder sie erreicht hat. Ein Führer braucht den Rat anderer, um mehr zu erfahren und Unterstützung für neue Pläne und Projekte zu gewinnen. Nur ein ignoranter Mensch verschließt sich dem Rat anderer.

Schon früh lernte ich, dass selbst der Prophet Muhammad – möge der Friede und Segen Gottes mit ihm sein – keine Angst hatte, seine Gefährten zu befragen. Später erfuhr ich, dass eine der schwierigsten Herausforderungen, denen ein Herrscher begegnen kann, darin besteht, zu wissen, wann er ehrlichen Rat und unbequeme Wahrheiten zu beherzigen hat. Als ich aufgewachsen bin, habe ich arabische Herrscher und Regierungen beobachtet, die nie auf ihr Volk hörten und die Träume, Hoffnungen und Wünsche ihrer Bürger ignorierten. Ich sah, wie Führer großer Nationen stürzten, weil sie grundlegende Fehler begingen. Sie hörten nur auf ihre unterwürfigen Berater; umgaben sich mit Menschen, die ihre Handlungen verherrlichten, lobten und beglückwünschten.

„Scheich Rashid hat es bevorzugt,
sich von dem Geschwätz der Politik
und ihren chaotischen Verwicklungen
fernzuhalten“

Die uralte Geschichte „Des Kaisers neue Kleider“ trifft noch heute auf viele Anführer zu. Sie sind vor Stolz und Schmeichelei so blind, dass sie die nackte Wahrheit nicht sehen können. Das Schlimmste, was ein Führer oder Herrscher tun kann, ist, einen schlechten Rat anzunehmen. Ich bin in der Erkenntnis aufgewachsen, dass die Prinzipien von Scheich Rashid zeitlos sind. Sein Rat ist bis heute gültig und bleibt für immer relevant.

An einem anderen Tag lernte ich in einem anderen Rat eine wichtige Lektion, die ich immer noch anwende. Scheich Rashid sagte einem der Mitglieder des Rates, er halte ihn für einen effizienten Mann mit Führungsqualitäten. Er fragte ihn, ob er ein Projekt starten und die Fertigstellung bis zum Ende beaufsichtigen könne. Später flüsterte ich ihm zu, dass ich den Mann nicht für so effizient hielt und dass er ein solches Lob nicht verdient hätte. Scheich Rashid antwortete, dass eine der wichtigsten Eigenschaften eines erfolgreichen Herrschers darin bestehe, sich mit starken Führern zu umgeben. Wir müssen immer nach ihnen Ausschau halten. Wir müssen auch diejenigen sein, die sie heranbilden. Es ist unsere Pflicht, Führungskräfte zu schaffen, ihre Talente zu entwickeln, ihnen Verantwortung zu geben und sie zu ermutigen, echte Führer zu werden. Dies waren unbezahlbare Worte der Weisheit, die das wesentliche Geheimnis des Erfolgs und der herausragenden Leistung einer Nation widerspiegeln. Die Schaffung von Führungskräften ist der Hauptmotor für Entwicklung und weiteren Fortschritt. Dies gilt für Nationen ebenso wie für die Geschäftswelt und die eigene Familie. Das Schlimmste, was man tun kann, ist, der einzige Führer zu sein. Dies war die zweite Lektion, die ich von Scheich Rashid gelernt habe. Ich habe dieses Prinzip seit mehr als einem halben Jahrhundert in meiner eigenen Laufbahn angewandt. Ich habe spezielle Programme zur Vorbereitung und Schaffung von Führungskräften ins Leben gerufen. Ich habe sehr darauf geachtet, in ehrgeizige junge Leute zu investieren, die mich in den verschiedenen Stadien meiner Laufbahn umgaben. Heute sehe ich, dass sie in ihren eigenen Spezialgebieten zu Führern von Weltklasse geworden sind.

Ich bin sehr stolz auf sie alle. Wenn man sich Ratschläge zu Herzen nimmt, kann dies den Horizont erweitern, woraufhin sich die Entwicklung von Führungskräften durch die eigenen Bemühungen vervielfacht. Die Führer, die wir schaffen, sind die Augen, mit denen wir sehen, die Hände, mit denen wir bauen, und die kreative Energie, die unsere erweitert und unsere Vision verwirklicht.

Die dritte Lektion, die ich von Scheich Rashid gelernt habe, bekam ich, als ich noch jung war und fragte, wer die wahren Führer in dieser Welt sind. Er antwortete, dass die wirklichen Führungskräfte von heute nicht dieselben seien wie die von gestern. Die heutigen Führer sind die stummen Riesen, die das Geld besitzen, nicht die Politiker, die den Lärm machen. Diese Antwort verblüfft mich immer noch, denn ich sehe, dass sie sich in unserer modernen

Welt jeden Tag als wahr herausstellt. Wirtschaft ist immer ein Motor der Politik. Dies gilt nicht nur in westlichen Ländern und in großen Demokratien. Wenn ich mir ein großes Land wie China ansehe, das die ganze Welt herausfordert, geopolitische Reichweite und Einflussnahme herstellt, internationale Bündnisse eingeht und aufbaut, so erfolgt dies weniger aufgrund seiner (erheblichen) militärischen Macht, sondern vielmehr aufgrund der Stärke seiner Wirtschaft. China beginnt den Konkurrenzkampf mit den Vereinigten Staaten, die immer noch führende Supermacht der Welt, nicht nur wegen seiner überwältigenden militärischen Stärke, sondern auch wegen seines beispiellosen wirtschaftlichen und kulturellen Einflusses. Diese Antwort fasst einen Großteil der derzeitigen Gedankenwelt und Philosophie Dubais sowie die politischen Positionen und Überzeugungen von Scheich Rashid zusammen. Er hat es bevorzugt,

> „Eine der wichtigsten Eigenschaften eines erfolgreichen Herrschers besteht darin, sich mit starken Führern zu umgeben“

sich von dem Geschwätz der Politik und ihren chaotischen Verwicklungen fernzuhalten, da dies für uns in der arabischen Welt von geringem Nutzen ist. Scheich Rashid fokussierte seine Konzentration, Energie und Zeit vielmehr auf Entwicklungsprojekte und die Wirtschaft, um so jegliche offene Konfrontation, die unser Land in einen politischen Sumpf ziehen könnte, zu vermeiden. Ich habe diese Philosophie und diesen Rat mit Überzeugung und Glauben angenommen. Sie wurden auch durch Erfahrungen in meiner langen Karriere immer wieder bestätigt. Heute betrachten viele Araber die Entwicklung unseres Landes als die erfolgreichste in der Region. In jährlichen Umfragen berichten Tausende von jungen Arabern, dass sie sich wünschen, ihre Länder würden dem Modell unseres Landes folgen – ein wahres Zeichen der Hoffnung. Viele möchten in die Vereinigten Arabischen Emirate ziehen, damit sie ihre Träume und Ambitionen verwirklichen können. Heute ist Dubai, dank der Prinzipien, die Scheich Rashid in uns verankert hat und die Teil unserer nationalen Kultur geworden sind, zu einer Ikone der Weltwirtschaft geworden. Dies sind die drei Lektionen, die ich von einem weisen Mann und einem Mentor erhalten habe. Einem Mann, der mein Leben und meine Karriere mitgestaltet hat. Es ist dieser gute Rat, der mein Streben nach dem Glück und dem Wohlbefinden meines Volkes bestimmt.

13

Meine Kleine Höhle

Viele Menschen haben eine eigene ‚Höhle', in die sie sich zurückziehen, um ihre Hobbys auszuüben, sich vom Trubel des Hauses fernzuhalten oder sich nach dem Stress eines langen Arbeitstages zu entspannen.

Der Wunsch nach meinem eigenen ruhigen Rückzugsort wuchs in mir, als ich jung war. Wir hatten ein kleines, sandiges Zimmer im westlichen Flügel des Zabeel Palastes, in dem mein Vater seine Jagdfalken hielt. Als er mit Entwicklungsprojekten beschäftigt war und weniger Zeit für den Sport hatte, bat er mich, mich um diesen Raum zu kümmern. Ich tat es, aber auf meine Weise.

Ich erinnere mich an einen Nachmittag, als er zu mir kam. Ich saß auf dem Sandboden in dem kleinen Raum, schaute stolz auf mein neues Paradies und dachte daran, wie gerne ich dies meinem Vater zeigen möchte, als sich die Tür öffnete. Ich drehte mich um und sah seinen ernsten Gesichtsausdruck, der bald von einem Grinsen erhellt und von einem dröhnenden Lachen begleitet wurde, als er nach meiner Mutter rief.

Der Raum hatte sich von einem Quartier für Jagdfalken in einen kleinen Zoo verwandelt, vollgestopft mit den verschiedenen Tieren, die ich gefangen hatte. Es gab viele Skorpione sowie Schlangen aller Art, die ich in übereinander gestapelten Kästen hielt. Der übrige Raum war gefüllt mit Muscheln und Fischskeletten, die ich während meiner Ausflüge zum Strand gesammelt und vorsichtig in den Raum getragen hatte.

Mein Vater und meine Mutter standen am Eingang und lachten. Sie lachten so sehr, dass ich nicht verstehen konnte, was sie sagen wollten. Als es meiner Mutter gelang, sich zu fassen, wischte sie sich die Lachtränen ab und sagte: „Oh, es war kein einfacher Dieb, der die Gläser aus meiner Küche gestohlen hat! Könntest du mir wenigstens meine Oud-Parfümschachtel zurückgeben, Schatz? Dieses Parfüm ist viel mehr wert als die Vogelfedern, die du dort aufbewahrst!"

Danach war dieses Zimmer immer der erste Ort, an dem gesucht wurde, wenn ein Glas im Haus verschwand. Als Reaktion auf meine Enttäuschung darüber, dass ich einige meiner wertvollen Utensilien hergeben musste, beschlossen mein Vater und meine Mutter, meine wissenschaftlichen Untersuchungen zu bereichern. Meine Mutter gab mir Notizbücher, in denen ich meine Entdeckungen über die Vögel, Tiere, Muscheln und Skelette, die ich gesammelt hatte, niederschreiben konnte.

Diese Bücher waren mit meinen Notizen, Beobachtungen und Zeichnungen gefüllt und zu meinem pädagogischen Vergnügen geworden. Dieses Zimmer war meine kleine ‚Höhle', in der ich mein Wissen über die Natur vertiefte und verschiedene kleine Kreaturen sammelte.

Ich habe viel von dieser kleinen Höhle gelernt, da ich all diese kleinen Leben so genau beobachtet hatte. Ich habe gelernt, dass das Studium und die Erkundung wertvolle Lektionen vermitteln können, die einem ein ganzes Leben lang erhalten bleiben.

14

Mein Erstes Pferd

Was ist der Unterschied zwischen deiner ersten Liebe und deinem ersten Pferd? Für mich gibt es keinen Unterschied, überhaupt keinen Unterschied. Für mich sind die erste Liebe und das erste Pferd zwei Seiten derselben Medaille.

Ich habe Pferde seit meiner Kindheit geliebt. Ich bin in einer Zeit und an einem Ort aufgewachsen, wo es für meinen Vater selbstverständlich war, auf dem Rücken seines Pferdes Saqlawi ohne Zaumzeug oder Zügel durch Dubai zu streifen. Mein älterer Bruder Maktoum hatte ebenfalls eine besonders enge Beziehung zu seinem Pferd. Wenn ein anderer versuchte, sein Pferd zu reiten, buckelte es und warf den Reiter ab. Maktoums Pferd tolerierte nie einen Reiter außer ihm – möge seine Seele in Frieden ruhen. Ich erinnere mich an Hamdans Pferd Karawan, das wegen seiner Geschwindigkeit nach dem Brachvogel benannt wurde. Wie konnte ich denn Pferde nicht lieben, wenn ich mit einer Mutter aufwuchs, die ohne Sattel reiten konnte?

Ich wuchs in einer Familie auf, in der Pferde geliebt wurden. Im Winter versammelten wir uns mit unseren Eltern oft um das Feuer und sie erzählten uns Mythen und Geschichten über diese wunderbaren Kreaturen. In einer dieser Geschichten hieß es, als Gott das Pferd erschaffen wollte, sagte er dem Südwind: „Ich bin der Schöpfer, und aus dir werde ich erschaffen. Ich werde eine stolze Schöpfung für mein Volk und seine Nachkommen schaffen. Die Schöpfung wird eine Schönheit für sie, eine Demütigung für ihre Feinde und ein Beschützer derer, die mir gehorchen."

Der Wind sagte, er solle nach seinem Gutdünken handeln, und so erschuf der Herr eine Stute und bezeichnete sie als Araberin, deren Güte sich in ihrer Stirnlocke zeigt, die Glück bringt, wo immer sie auch hingeht, und die die Macht besitzt, ohne Flügel zu fliegen.

> „Ich habe mein Pferd verstanden und es verstand mich ebenfalls. Wenn ich ging, fragte sie nach mir. Wenn ich in ihrer Nähe war, sprach ich mit ihr und sie sprach mit mir"

Wir haben diese Liebe zu Pferden geerbt. Ich kann immer ihre Größe fühlen, wenn ich in ihrer Gegenwart bin. Die älteren Frauen pflegten zu sagen, dass kein böser Geist es wagen würde, ein Zelt zu betreten, in dem ein arabisches Pferd lebt. Dies ist die Umgebung, in der ich aufwuchs. Wie also konnte ich Pferde nicht lieben?

Im Heiligen Koran sagte Gott der Allmächtige: „Bei den Pferden, die mit keuchendem Atem laufen", und der Prophet (Friede sei mit ihm) bestätigte: „Die Güte ist an die Stirnlocke der Pferde bis zum Tag der Auferstehung gebunden."

Daher würde nur ein ehrenwerter Mann ein Pferd ehren. Wie also konnte ich Pferde denn nicht lieben?

Heute heißt es, ich sei einer der führenden Pferdebesitzer der Welt. Was viele nicht wissen, ist, dass ich als Kind, wenn meine Mutter mich nachts nicht in meinem Bett finden konnte, im Stall war und im Stroh schlief. Ich habe mein Pferd sehr geliebt. Ich habe mein Pferd verstanden und es verstand mich ebenfalls.

Wenn ich ging, fragte sie nach mir. Wenn ich in ihrer Nähe war, sprach ich mit ihr und sie sprach mit mir.

> Die Liebe zum Reiten von Pferden strömt durch mein Blut.
> Ich liebe sogar die Erwähnung ihres Namens.
> Diejenigen, die sie nicht schätzen,
> wie die, die Falken nicht kennen, würden sie rösten.
> Die blinkenden Hufe der kämpfenden Pferde
> sprühen Feuer und entzünden Flammen.
> Ich habe mich mein ganzes Leben um sie gekümmert,
> Ich liebe sie, ich kann nicht ohne sie sein.
> Wenn meine Pferde mich vermissen, gehen sie auf die Suche nach mir.
> Sie können mich sogar durch den Duft meiner Kleidung finden.
> Ich habe ihnen gegeben, was ich von meinem Leben gelebt habe,
> und ich werde ihnen den Rest schenken.

Meine Verbindung zum Pferderennsport begann an einem schönen Abend, als ich mit meinem Vater aus der Wüste nach Hause kam. Während wir ritten, sagte er zu mir: „Ich möchte ein Pferderennen in Dubai organisieren. Das Rennen steht allen Stämmen offen, und ich möchte, dass du teilnimmst."

Ich war ungefähr zehn Jahre alt, aber die Worte meines Vaters gaben mir das Gefühl, 20 oder 30 Jahre alt zu sein. Sie gaben mir Antrieb und eine noch größere Verantwortung, denn das Rennen wäre eine große Feier, die jeder sehen würde, eine große Feier, an der jeder teilnehmen und wettstreiten würde.

Mein Vater hatte eine Reihe von Pferden. Er sagte: „Wähle ein Pferd und trainiere es in Vorbereitung auf das Rennen."

Natürlich war ich der dritte, der ein Pferd auswählen durfte, da ich der drittälteste unter meinen Geschwistern war.

„Ich habe so viel von diesem schönen
Pferd gelernt. Ich lernte, wie man
eine echte Beziehung zu dieser
bemerkenswerten Spezies aufbaut
– eine Beziehung der Treue und
Freundschaft“

Mein Bruder Maktoum wählte als Erster, gefolgt von Hamdan, und dann kam ich, denn der Respekt einem älteren Bruder gegenüber sollte in allen Fällen gewahrt werden. Das ist es, was wir gelernt haben, und wie wir erzogen worden sind. Bis heute kann ich persönlich niemanden verstehen, der seine Ältesten nicht respektiert.

Ich sah ein wunderschönes, aber verletztes Pony, das noch nie zuvor an einem Rennen teilgenommen hatte. Ich beobachtete sie aufmerksam und stellte fest, dass sie problemlos Rennen laufen könnte. Sie wurde Sawda Umm Halaj genannt – die Schwarze mit dem Ohrring.

Es war bekannt, dass die Araber, wenn sie ein Pferd einem anderen vorziehen, sein Ohr mit einem goldenen Ohrring schmückten. Manche schmückten den Hals ihres Lieblingspferdes auch mit Gold- und Silberketten – genau wie bei einer schönen Frau.

Sawdas Ohrring hatte sich irgendwann einmal verfangen und ihr Ohr verletzt. So ist sie zu ihrem Namen gekommen – Umm Halaj. Gleich darauf begann ich, Sawda zu trainieren. Der erste Schritt bestand darin, ihr verletztes Bein zu behandeln. Meine Mutter Latifa wusste am besten über pflanzliche Heilmittel und über Pferde Bescheid. Ich bat sie, mein Pony zu untersuchen, da ich mir Sorgen wegen der Verletzung machte.

Meine Mutter untersuchte sie sorgfältig. Ich bemerkte sofort, wie das Pony mit meiner Mutter interagierte, als sie Gliedmaßen und Gelenke untersuchte und versuchte, die Ursache der Schmerzen zu ermitteln. Das Pony wusste, dass meine Mutter da war, um sie zu behandeln. Da habe ich zum ersten Mal die Intelligenz, Sensibilität, Zärtlichkeit und Loyalität des Ponys erkannt.

Meine Mutter fand die Verletzung an ihrem Bein und bat mich, Sawdas Hufe zu trimmen, die Verletzung mit einer Kräuterpackung zu behandeln und ihr einen Kräutersirup zu geben, um die Schmerzen zu lindern. Meine Mutter bat mich, sie sanft zu trainieren und schrittweise zu gehen, während ihr Verband täglich gewechselt würde. Das war das wichtigste Projekt in meinem jungen Leben! Das Rennen war in vier Monaten und ich brauchte drei Monate, um mein Pferd zu behandeln und zu trainieren. Ich erinnere mich noch an die Medizin, da ich diese täglich alleine vorbereiten und auf ihr Bein auftragen wollte. Die von meiner Mutter empfohlene Behandlung war eine Mischung aus Steppenraute, Kurkuma und Sidr-Honig sowie anderen wohltuenden Zutaten. Diese Mischung bildete einen Umschlag, der täglich gewechselt wurde.

Ich fing an, mehr Zeit in den Stallungen zu verbringen. Als ich sie zehn Tage lang mit Kurkuma fütterte, ließ die Schwellung nach. Obwohl das Bein unter dem Verband sauberer zu sein schien, sah die Sehne immer noch übel aus; deshalb machte ich weiter Umschläge. Ich stellte auch sicher, dass ich ihr genug Ruhe gab, sie jeden Tag spazieren führte und das Training intensivierte, als sich ihr lahmes Bein erholte.

Am Ende des dritten Monats lief sie vier bis fünf Stunden am Tag. Sie würde immer eine unansehnliche Sehne haben, aber eine starke, hässlich aussehende Sehne ist besser als eine schöne, schwache Sehne.

Es lag ein gutes Stück Wegs zwischen dem Zabeel Palast und dem Meer. Ich habe oft das Haus morgens verlassen und den Tag auf dem langen, weißen Sandstreifen verbracht. Mein Pferd und ich trainierten am Strand und schwammen danach im Meer, um uns abzukühlen. Wir aßen mit Freunden zu Mittag und ich fütterte sie mit dem frischen Wüstengras, das ich für sie gesammelt hatte. Ab und zu hob sie mit vollem Maul den Kopf und kaute ihr Futter. Wenn sie fraß, zog sie das verletzte Bein wie eine Ballerina nach vorne.

> „Von meinem Pferd habe ich gelernt, dass bedingungslose Liebe erwidert wird, dass Geduld und Hingabe belohnt werden und dass alles zu geben, um Erfolg zu haben, der einzige Weg zum Sieg ist"

Wenn es Zeit war zu gehen, pfiff ich nach ihr und sie folgte mir glücklich zurück in die Stallungen. Sie genoss unsere Ausflüge genauso wie ich. Sie stand immer ruhig da mit ihren schläfrigen Augen, die sanft und glänzend waren, während ich Sand und Salz aus ihrem Fell bürstete. Sie spitzte die Ohren und folgte der Intonation meiner Stimme, während ich die ganze Zeit mit ihr sprach. Dann stellte sie ihren verletzten Fuß vor, als würde sie mich an ihren Schmerz erinnern wollen. Sobald ich den Umschlag erneuert hatte, versuchte ich immer einen Grund zu finden, um die Ställe nicht verlassen zu müssen. Ich wollte die ganze Zeit an ihrer Seite sein.

Ich habe so viel von diesem schönen Pferd gelernt. Ich lernte, wie man eine echte Beziehung zu dieser bemerkenswerten Spezies aufbaut – eine Beziehung der Treue und Freundschaft. Ich lernte mit Pferden zu sprechen und sie zu verstehen. Ich lernte, dass, wenn man in die Aufzucht von Pferden investiert, Güte gedeihen und sich zu Größe entwickeln kann. Von diesem schönen Pferd lernte ich die wahre Bedeutung von Treue.

Ich habe von meinem ersten Pferd gelernt, dass Leistungen niemals ohne Arbeit erzielt werden. Ich verbrachte drei Monate damit, mein Pferd zu behandeln, ihre Wunde zu reinigen, die Verbände zu wechseln und sie jeden Tag stundenlang laufen zu lassen. Ich verbrachte die besten Momente mit ihr zusammen am Strand.

Von meinem Pferd habe ich gelernt, dass bedingungslose Liebe erwidert wird, dass Geduld und Hingabe belohnt werden und dass alles zu geben, um Erfolg zu haben, der einzige Weg zum Sieg ist.

15

Mein Erstes Rennen

Mein erstes Rennen auf meinem ersten Pferd! Dies war eine Gelegenheit, an die man sich ein Leben lang erinnern sollte, und ich erinnere mich noch immer daran, als wäre es gestern gewesen. Diese brillanten Momente der Jugend bleiben für immer in deinem Herzen und deiner Seele eingeprägt. Sie verblassen nie.

Die Nachricht von dem Rennen, das mein Vater angekündigt hatte, verbreitete sich überall. Maktoum trainierte Oudeh, einen Nachfahren der Widthen-Familie, während Hamdan Hamdaniah auf das Rennen vorbereitete. Ich war sehr glücklich mit Sawda Umm Halaj!

Menschenmassen aus allen Emiraten kamen herbei, um das Rennen zu sehen und daran teilzunehmen. Meine Familie und auch die Menschen in Dubai waren der Ansicht, dass dies eine öffentliche Veranstaltung war. Daher beschlossen jedes Haus und jede Familie, für die Stämme, die zur Veranstaltung kamen, zu kochen. In Vorbereitung auf das Ereignis wurden Tiere geschlachtet. Schon Wochen vor dem Rennen stellten Frauen Parfüms für die Gäste her. Dichter verfassten Gedichte, die speziell für die Veranstaltung rezitiert werden sollten. Die Männer prahlten mit ihren Pferden und jeder behauptete, das beste Pferd zu haben.

Mein Vater beauftragte den Bau einer zwei Kilometer langen Strecke entlang des Strands von Jumeirah. Die Wettbewerbsteilnehmer kamen aus benachbarten Emiraten, stellten ihre Zelte auf und kampierten mit ihren Pferden. Fahnen wurden an der Start- und Ziellinie angebracht. Die Atmosphäre war elektrisierend und die Menschenmassen waren von Vorfreude erfüllt.

Ich kam am Tag vor dem Rennen an, da mich meine älteren Brüder Maktoum und Hamdan vorausgeschickt hatten, um ein Lager für uns drei aufzubauen. In dieser Nacht ging ich mit meiner Stute an einem Führungsseil die zwei Kilometer lange Strecke entlang und erzählte ihr von dem großen bevorstehenden Rennen. Morgen wäre unsere Chance, uns vor meinem Vater und all seinen Freunden zu beweisen. Während unseres Spaziergangs bemerkte ich, dass der Weg in der Mitte gut war, sich aber am Rand Sand angehäuft und kleine hügelartige Dünen gebildet hatten. Die Mitte der Spur zu verlassen, würde auf jeden Fall nicht vorteilhaft sein, soviel war sicher.

Der Morgen des Rennens begann nach einer unruhigen Nacht voller Träume und Vorfreude. Ich wachte auf und blinzelte den Schlaf aus meinen Augen. Ich blinzelte nochmals und dachte, dass vielleicht meine Sicht verschwommen wäre. Doch das war nicht der Fall. Eine dicke Nebeldecke hatte sich über den Strand von Jumeirah gelegt. Die Scheichs und Wettbewerbsteilnehmer hatten sich bei Kaffee und Datteln versammelt, um das Wetter zu besprechen. Ich zog schnell die alte verkürzte Kandura an und eilte zu meiner Stute. Ich musste erst noch den Umschlag abwaschen und sie füttern, bevor ich mir die Neuigkeiten anhören konnte. Als ich war fertig, rannte ich los und setzte mich zu meinem Vater, wo mir einer seiner reunde Brot und Kaffee reichte.

Das Rennen würde stattfinden! Es wurde entschieden, dass der Nebel nicht gefährlich war, da man immer noch 50 Meter weit sehen konnte. Ich war mit den Nerven am Ende und mein Magen kribbelte.

Ich holte meine Stute und ließ sie vor dem Rennen aufwärmen. Ihre Muskeln arbeiteten unter ihrem mitternachtsschwarzen Fell. Ich hatte ihre Mähne mit Wasser gekämmt, so dass sie flach anlag und man die von der Sonne geröteten Enden sehen konnte. Andere Pferde liefen ebenfalls mit ihren Reitern, die wie ich ihr Pferd zu mustern schienen.

Maktoum hatte Oudeh trainiert, aber er hatte Saluma Al Amri gebeten, seine Stute zu reiten. Er war sonst fast immer selbst in diesen Rennen geritten, aber da an diesem Tag die Messlatte sehr hoch lag, hatte er wegen seines Gewichts Saluma gebeten, die Aufgabe zu übernehmen. Es gab andere – viele andere, aber ich war mir sicher, dass es Oudeh war, den wir schlagen mussten.

Als das Signal zum Aufsitzen kam, machten wir uns schließlich auf den Weg zum Start. Der Starter stand schon mit seiner Pistole und mit seiner im Wind flatternden Kandura in Position. Ich fixierte meine Augen auf seine Hand und versuchte, die Muskeln, die den Abzug betätigen würden, in seinem Finger zu erkennen. Ich sprach sanft mit Umm Halaj und aus dem Augenwinkel konnte ich ihr eingerissenes Ohr als Antwort vor und zurück zucken sehen. Ich fuhr mit den Fingern durch ihre dicke Mähne.

Plötzlich zerriss ein lauter Knall den Morgennebel und ein riesiger Jubel erhob sich am Strand. Es ging los!

Mein Atem steckte tief in meinem Hals fest und ich keuchte verwundert auf, als Umm Halaj kraftvoll nach vorne stürmte. Ich achtete darauf, mich festzuhalten, da ich ohne Sattel ritt. Um mich herum rauschten Pferde wie eine große Flutwelle voran, während die Rufe der Jockeys und der Jubel der Zuschauer die Luft erfüllten. Innerhalb kürzester Zeit hatte sich das Feld zu einem Muster formiert. Vor mir sah ich Saluma mit Oudeh wie einen Geist im Nebel verschwinden. Er wollte wohl frühzeitig in Führung gehen, um Schutz im Nebel zu finden.

Ich beschloss, nicht mit den anderen zurückzubleiben, um mein Pferd zu schonen, sondern ihm zu folgen. Saluma hatte genug Erfahrung, um zu wissen, wie er das Beste aus Maktoums Stute herausholen konnte. Ich konnte es mir allerdings nicht leisten, Saluma aus den Augen zu verlieren. Ich trieb Umm Halaj mit meinen Beinen weiter voran. Mein Herz schwoll vor Stolz an. Was gibt es Schöneres, als mit einem Pferd so direkt zu kommunizieren und alles aus ihm herauszuholen?

Saluma lag fünf Längen voraus. Genauso wie der Nebel ihm geholfen hatte, half er nun mir, mich langsam an ihn heranzutasten. Er musste meine Präsenz durch seine Stute gespürt haben, da die Geräusche der Hufe und Jubelschreie, die von den Wellen des Meeres begleitet wurden, alles andere übertönten. Er schaute zurück und sah, wie ich mich an Umm Halaj klammerte, deren Kopf sich jetzt auf der Höhe von Oudehs Flanke befand. Sein Gesichtsausdruck wirkte derart überrascht, dass ich mir wahrlich auf die Zunge beißen musste, um nicht laut loszulachen. Er bevorzugte die Mitte und rechte Seite der Rennbahn, sodass noch etwas Platz zwischen mir und dem tieferen Sand war.

Ich wartete darauf, dass die Flagge im Nebel auftauchte, als ich sah, wie er sein Pferd stärker antrieb. Hatte er die Flagge vor mir gesehen? Ich blickte verwirrt auf und suchte nach der Flagge, die jetzt ganz in der Nähe sein musste. Dann machte er seinen Zug. Als er sah, wie ich versuchte, von innen aufzuholen, drängte er mich sanft in Richtung des tiefen Sandes ab. Da erblickte ich die Flagge. Es blieb keine Zeit, um ihn herum zu reiten; ich konnte mich nur vorwärts kämpfen.

Ich versuchte, alles aus Umm Halaj herauszuholen, und sie hat mich nicht enttäuscht. Obwohl wir im tiefen Sand weniger Halt hatten, konnte sie die zwei Pferdelängen, die Saluma herausgeholt hatte, wiedergutmachen. Mein Herz schlug mir bis zum Hals, als wir neben ihm gleichzogen. Doch im letzten Moment wurden wir von Oudeh knapp geschlagen. Hamdan belegte hinter mir Platz drei.

„Mein Atem steckte tief in meinem Hals fest und ich keuchte verwundert auf, als Umm Halaj kraftvoll nach vorne stürmte“

Was für ein Sieg für die Stallungen meines Vaters! Wir hatten einen Erfolg erzielt und ich fühlte mich wie ein König, als meine beiden älteren Brüder mir auf den Rücken klopften und die Freunde meines Vaters an Umm Halaj herantraten und sie kritisch betrachteten, während ich sie beruhigte. Ich streichelte sie, bis meine Hand zu kribbeln begann. Mein Vater kam auf mich zu und lächelte: „Gut gemacht, Mohammed. Gut gemacht.“

Wenn nur dieser Moment für immer andauern könnte! Dieser Abend war magisch. Die Luft war voller Energie und Glück. Flammen stiegen zum Himmel empor und hypnotisierten die Männer, die sich im Sitzen unterhielten. An diesem Abend während der Feierlichkeiten saßen Maktoum, Hamdan und ich zusammen am Feuer. Wir waren uns einig, dass sich meine Stute zweifelsohne bewährt hatte. Die Männer am Lagerfeuer waren der Meinung, dass die mangelnde Erfahrung ihr den Sieg gekostet hat.

Sie sagten, Umm Halaj wäre an Oudeh vorbeigelaufen, wenn sie nicht im tiefen Sand gelaufen wäre. Wir alle wussten, dass die Männer Recht hatten. Niemand machte mir Vorwürfe. Alle waren stolz auf mein erstes Rennen. Ich fühlte ein wenig Bedauern über meine mangelnde Erfahrung, aber nichts konnte den Stolz in meiner Brust schmälern, als Hamdan sagte, er würde Umm Halaj gern in seiner eigenen Gruppe haben. Wer hätte ahnen können, dass mein älterer Bruder, den ich verehrte, eine Stute wollte, die ich trainiert hatte?

In dieser Nacht, als meine Brüder schliefen, stand ich auf und ging zu meiner Stute. Sie lag mit den Beinen unter dem Körper im Sand, hob den Kopf und wieherte leise, als ich näherkam. Ich stand vor ihr und zeichnete die Form des weißen Sterns nach, der sich zu einem dünnen Streifen auf ihrem schwarzen Gesicht verjüngte. Mit meinem Finger folgte ich dem Wirbel der Haare in der Mitte ihrer Stirn. Sie seufzte tief. Ich beugte mich hinab, um ihr eingerissenes Ohr zu küssen, und setzte mich.

Ich sagte ihr, dass sie jetzt zu Hamdan gehen würde. Das ist der Lauf der Dinge in der Wüste; die Pflicht eines Sohnes ist von überragender Bedeutung. Es war eine Ehre, dass er sie wollte, aber trotzdem fühlte ich einen Schmerz in der Brust.

Hamdan hatte gesagt, ich könnte ein anderes Pferd von ihm wählen. Ein paar Tage später hatte ich eines seiner Pferde beobachtet. Sie war schon zuvor Rennen gelaufen, hatte aber wie Umm Halaj ein oder zwei Probleme. Ich wartete, bis ich sah, dass Hamdan gut gelaunt war, und fragte ihn nach dem Pferd. Er lächelte und führte sie zu mir. Sie hieß Rumanieh. Wir waren wieder im Geschäft!

16

Endlich!
Ein Flughafen in Dubai

Meine erste Reise nach London im Sommer 1959 mit meinem Vater war ein Wendepunkt in meiner Jugend. Ich liebte London, noch bevor ich dort ankam. Meine Mutter erzählte mir von dem fantastischen Abenteuer, zu dem diese Reise werden würde. Sie erzählte von einem Land voll endlosem Grün und von baumgesäumten Straßen und Alleen. Sie sagte, es sei so kühl, dass die Leute in den Häusern schliefen anstatt auf dem Dach wie in Dubai. Sie erzählte mir von dem dichten Gedränge und den Menschen, die ganz anders gekleidet waren als wir, sowie von den großartigen Pferderennen, die auf Gras stattfanden.

Mein Vater hatte jedoch eine andere Sicht auf die Dinge. Er hatte die Tage vor der Reise schweigend verbracht. Er überlegte, wie er die wichtigen Themen, die mit der Macmillan-Regierung diskutiert werden sollten, ansprechen und mit maximalem Gewinn aus London zurückkehren konnte. Unsere Gefühle gegenüber den Briten waren kühl, aber höflich. Im Grunde warteten wir nur auf den Tag, an dem die Briten unser Land verlassen würden. Unsere Beziehung wurde durch Verträge und Konventionen geregelt, nach denen wir unsere inneren Angelegenheiten kontrollierten, wobei London die Verantwortung für unsere Außenbeziehungen und Verteidigung übernahm.

Das Schweigen meines Vaters wurde unterbrochen durch meine vielen Fragen darüber, mit wem wir uns treffen würden. Er sagte mir, wir würden den Premierminister treffen, und erklärte, dass dieser die Autorität eines Scheichs habe. „Aber was ist dann die Rolle der Königin?", fragte ich.

„Sie hat auch die Autorität einer Scheicha, aber der Premierminister ist die wichtigste Person", antwortete er.

Ich fragte, was wir besprechen würden, und er antwortete: „Mohammed, ich möchte, dass du dich auf die Diskussionen konzentrierst und aufmerksam dem Übersetzer zuhörst. Wir werden viele wichtige Themen diskutieren. Wir wollen einen Flughafen in Dubai bauen", sagte er. Ich stimmte ihm pflichtbewusst zu.

> „Das Unmögliche ist eine Wahl. Die
> Welt öffnet ihre Türen für diejenigen,
> die wissen, was sie wirklich wollen!"

Über Jahre hinweg waren die Flugzeuge, die nach Dubai kamen und auf dem Khor Dubai landeten, hauptsächlich Imperial Airways und BOAC-Flugboote gewesen. In den fünfziger Jahren waren die Wasserflugzeuge durch Verkehrsflugzeuge ersetzt worden. Doch wir hatten immer noch keine Einrichtungen, um den kommerziellen Verkehr abzuwickeln, da dieser früher zum Flughafen Schardscha flog. Mein Vater wollte eine kommerzielle Landebahn für Dubai bauen, aber die Briten lehnten dies ab und sagten, der Flughafen von Schardscha sei ausreichend und durch ihre Militärbasis geschützt. Was sie als Sicherheitsproblem sahen, war ein Entwicklungsproblem für uns. Das Reisen war damals eine ermüdende Angelegenheit mit vielen Zwischenstationen. Die Reise nach London war daher entscheidend, um dieses Problem zu lösen.

Ich stand hinter meinem Vater, als sich die Tür des Flugzeugs öffnete, und bevor ich über die hohe Gestalt meines Vaters hinwegsehen konnte, begrüßte mich England mit einer kühlen, frischen Brise. Der Flughafen von London sah aus wie eine

Ameisenkolonie! Die Menschen beeilten sich, um ihre Flüge zu erreichen, und stellten sich in Warteschlangen an, um ein- und auszureisen. Der Flughafen selbst war erstaunlich und beängstigend. Er war ein Symbol für die mächtige Wirtschaft, die ihn antrieb, und Grund genug, das Land dahinter zu respektieren. Ein Flughafen ist das erste Gesicht eines Landes, dem ein Besucher begegnet. Er spiegelt die Macht, die Wirtschaft und den Status eines Landes wider. Er repräsentiert auch den Wunsch von Millionen von Menschen, die Stadt zu besuchen. Würde jemals der Tag kommen, an dem unser Flughafen wie der in London sein würde? Es war ein Traum, der im Laufe der Jahre Realität annehmen würde. Zu dem Zeitpunkt hatte ich keine Ahnung, was die Zukunft für mich und für Dubai bringen würde. Ich wusste jedoch sicher, dass wir nicht weniger wert waren als andere.

Wir haben vielen Leuten die Hand geschüttelt, bevor wir in die wartenden Autos stiegen. Maktoum, der uns begleitete, musste mich ständig nach vorne schieben, da ich sonst staunend stehen geblieben wäre. Als wir losfuhren, drückte ich mir die Nase am Fenster platt. Meine Mutter hatte Recht gehabt mit all dem Grün! Nichts hätte mich auf die Schönheit dieses Landes vorbereiten können. Es gab grüne Hügel, die wie Wellen auf dem Meer rollten, sowie große quadratische Felder mit leuchtend senfgelben Pflanzen. Und die Vögel waren einfach herrlich! Ich unterbrach meine Träumerei kurz, um meinen Vater zu bitten, das Auto langsamer fahren zu lassen, damit ich diese Vögel beobachten konnte. Er lächelte nur und sagte, dass dafür später Zeit wäre, während wir schnell zum Hotel fuhren.

Als wir in unserem Zimmer ankamen, setzte sich mein Vater an das Ende des Bettes und schien tief in Gedanken versunken. Ich wachte früh am Morgen auf, da ich wegen der Sirenen in der Nacht unruhig geschlafen hatte. Ich öffnete meine Augen und sah das Lächeln meines Vaters. „Staunen macht einen jungen Mann müde, Mohammed. Komm; wasch dich, bete und zieh dich an. Wir müssen den Premierminister treffen."

Nachdem wir in der Downing Street angekommen waren, sollte ich mich dem ‚Scheich Macmillan Premierminister', wie ich ihn nannte, gegenüber setzen. Ich hielt mich aufrecht und hörte zu, wie mein Vater es mir gesagt hatte. Mein Vater saß rechts von Macmillan. Ich studierte diesen Führer intensiv und erschrak, als ich sah, dass er anfing, seine Beine übereinander zu schlagen. In der arabischen Welt wird es als Beleidigung gewertet, wenn man dem Gast beim Sitzen die Schuhsohle zeigt. Ich wollte gerade reagieren, als er sich von meinem Vater abwandte. Ich atmete so tief und laut auf, dass mein Vater meine Gedanken erriet und mir ein ernstes, aber ermutigendes Lächeln schenkte.

Während sie über die Landebahn sprachen, hörte ich dem Übersetzer, der sehr höflich war, aufmerksam zu, wie er die kraftvollen Worte meines Vaters weitergab. Er argumentierte leidenschaftlich, dass Dubai diese Landebahn für seine Entwicklung und die Verbindung mit der Welt brauchte. Am Ende der Diskussion bekamen wir das, wofür wir gekommen waren: die Erlaubnis, die Landebahn zu bauen.

In den 1970er Jahren, viele Jahre nachdem die neue Landebahn in Dubai gebaut wurde, beauftragte mich mein Vater, die Entwicklungsarbeiten am Flughafen zu leiten. Um die Kapazität zu erhöhen, fügte ich neue Terminals und Einrichtungen hinzu und kündigte die Einführung einer Open-Skies-Politik an. Ich verband diese Bemühungen mit der Entwicklung der Touristik, indem ich Dubais erste Tourismusstrategie auf den Weg brachte. Später gründeten wir die Fluglinie Emirates und investierten massiv in den Flughafen Dubai als globales Drehkreuz.

Heute ist unser Flughafen der verkehrsreichste internationale Flughafen der Welt. Unsere Stadt empfängt jedes Jahr mehr als 20 Millionen Touristen und über 113 Fluggesellschaften verbinden uns mit der Welt. Das Unmögliche ist eine Wahl. Die Welt öffnet ihre Türen für diejenigen, die wissen, was sie wirklich wollen!

17

Tauchen Als Beruf

Mein Vater bat mich, eine neue Fähigkeit zu erlernen, die mich einem Aspekt des Lebens aussetzen würde, an den ich nicht gewöhnt war. Er wollte, dass ich durch das Perlentauchen mehr über das Meer lernte. Obwohl Dubais einst große Perlenflotte sich auf wenige Boote reduziert hatte, lebten noch einige Männer vom Fischen und Tauchen.

Ich war daran gewöhnt, mit Freunden im flachen Meer zu schwimmen. Was mir in Erinnerung geblieben ist, waren die besonderen Gerüche und Geräusche des Meeres. Der starke Duft füllt die Lungen und belebt den Geist wie der Geruch von Gras, wenn es nach einer Trockenperiode wieder regnet. Wie schön ist auch das Rauschen des Meeres, die wütenden oder ruhigen Wellen, die der Seele Trost spenden und im Herzen Kreativität erwecken. Dies ist insbesondere der Fall, wenn sich der Nachhall der Wellen mit den Rufen der Möwen, die über den Fischernetzen kreisen, vermischt, als würden sie ihre Freude über den üppigen Fang ausdrücken. Meine Eindrücke vom Meer waren Geräusche, Gerüche und glückliche Erinnerungen an das Spiel mit Freunden oder das Reiten entlang der herrlichen Küste. Ich wusste jedoch nicht, dass das Meer mehr als nur Geräusche, Gerüche und Kindheitserinnerungen sein konnte. Es repräsentierte auch die Freuden, Sorgen, Hoffnungen, Schmerzen und Geschichten aller Seeleute in Dubai. Es waren Geschichten, die ich mir nicht vorstellen konnte, bis mein Vater mich bat, auf das Meer hinaus zu fahren.

Mein Vater schickte mich manchmal zu einem Mann namens Abu Jaber. Er war einer der Flottenchefs und hatte sich durch gesammelte Erfahrung und ererbtes Wissen zu dieser Position hochgearbeitet. Sein Spitzname, Sardal, stand in der Sprache der Seefahrer für die Person mit den meisten Kenntnissen über das Meer, die Winde und die Gezeiten. Es ist der Sardal, der den Beginn der Tauchsaison ankündigt, sobald das Meer im Sommer ruhig geworden ist, und dessen Ende ausruft, wenn der Winter beginnt.

Der Sardal liest die Richtung der Wellenbewegungen, indem er die Positionen der Sterne verfolgt, und bestimmt so den Beginn der Saison. Zudem kann er die lokalen Gewässer und alles, was in ihnen enthalten ist, vor seinem geistigen Auge nachzeichnen. So wie wir Fußabdrücke in der Wüste lesen und uns vorstellen können, welche Ereignisse dort stattgefunden haben, kann man dieselben Prinzipien anwenden, um den Meeresboden zu visualisieren und zu erkunden. Seeleute ließen gewöhnlich ein schweres Bleigewicht an einem Seil ins Meer, um so die Wassertiefe zu bestimmen und die Entfernung in Armspannweiten zu messen. Abu Jaber konnte anhand der Anhaftungen am Bleigewicht erkennen, was sich am Meeresgrund befand, und die Stärke der Wellen messen, indem er die Bewegung des Seils spürte.

Die Menschen in Dubai tauchten hauptsächlich im Sommer. Wenn man den Sommer in Dubai kennt, weiß man, dass das tiefe Wasser zu dieser Jahreszeit angenehm warm ist und Taucher deshalb wiederholt abtauchen können, um Austern mit den kostbaren Perlen zu sammeln. An der Oberfläche jedoch brennt die Hitze, so dass viele Bootsmänner dehydrieren. Eine wirklich wunderbare Entdeckung, die bei Tauchfahrten gemacht werden kann, sind die Süßwasserquellen und Bäche in bestimmten Bereichen des Meeres. Diese ermöglichen es den Tauchern und Seemännern, genügend zu trinken. Doch nur erfahrene Seeleute wussten, wo diese Orte zu finden sind.

Die Taucher, die in den glühenden Sommermonaten nicht viel gefangen hatten, konnten ihr Glück beim ‚Kalttauchen' oder

‚Wintertauchen' versuchen. Das Kalttauchen war schwieriger, da durch die niedrigen Temperaturen die Taucher ihre Zeit unter Wasser verkürzen mussten. Das oftmals unbeständige Meer mit seinen stürmischen Wellen und heftigen Winden barg große Gefahren für kleine Tauchboote. Wie viele schlechte Nachrichten hatten diese Winde wohl den Menschen in Dubai übermittelt?

„Ein Führer muss unter den Menschen leben, ihre Umstände selbst erfahren und ihre Erlebnisse teilen"

Mein Vater schickte mich zu Abu Jaber, um mehr über das Meer, seine Bedingungen, seinen Reichtum und seine Jahreszeiten zu lernen. Aber das Wichtigste, was ich auf meinen Ausflügen gelernt habe, war, wie schwierig das Leben auf See sein konnte und wie groß die Herausforderungen waren, mit denen sich unsere Leute konfrontiert sahen, wenn sie versuchten, ihren Lebensunterhalt im Meer zu finden. Die Menschen in Dubai waren an das harte Leben nicht nur in der Wüste, sondern auch auf See gewöhnt. Das kann man wirklich nur dann verstehen, wenn man mit ihnen zusammenlebt und mit ihnen gemeinsam zum Angeln und Tauchen hinausfährt.

Einige sagen, ein Führer müsse aus der Vogelperspektive auf alles sehen, um alles zu beurteilen und entsprechende Entscheidungen treffen zu können. Ich sage, ein Führer muss unter den Menschen leben, ihre Umstände selbst erfahren, ihre Erlebnisse teilen, er muss ihre Schwierigkeiten bis ins kleinste Detail kennen, um ihre Situation zum Besseren zu verändern.

Ich spürte immer ein tiefes Gefühl von Ehrfurcht und Respekt, wenn ich sah, wie sich die Taucher auf ihre gefährliche Reise zum Meeresgrund vorbereiteten. Während dieser Ausflüge half ich bei der Vorbereitung; wir beluden die Boote mit Datteln, getrocknetem Fleisch und Wasser, während der Sardal die Bereiche, in denen sich die Perlen befanden, ausfindig machen würde. Dann sprang der Taucher ins Wasser und verschloss seine Nase mit Fischgräten. Das um seinen Körper gebundene Seil hielt der Sayeb, die Person, die ihn dann wieder hochzog. Der Taucher füllte seine Lungen mit Luft und tauchte ab. Niemand an Bord würde ein Wort sagen. Alles, was man hören konnte, war das Geräusch des Bootes, das in den Wellen schwankte. Sobald der Taucher am Seil zog, holte ihn der Sayeb schnell wieder hoch. Die Männer tauchten außer Atem wieder auf und es fehlte ihnen sogar die Energie, wieder an die Wasseroberfläche zu schwimmen.

Es ist daher nicht überraschend, dass beim Perlentauchen so viele Unfälle und Todesfälle geschehen.

Für die Verstorbenen rezitierten die Seeleute das Totengebet und ließen sie dann wieder ins Meer gleiten. Manchmal ertranken Taucher, weil der Sayeb nachlässig war oder das Seil nicht spürte. Manchmal, wenn Taucher wieder in das Boot gezogen wurden, konnten sie nicht richtig atmen und erstickten. Wenn sie Glück hatten, kehrten sie mit geringfügigen Verletzungen zurück, wie zum Beispiel einem geplatzten Trommelfell. In diesen Fällen wurde ein Stück Eisen erhitzt und auf das Trommelfell gelegt, um die Heilung zu beschleunigen. Diese Prozedur war sehr schmerzhaft und ließ die Betroffenen oft vor Verzweiflung aufschreien.

Trotz der Tragödien hatten diese Ausflüge auch wunderbare Seiten; die harte Arbeit, der Zusammenhalt der Besatzung, die große Ausgelassenheit und der Stolz der Perlenernte sowie herrliche Abende mit abenteuerlichen und erstaunlichen Geschichten. Die Rückkehr von diesen Ausflügen war ein bedeutendes gesellschaftliches Ereignis, bei dem eine Vielzahl glücklicher Kinder und Frauen ihre Familienangehörigen willkommen hieß. Es war wie ein festlicher Chor, der sich mit den Geräuschen der Paddel und dem Brechen der Wellen am Strand vermischte.

Ich habe gelernt, dass nicht nur Geräusche und Gerüche zum Meer gehören, sondern auch der Geist der Beharrlichkeit, die menschlichen Geschichten und die Gefühle der Freude oder Verzweiflung, die es in den Herzen vieler Menschen auslöst.

Ich erinnere mich an einen ruhigen Moment, in dem ich am Strand saß und das Meer betrachtete, meine Finger durch den weißen Sand gleiten ließ und zu Gott betete, damit er mir half, eines Tages diesen Menschen zu dienen.

18

Maktoum – Mehr Als Ein Bruder

Ich wurde aus einem tiefen Schlaf von einer Hand geweckt, die leicht an meiner Schulter rüttelte. „Mohammed, Mohammed, wach auf! Ich bin es, Maktoum", sagte mein älterer Bruder. Er trat schnell ein paar Schritte zurück, da er wusste, dass meine erste Reaktion darin bestehen würde, aus dem Bett zu springen, bereit für den Kampf!

Er lächelte ein wenig und sagte: „Warte, Mohammed! Ich bin es, Maktoum!" Er hielt eine Taschenlampe in der Hand, die seinem Gesicht inmitten der kalten Luft des Raums etwas Wärme verlieh. „Meine Stute wird bald ein Fohlen zur Welt bringen. Du hattest mich gebeten, dich zu wecken", flüsterte er. Ein breites Lächeln breitete sich auf meinem Gesicht aus, als ich mich schnell wusch und ihm in Richtung der Stallungen folgte.

Seine Augen waren groß und zärtlich wie die meiner Mutter. Seine Wangen waren voll und sein Gesicht war mit zwei Muttermalen geschmückt: eines auf seiner linken Wange und eines auf seinem Kinn. Er war der netteste, sanfteste, bescheidenste und rücksichtsvollste von uns Brüdern. Er war ganz anders als wir. Meine Mutter pflegte zu sagen: „Er ähnelt deinem Großvater, Scheich Saeed – möge Gott seiner Seele gnädig sein."

Maktoum liebte Pferde sehr und konnte erkennen, wenn eine Stute fohlen würde. Da seine Intuition ihn niemals im Stich ließ, bat ich ihn, mich aufzuwecken, wenn die Geburt eines Pferdes bevorstand. Er war für mich mein Idol und Held. Bevor ich die Stalltür öffnete, warnte er: „Leise, Mohammed. Störe sie nicht!"

Ich fragte, woher er wusste, dass ich die Stalltür so schnell öffnen wollte? Er seufzte tief und sagte lächelnd: „Du hast in deinem Leben noch nie einen Raum leise betreten!" Er tätschelte meine Schulter und führte mich ruhig in die Ecke des Stalles. Ich wollte der Stute helfen und ging nach vorne, um die kleinen Vorderbeine zu ergreifen, während er lächelnd an der Seite stand.

Ich zog sanft, als sie presste, genau wie Maktoum es mir beigebracht hatte. Ich machte weiter, bis Kopf, Schultern und Körper des Fohlens sichtbar waren. Mit einem letzten Stoß stürzte das Kleine in meinen Schoß. Ich hob das Neugeborene so sorgfältig hoch wie ein Stück Porzellan und legte es neben den Kopf seiner Mutter, während mein Bruder mir ein Handtuch reichte, um es abzutrocknen. Ich war hocherfreut über das Wunder, das ich gerade erlebt hatte, und war nicht in der Lage, meine Gefühle der Freude und Dankbarkeit darüber, Zeuge eines neuen Lebens zu sein, zurückzuhalten. Ich hätte diese erstaunliche Erfahrung nicht gemacht, wenn Maktoum nicht gewesen wäre.

Noch völlig überwältigt, setzte ich mich. Maktoum lächelte mich an und sagte: „Du bist ein großartiger Assistent, Bruder. Ich werde dich ab jetzt für jede Geburt eines Fohlens rufen."

Zufrieden saßen wir im Morgengrauen da und sahen zu, wie die Stute stolz ihr Fohlen ableckte. Ich war ebenso stolz darauf, dass Maktoum mit mir zufrieden war. Mein Bruder war gerade für die Frühlingsferien vom Studium an der Sprachschule in Cambridge, wo er seit 1960 studierte, zurückgekehrt. Er erzählte mir, dass er zu Beginn seines Studiums lieber für sich blieb und darauf wartete, dass andere auf ihn zukamen. Maktoum war ruhig und konservativ, er besaß eine hohe Moral und Selbstachtung. Er schien von einer Aura aus Ruhe und Frieden umgeben zu sein, als würde er die Stille selbst verkörpern.

Ich war das genaue Gegenteil und konnte nie stillsitzen, als würde elektrischer Strom durch mich hindurchfließen. Hamdan dagegen war eher wie Maktoum und besaß hohe Moral und Anstand. Er verfügte über akademisches Interesse und war von Zahlen, Büchern und dem Lesen fasziniert.

Meine Erinnerungen an Maktoum waren zahlreich und wunderschön. Ich bin oft mit ihm gereist. Wir verbrachten unzählige Nächte damit, über verschiedene Dinge zu reden und zu diskutieren. Er besaß Weisheit und Beständigkeit, Geduld und Freundlichkeit. Scheich Rashid schätzte diese Eigenschaften und beauftragte ihn daher, bei seiner Eröffnungszeremonie als Herrscher von Dubai die Hauptrede zu halten.

Als die Leute hörten, dass Maktoum der Kronprinz sein würde, waren sie außer sich vor Freude! Sie liebten ihn wegen seiner Anmut, Sanftmut und Nähe zu den Menschen.

Scheich Maktoum spielte eine Schlüsselrolle bei der Gründung der Union der Vereinigten Arabischen Emirate. Seine Erfahrung und Weisheit trugen dazu bei, viele der noch offenen Probleme der Union zu lösen. Er übernahm auch die Präsidentschaft des ersten Ministerrates. Nachdem mein Vater Anfang der achtziger Jahre krank geworden war, regierte Scheich Maktoum mit Weisheit, Macht und Weitsicht. Wir haben ihn unterstützt und ihm geholfen, seine Aufgaben wahrzunehmen.

Einer der vielen Momente mit meinem Bruder Maktoum, die ich nie vergessen werde – möge Gott seiner Seele gnädig sein – ist die Zeit, als er mich bat, Kronprinz von Dubai zu werden. Ich lehnte zunächst mit allem Respekt ab, doch nach einer Weile wiederholte er seine Bitte. Wir redeten lange miteinander und ich legte dar, warum ich diesen Posten ablehnte. Ich erklärte ihm, dass meine Regierungsführung viele Menschen aufregen und viele bestehende Beziehungen ruinieren würde. Ich sagte auch ausdrücklich, dass viele Menschen weiterhin dasselbe Führungsmodell, das mein

Vater vor vielen Jahren etabliert hatte, verwendeten. Sie waren nicht bereit, dies weiterzuentwickeln, weil sie sich zu sehr daran gewöhnt hatten. Scheich Maktoum erklärte mir, Fortschritt sei das, was Dubai wirklich brauchte. Am Ende habe ich ihn überzeugt, dass es nicht der richtige Zeitpunkt war, um eine solche Verantwortung zu übernehmen, und wir haben uns darauf geeinigt, dies zu verschieben.

Vier Jahre später brachte Scheich Maktoum das gleiche Thema wieder zur Sprache. Ich werde diesen Tag nie vergessen! Er bat mich, der Kronprinz zu werden. Er blickte mich eindringlich an, als versuchte er, mir zu sagen, dass die Zeit gekommen sei; als versuchte er, mir zu sagen, dass ich ihn diesmal nicht im Stich lassen sollte! Ich habe akzeptiert. Seine Augen füllten sich mit Tränen und er umarmte mich so fest, dass ich bis heute seine Arme um mich herum spüren kann.

Viele Leute fragen mich: „Wie haben Sie sich gefühlt, als Sie am nächsten Morgen aufgewacht sind und die Verordnung Ihrer Ernennung zum Kronprinzen gelesen haben?" Doch ich hatte keine Zeit, die Zeitungen zu lesen. Sobald ich die Ratssitzung verlassen hatte, begann ich zu arbeiten.

Scheich Maktoum wusste, er konnte sich darauf verlassen, dass ich von Anfang an mein Bestes geben würde. Die Weiterentwicklung war sein Traum, aber er wusste, dass sie für mich ein Instinkt und eine Frage von Leben oder Tod war.

19

Cambridge

Ganz gleich, ob es sich um Militärangehörige oder Geschäftsleute handelte, meinem Vater fiel es nicht schwer, mit den Briten zu verhandeln, wenn diese zu seinen Madschlis kamen. Er begrüßte sie mit einem Lächeln. Bei den amerikanischen Diplomaten und Investoren, denen er Geschichten oder sogar Witze erzählte, war dies genauso. Obwohl mein Vater während seiner Rede hier und da ein paar englische Wörter einstreuen konnte, wurden all diese langen Sitzungen in den Madschlis in Anwesenheit eines Übersetzers abgehalten.

Obwohl er seine Gäste in den allermeisten Fällen fesseln und verzaubern konnte, war er oft frustriert, wenn er die Besprechungen verließ. Er zündete seine kleine Pfeife an und atmete tief ein, bevor er meine Mutter ernst ansah und sagte: „Die Kinder sollten so schnell wie möglich ins Ausland gehen!" Sobald diese Worte ausgesprochen wurden, zeichneten sich auf ihrem Gesicht Anzeichen von Traurigkeit ab. Dann klopfte er ihr sanft auf die Schultern und sagte leise: „Latifa, ich will nicht, dass sie dieselben Erfahrungen wie ich machen müssen, da ich die Sprache derer, die uns helfen, nicht fließend spreche. Sie sollten so schnell wie möglich ins Ausland gehen."

Englisch zu lernen war für meinen Vater sehr wichtig. In den 1960er Jahren begann Dubai mit großen ausländischen Unternehmen zu verhandeln, und dies in einem erstaunlichen Tempo. Dazu gehörten wichtige Verträge und Projekte, die mein Vater auf den Weg brachte. Noch vor der Entdeckung von Öl vor der Küste Dubais im Fateh-Ölfeld im Jahr 1966 kamen weitere Ölförderungsprojekte zum Tragen. In diesem Jahr bat mich mein Vater, nach Großbritannien zu gehen, um Englisch zu lernen.

Ich war im wahrsten Sinne des Wortes begierig auf alles, was ich im Ausland sehen und lernen würde. Sobald ich wusste, dass ich auf Reisen gehen würde, tat ich alles, um mich vorzubereiten. Jeden Tag habe ich etwas Zeit damit verbracht, selbst Englisch zu lernen, zu üben und jeden Tag etwas besser zu werden.

Es gab nicht viel zu tun, außer mich immer daran zu erinnern, dass ich in meinem Land große Verantwortung übernehmen würde und keine Minute meiner Zeit, sobald ich in England ankommen würde, verschwenden konnte.

Im August 1966 kam ich schließlich in Mrs. Summers bescheidenem Haus in Brookside in Cambridge an. Ich starrte diese freundlich aussehende Frau an, die mich ebenfalls direkt ansah. Sie bat mich ihr zu folgen, um mir mein Zimmer zu zeigen, und überschüttete mich dabei mit einem Schwall von Wörtern, die ich nicht verstand. Ihr Tonfall gab mir jedoch zu verstehen, dass sie mir freundliche Begrüßungsworte anbot.

Sobald ich meine Tür geschlossen hatte, packte mich die Sehnsucht nach meinem Land, meinen Eltern und meinen Angehörigen. Ich verbrachte die meiste Zeit an diesem ersten Nachmittag mit Beten, bis Mrs. Summers an meine Tür klopfte und rief: „Das Abendessen ist fertig, Maktoum!" Als sich die Tür öffnete, schlugen mir seltsame, aber interessante Gerüche entgegen. Die drei Gerichte auf dem Tisch bestanden aus Fleisch, Kartoffelpüree und grünen Erbsen. Nachdem wir alle gegessen hatten, standen alle plötzlich zusammen auf, was mich etwas überraschte. Ich saß auf meinem Platz, schaute auf meinen Teller und fragte mich, was ich denn als Nächstes tun sollte, bis ich sie zum Spülbecken gehen sah, um abzuwaschen.

Ich stellte mit Stolz fest, dass unsere erste Mahlzeit eine Lammkeule war. Ich dachte erst, dass sie wie wir Araber sind, die wir Ehrengästen als Zeichen der Gastfreundschaft ein ganzes Tier servieren. Da ich nützlich sein wollte, nahm ich den Rest des Lammes und wollte es wegwerfen. Ich wurde von meiner Gastgeberin mit einer Schimpftirade voller unverständlicher und schriller Worte getroffen.

„Es gibt bestimmt noch andere, die beköstigt werden müssen", dachte ich, „wie gedankenlos von mir!" Vielleicht wollte sie es ihren Nachbarn geben. Meine Mutter kochte nicht nur für alle in unserem Haus, sondern auch für Gäste und Freunde, die uns besuchen kamen. Ich bemerkte dann, dass Mrs. Summers das Fleisch in den Kühlschrank stellte. Ich lebte in einer Gesellschaft, in der sich alle kannten und in der wir Speisen immer mit anderen teilten. Nachdem wir zusammen ein herzhaftes Essen genossen hatten, wickelte meine Mutter Reste immer ein und brachte diese zu unseren Nachbarn oder Verwandten. Dies ist eine der authentischsten arabischen Traditionen.

<blockquote>

„Die lebhaften Gespräche
am Küchentisch waren ein Teil des
Lebens in Cambridge, den ich sehr
genossen habe"

</blockquote>

Am nächsten Tag erkundeten wir zusammen meine neue Welt. Ich bestaunte die Orte, an denen wir vorbeikamen, und versuchte, die Anordnung der Straßen und Geschäfte zu verstehen, zu denen Mrs. Summers mich brachte. Da ich in zwei Tagen mein Studium bei der Sprachschule Bell beginnen würde, kauften wir alle notwendigen Bücher ein. Dann kehrten wir zum Mittagessen, das dem vom Vortag sehr ähnlich war, nach Hause zurück. Das Lamm wurde aus dem Kühlschrank genommen, erhitzt und erneut serviert. Diesmal gab es jedoch gekochte Karotten und eine Suppe dazu. Ich aß es, aber mit Bedenken. In Dubai aßen wir immer frisches Essen, da es bei jeder Mahlzeit genug Münder gab, um alles aufzuessen.

Ich begann schnell mit dem Studium und fügte meinem englischen Wortschatz jeden Tag neue Wörter hinzu. Je mehr ich diese Sprache beherrschte und mich an diesen neuen Ort gewöhnte, desto größer wurden meine Kenntnisse der westlichen Kultur und desto größer wurde meine Wertschätzung für viele ihrer schönen Aspekte.

Anders als zu Hause, wo wir jeden, dem wir begegneten, ob Bruder, Schwester oder Angestellter, begrüßten, wurden in England keine offiziellen Anreden erwartet, wenn man jemanden traf, den man schon kannte. Ich war beeindruckt vom einfachen und bescheidenen Umgang mit Menschen. Sie standen nie auf, wenn jemand den Raum betrat, und wirkten ein wenig überrascht, wenn es jemand anderes tat.

Die lebhaften Gespräche am Küchentisch waren ein Teil des Lebens in Cambridge, den ich sehr genossen habe. Obwohl Gespräche während der Mahlzeiten in unserer Kultur eher konservativ sind, verstrickte ich mich oft in leidenschaftliche Debatten, die viele entgegengesetzte Meinungen widerspiegelten, aber nie in schlechte Laune umschlugen.

Ich fand es auch seltsam, dass die Leute in England nie mit ihren Nachbarn zu sprechen schienen oder dass Nachbarn keine formellen Grüße austauschten. Ich habe oft versucht, die Leute, die um uns herum lebten, zu begrüßen, doch sie sahen mich oft komisch an, wenn ich rief: „Guten Morgen. Gibt es Neuigkeiten?" Dies wäre gleichbedeutend mit der Begrüßung eines vollkommenen Fremden in der Wüste. „Assalamu alaikum, Friede sei mit Ihnen. Haben Sie Nachrichten aus fernen Ländern?"

Die Zeit, die ich in England verbrachte, hat immer noch einen besonderen Platz in meinem Herzen. Ich genoss den erfrischenden Morgen und liebte den Regen, der oft tagelang fiel und den Himmel ständig zum Weinen brachte. Ich studierte hart und gab mein Bestes.

Ich erinnere mich noch immer an den Ton meines Vaters, wenn wir telefonierten. Bei jedem Gespräch fragte er immer nach meinen Fortschritten mit der englischen Sprache. Dies verriet mir, dass ich nicht nur in Cambridge war, um meine persönlichen Fähigkeiten zu entwickeln, sondern auch, um einen Dienst für mein Land zu erbringen, wo nach meiner Rückkehr viele Verantwortlichkeiten auf mich warteten.

> „Mein Vater hat es geschafft, zwei Fliegen mit einer Klappe zu schlagen: mich Englisch lernen zu lassen und gleichzeitig den Wert des Geldes zu erlernen"

Der Großteil meiner Zeit war dem Studium gewidmet. Ich erledigte die üblichen und alltäglichen Aufgaben, so wie die anderen Schüler auch. Ich musste, um die Heizung in meinem Zimmer einzuschalten und das Telefon zu benutzen, extra Geld bezahlen. Mrs. Summers Familie gab mir Abendessen, doch mein Mittagessen musste ich mit dem Geld bezahlen, das mein Vater mir schickte – zwei Pfund pro Woche.

Mein Geld reichte nicht für alle Wochentage. Normalerweise konnte ich einmal pro Woche Hühnchen essen. Manchmal verzichtete ich auch ganz auf das Mittagessen, um Kaffee für meine Freunde zu kaufen oder ein Zugticket zu bezahlen, damit ich meine geliebten Pferderennen sehen konnte.

Ich arbeitete sehr hart in der Schule und hatte sogar das Harken der Blätter und andere Nebenjobs übernommen, um etwas Geld zu verdienen, damit ich die Rennen sehen konnte. Mein Vater hat es geschafft, zwei Fliegen mit einer Klappe zu schlagen: mich Englisch lernen zu lassen und gleichzeitig den Wert des Geldes zu erlernen.

Eines Tages erhielt ich einen Anruf, der mein Leben für immer veränderte. Mein Vater sagte: „Wir halten ein sehr wichtiges Treffen ab!" Mit diesem Satz meinte mein Vater: „Wir brauchen dich zu Hause – jetzt!"

Ich bin am nächsten Tag mit dem ersten verfügbaren Flug nach Dubai zurückgekehrt.

20

Das Nördliche Zelt

Alles hat einen Anfang und, in der natürlichen Ordnung der Dinge, auch ein Ende. Alles außer großen Träumen – denn obwohl sie immer einen Anfang haben, kennen sie selten ein Ende. Wenn man alles gibt, was man hat, können Träume einen sogar überleben und sich bis in die Ewigkeit erstrecken. Unsere Erinnerungen an die ersten Momente sind selten und kostbar. Doch an einige Details können wir uns für immer erinnern, denn die Gefühle sind in unserer Seele verwurzelt und das Empfinden von Ekstase und Erheiterung werden Teil unseres inneren Selbst. Wie könnten wir die Geburt eines ersten Kindes vergessen, den ersten Liebeskummer, den ersten Schultag oder den ersten Tag in einer neuen Arbeitsstelle? Wir schätzen diese Erinnerungen, da sie Teil dessen sind, wer wir sind und wer wir werden.

Genau deshalb kann ich mich noch an die Geburt der Vereinigten Arabischen Emirate erinnern, als wäre es gestern gewesen. Im Jahr 1968 studierte ich in der ehrwürdigen Stadt Cambridge, als mein Vater mich nach Hause zurückrief. Ich sollte mich darauf vorbereiten, einen ganzen Tag in der Wüste zu verbringen, da dort ein Treffen abgehalten werden sollte. Ein Treffen weit weg von den neugierigen Blicken der Zuschauer und Hetzer, weit entfernt von böswilligen Menschen, die gegen die Union waren, die die zerstreuten Stämme der Trucial States nicht unter dem Banner einer einzelnen Nation vereint sehen wollten.

Es war ein Treffen mit einem anderen weisen Mann, der seit zwei Jahren in Abu Dhabi regierte – Scheich Zayed bin Sultan Al Nahyan. Scheich Zayed war mehr als vier Jahrzehnte lang mein zweiter Vater, Lehrer, Mentor und Führer. Seit seinem ersten Tag als Führer von Abu Dhabi im Jahr 1966 sehnte er sich nach der Union und träumte von einem einzigen Staat. Bei den Gesprächen ging es darum, einen Rahmen für eine Union zwischen den beiden Emiraten zu entwickeln, der andere sich anschließen könnten. Diese Vereinbarung wäre ein Fait accompli zwischen Abu Dhabi und Dubai und würde es anderen leichter machen, diesem Beispiel zu folgen und so der Union der Arabischen Emirate den Weg zu ebnen.

Seit Jahren hatte es zahlreiche Gespräche, vergebliche Versuche und aufeinander folgende Allianzen in der Hoffnung gegeben, eine Einheit zu gründen. Diese Bemühungen wurden jedoch immer untergraben, was den Traum weiter verzögerte. Mit diesem Treffen sollte eine Lösung gefunden werden. Die beiden Scheichs trafen sich in Seih Al Sedira zwischen Abu Dhabi und Dubai. Dieses Treffen war ein historischer Wendepunkt, der den Traum einer Union in die Realität umsetzte und ein entscheidender Punkt für die Gründung der Vereinigten Arabischen Emirate war, von dem es kein Zurück mehr gab.

Ich reiste den beiden Scheichs voraus, um einen Ort auszuwählen. Unter meinen Brüdern besaß ich das umfangreichste Wissen über die Wüste und mein Vater vertraute daher meiner Fähigkeit, den geeignetsten Treffpunkt auszuwählen. Ich schlug zwei Zelte auf – eines für die beiden Scheichs im Norden, mit einer Öffnung, die eine wohltuende Wüstenbrise hereinlassen würde – und eines im Süden, wo sich ihre Gefolgsleute aufhalten konnten. Ich entzündete ein Feuer für die Zubereitung der Speisen, doch in meinem Herzen brannte das Feuer der Begeisterung und der Aufregung wegen dieses besonderen und entscheidenden Tags, der unvermeidliche Auswirkungen auf unsere Zukunft hätte. Ich wusste, dass die Worte, die wir so lange über die Gründung eines einzelnen Staates gehört hatten, bald zu einer lebendigen Realität werden konnten. Nachdem die Vorbereitungen abgeschlossen waren, kamen die beiden Scheichs mit ihren Begleitern an. Sie betraten das nördliche Zelt alleine, um dort die Gespräche zu beginnen.

Und so kam es, dass die Vereinigten Arabischen Emirate erstmals im nördlichen Zelt zum Leben erweckt wurden. Die beiden Scheichs vereinbarten die Gründung einer bilateralen Union und einigten sich auf folgende Prinzipien: eine gemeinsame Flagge, ein gemeinsames Gesundheitssystem und ein gemeinsames Bildungssystem.

> „Die ersten Momente sind kostbar – die Geburt eines ersten Kindes, der erste Liebeskummer … Ich erinnere mich noch an die Geburt der Vereinigten Arabischen Emirate"

Im nördlichen Zelt ereignete sich etwas, das in arabischen Ländern so gut wie nie zuvor geschehen war. Die beiden Männer lehnten die Präsidentschaft ab und forderten den jeweils anderen auf, die Rolle zu übernehmen. Scheich Zayed bat Scheich Rashid, Präsident der neuen Union zu werden. Scheich Rashid lächelte und ließ seine Tasbih-Gebetskette durch die Finger gleiten. Er antwortete: „Sie sind der Präsident!" Nach langem Hin und Her stimmte Zayed zu, Präsident zu werden, woraufhin Rashid ihm zustimmend die Hand schüttelte und ihm seinen vollen Segen gewährte.

Fünfzig Jahre später erinnere ich mich immer noch an alles, was damals im nördlichen Zelt geschah. Ich erinnere mich auch an den Schmerz in meinem Herzen, den ich verspürte, da die arabischen Länder wegen ihrer Machtkämpfe das kostbare Leben Tausender vergeudet und Milliarden von Dollar sowie Jahre des Fortschritts vergeudet hatten.

Ja, wir Menschen in den Emiraten sind ganz unterschiedlich. Vielleicht ist uns die Union deshalb gelungen. Länder sind erfolgreich, wenn sich die Träume der Menschen in den persönlichen Bestrebungen ihrer Führer widerspiegeln. Länder sind erfolgreich, wenn die Führer ihr Ego aufgeben, um die Hoffnungen der Gesellschaft zu erfüllen und Großes zu erreichen. Länder sind erfolgreich, wenn die politische Macht dazu benutzt wird, die Wünsche der Menschen zu festigen, und nicht als Selbstzweck. Die Vereinigten Arabischen Emirate wurden von altruistischen Führern gegründet und erlebten dank deren Selbstlosigkeit viele Wunder. Eines der andauernden Geheimnisse unseres Erfolgs ist die Selbstaufopferung für das Wohl des Landes, die von den Verantwortlichen verkörpert wird, damit dieses Wunder weiter besteht. Wir müssen hart arbeiten, um die Werte der Union, die Werte von Zayed und Rashid fest zu verankern. In den Vereinigten Arabischen Emiraten ist keine Person größer als die Union, kein Traum ist größer als die Konsolidierung der Union und keine Ambitionen sind wertvoller als diejenigen, die der Union Nutzen bringen.

„Länder sind erfolgreich, wenn die
politische Macht dazu benutzt wird,
die Wünsche der Menschen zu festigen,
und nicht als Selbstzweck"

Als das historische Treffen zwischen Zayed und Rashid zu Ende ging, wurde die Union zwischen Abu Dhabi und Dubai erklärt. Dies führte in den folgenden Tagen zu internationalen Reaktionen. König Hussein von Jordanien war unter denen, die ihre Glückwünsche aussprachen. Kuwait und Saudi-Arabien gratulierten ebenso wie die Briten, herzlich, wenn auch etwas zurückhaltend.

Mein Vater freute sich, dass die Union der Arabischen Emirate ihren Anfang genommen hatte. Doch sein Gesicht zeigte

Anzeichen von Erschöpfung und Müdigkeit. Nach einem langen Schweigen sagte er, als wir nach dieser bedeutsamen Reise von Seih Al Sedira zurückkehrten: „Mohammed, die neugeborene Union braucht Schutz vor Feinden, von innen wie auch von außen. Wir haben uns mit Scheich Zayed geeinigt, eine für Verteidigung und innere Sicherheit zuständige Behörde zu gründen. Ich möchte, dass du für den Schutz unserer Union verantwortlich bist."

21

Eine Historische Verantwortung

Das Leben eines jeden Menschen wird definiert von Momenten, die eine Phase von einer anderen trennen, ein Leben von einem anderen unterscheiden oder das Ende eines Traumes und den Beginn eines anderen markieren. In meinem Leben war der Schlüsselmoment, der meine Jugend vom Erwachsensein trennte, ein einziger einfacher Satz von Scheich Rashid: „Mohammed, wir möchten, dass du für den Schutz der Union verantwortlich bist."

Ich hatte über die großen Führer aus unserer Vergangenheit gehört und gelesen. Viele führten bereits in jungen Jahren Armeen, wie zum Beispiel Usama bin Zayd und Qutayba bin Muslim. Ich betrachtete diese inspirierenden Geschichten jedoch immer als bloße historische Fantasien und heroische Legenden aus unserer schönen Vergangenheit.

Dies änderte sich, als mir mit 19 Jahren eine ähnliche Verantwortung übertragen wurde. Ich sollte eine Armee für einen Staat aufbauen, der kein eigenes Militär hatte. Ich sollte einen Verteidigungsplan für einen noch nicht vorhandenen Staat erarbeiten. Ich sollte mich um die Vereinigung der Kräfte von sieben verschiedenen Emiraten, die noch kein Vertrauen untereinander aufgebaut hatten, bemühen. Da der bevorstehende Abzug der britischen Streitkräfte im Jahr 1971 eine Lücke entstehen lassen würde, brauchten wir eine Armee, die diese neugeborene Nation in einer unruhigen Region, die von Expansionsbestrebungen, politischen Intrigen und Krieg geprägt war, schützen konnte.

Die Verteidigung war eines der heikelsten Themen, die bei den Gesprächen über die Gründung der Union, sowohl im Hinblick auf die innere als auch die äußere Verteidigung, angesprochen wurden. Ich war mir der Sensibilität der Sache sowie der Bedeutung dieser Pflicht, die ich übernehmen würde, völlig bewusst.

Zu meiner Überraschung hatte ich keine Angst vor der Verantwortung, doch mir war klar, dass ich meine Fähigkeiten, mein Denken und mein Potenzial auf ein Niveau bringen musste, das ich mir nie vorgestellt hätte.

Die Arbeit begann sofort. Im Februar 1968 erließ Scheich Rashid ein Dekret, das mich zum Leiter der Polizei und öffentlichen Sicherheit von Dubai ernannte. Mein Vater wollte mich auch zu einer militärischen Spezialausbildung schicken. Natürlich gab es kein Land, das besser geeignet wäre als das Vereinigte Königreich, da wir alle mit dessen militärischen Praktiken schon vertraut waren. In meinen Augen besaßen sie die umfassendste militärische Kompetenz der Welt. Ich hatte oft darüber nachgedacht, wie dieses Land die Kontrolle über ein Viertel der Welt erlangt und den Titel als das ‚Reich, in dem die Sonne niemals untergeht' erhalten hatte. Ich fragte mich oft, welche Art von Ausbildung britische Armeeoffiziere erhielten, denn ich wollte das beste militärische Training bekommen, das möglich wäre.

Ich sprach mit meinem Vater darüber, wie wir meiner militärischen Ausbildung den letzten Schliff geben sollten. Wir vereinbarten, dass ich so bald wie möglich nach England reisen sollte. Ich reiste zur militärischen Ausbildungsstätte in Beaconsfield in Buckinghamshire, um dort ein Gutachten zu erhalten. Die Ergebnisse meines Eignungstests und der körperlichen Beurteilung schockierten mich und führten zu einem unerwarteten Resultat. Der befehlshabende Offizier lud mich in sein Büro ein und bat mich, Platz zu nehmen. Er erklärte, dass ich die Fähigkeiten, die ich in Beaconsfield erlernen konnte, bereits besaß. Es gab keinen

Grund, mich anzumelden, da es nichts gäbe, was sie mir beibringen könnten. „Auch wenn wir hier vor allem auf die körperliche Ausbildung setzen, wurde Ihre Form als besser bewertet als die Form der Mehrheit Ihrer Vorgesetzten. Ich schlage vor, Sie überdenken Ihre Entscheidung, sich hier anzumelden.“

Aufgrund der aufrichtigen Art und Weise, in welcher der Offizier mit mir sprach, verstand ich, dass dies keine Ablehnung oder Entlassung war. Ich hatte jedoch keine Ahnung, wohin ich gehen oder was ich machen sollte.

> „Ich war fest entschlossen,
> nicht nach Dubai zurückzukehren,
> bevor ich körperlich, geistig und
> militärisch in der Lage war, alles
> bewältigen zu können“

Ich war natürlich begeistert, aber auch ziemlich verwirrt. Ich nahm ein Taxi zurück nach London und beschloss während der Fahrt, um ein Treffen im Verteidigungsministerium zu bitten. Nachdem sie mir zugehört und sich mit Beaconsfield besprochen hatten, wurde mir vorgeschlagen, dass ich mich an der Mons Officer Cadet School in Aldershot einschreiben sollte. Ich war überglücklich über diese Wahl und rief meinen Vater an, um ihm die guten Neuigkeiten zu erzählen. Das Beste daran war, dass das Training in Mons viel härter als in Beaconsfield war. Ich wusste, dass ich mich maximal bemühen musste, da ich fest entschlossen war, nicht nach Dubai zurückzukehren, bevor ich körperlich, geistig und militärisch in der Lage war, alles bewältigen zu können. Ich war bereit, mich dem härtesten Training, das man sich vorstellen konnte, zu stellen!

Die 161 Infantry Officer Cadet Training Unit war Teil der Royal Military Academy in Sandhurst und wurde später in Mons Officer Cadet School umbenannt. Die Einheit war als harte Truppe bekannt. Mons blieb die wichtigste Trainingsbasis für die britischen Kavallerie-Regimenter und die Artillerie und wurde erst einige Jahre nach meinem Ausscheiden mit Sandhurst zusammengelegt. Zusammen mit anderen Offizieren der Household Cavalry, der Royal Engineers, Wachen und Infanterie trat ich der Kohima-Kompanie bei. Alle fanden es schwierig, meinen Namen auszusprechen – Mohammed bin Rashid Al Maktoum. Der Befehlshaber beschloss, mich 'Offizier Rashid' zu nennen, was ihm schließlich alle anderen gleichtaten. Nur wenn er besonders wütend wurde (was oft der Fall war), schrie er einfach nur 'Maktoum!'

Als ich ankam, hatte niemand eine Ahnung, wer ich war, was zunächst von Vorteil war. Mein Leben wurde viel schwieriger, als mein direkter verantwortlicher Offizier von meiner Identität erfuhr. Es ist schwer zu beschreiben, doch so war es. Ich glaube, der Offizier hatte Angst, dass die anderen dachten, er würde mich anders behandeln, bevorzugen oder bevorteilen. Trotz allem setzte ich mich gerne Härten und Mühen aus und lernte, körperliche Schmerzen zu ertragen. Deshalb war ich gekommen, auch wenn der Preis dafür eine rissige Haut von der Kälte, Schlafentzug und wenig Zeit zum Essen war. Was medizinische Untersuchungen, den Umgang mit Waffen, das Schießen und das Lesen von Karten anging, hatte mir die Wüste eine starke Grundlage gegeben, die mir half, all diese Fähigkeiten zu erlernen und schließlich zu meistern.

In meinen Gedanken, meinem Herzen und meiner Seele konnte ich immer die Stimme meines Vaters hören, wie er sagte: „Du wirst für den Schutz der Union verantwortlich sein!" Seine Worte gaben mir beispiellose Energie, auch wenn ich meine ungeteilte Konzentration brauchte, um alle Lektionen zu meistern. Ich tat es ohne zu zögern – es war nur ein kleiner Preis, den ich für meine Nation zahlte.

22

Kohima

Ich habe einen besonderen Wesenszug: Ich bin von Natur aus sehr wettbewerbsorientiert. Ich bin mir nicht ganz sicher, woher dies kommt, ob es angeboren oder erworben ist. Mit anderen zu konkurrieren, bringt mich dazu, stärker und entschlossener zu sein.

Mein Ziel ist es, immer an erster Stelle zu stehen. Auch wenn mir das nicht bewusst ist, strebe ich immer danach. Vielleicht entwickelte sich dies durch meine lebenslange Liebe zum Pferderennen. Oder vielleicht ist es auch umgekehrt, und es ist diese angeborene Eigenschaft, die es mir ermöglicht hat, beim Pferderennen – und anderen Rennen in meinem Leben – zu gewinnen.

Es war sicherlich unser Wunsch, vielleicht sogar unser Schicksal, an der Gründung eines Staates, den wir an die Spitze bringen wollten, mitzuwirken. Schon vor ihrer Gründung hatte diese Nation die Lust am Gewinnen in uns erweckt.

Ich begann die Ausbildung in der Kohima-Kompanie an der Mons Officer Cadet School und hatte nur ein Ziel vor Augen: den Abschluss als Klassenbester zu machen. Ich wollte mein Land stolz machen.

Die Kohima-Kompanie wurde bei ihrer ersten Übung nach Dartmoor geschickt. Ich erinnere mich, dass sich in den Kasernen Besorgnis breit machte, da diese Übung als sehr hart bekannt war. Ich war jedoch nicht besorgt, weil ich mich an die raue Umgebung der Wüste gewöhnt hatte. Ich wusste, wie ich mit der rauen und wilden Natur umzugehen hatte. In der Wüste gibt es sehr wenige Orientierungspunkte, im Gegensatz zu der abwechslungsreichen englischen Landschaft, in der sich das Beduinenauge recht leicht zurechtfindet.

Meine Ausbildung umfasste eine Reihe von militärischen Lehren, den Einsatz von Waffen, das Wissen über verschiedene Kommunikationsmittel sowie moderne Methoden und Strategien der Kriegsführung. Ich bemühte mich, immer mein Bestes zu geben und mich in allen Bereichen der körperlichen, geistigen und militärischen Ausbildung hervorzutun. Kurz bevor ich meine Noten bekommen sollte, geschah etwas Unerwartetes.

Am Vorabend unserer letzten Übung, die auf den Brecon Beacons stattfinden sollte, mussten wir uns einer vollständigen Inspektion unterziehen. Ich leitete meine Kompanie und stand vorne. Der Sergeant Major war der Meinung, dass ich zwei Schritte von meiner Kompanie entfernt stand. Ich glaubte allerdings nicht, dass ich in diesem fortgeschrittenen Stadium der Ausbildung einen solchen grundlegenden Fehler hätte machen können. Inzwischen war der Brigadegeneral eingetroffen. Während wir warteten, senkte ich den Blick und konzentrierte mich auf eine Kreidemarkierung, die auf dem Paradeplatz vor mir aufgezeichnet war. „Offizierrrrrrrr KADETT Raaaaaaaaashid! Zwei Schritte nach links!", dröhnte der Sergeant Major.

Ich weiß nicht, warum ich reagierte. Vielleicht lag es an der Ungerechtigkeit, vor meinen Männern ertappt und öffentlich erniedrigt zu werden. Auf jeden Fall reagierte ich.

„KohiiiiMa! Zwei Schritte nach Reeechts!", rief ich mit lauter, klarer Stimme, die, wie ich hoffte, bis zu Dubais Sanddünen widerhallte. Die gesamte Kompanie hinter mir rückte zwei Schritte nach rechts und reihte sich ein. Der Sergeant Major sah wütend aus. Ich wusste auch, dass hinter mir die anderen Offiziersanwärter schon im Geist darauf wetteten, welche Strafe ich erhalten würde. Der Brigadier war beim anschließenden Mittagessen sehr freundlich und lobte meine Initiative und die offensichtlichen Führungsfähigkeiten, die Mons mir verliehen hatte. Da dem Sergeant Major dies zu gefallen schien, wurden keine Disziplinarmaßnahmen ergriffen.

Zwei Wochen vor dem Abschluss wurden wir zu Übungen nach Wales geschickt. Die Prüfungen waren härter und das Training intensiver als je zuvor. In diesen zwölf Tagen habe ich alle möglichen Anstrengungen unternommen, um eventuelle Mängel auszugleichen. Ich habe all meine Fähigkeiten und Erfahrungen in den walisischen Bergen angewandt, in der Hoffnung, dass meine Noten nicht leiden würden.

Am 18. Oktober 1968 besuchte mein Vater meine Abschlussparade. Als er sich mit Oberst Brooks traf, der für die Mons Officer Cadet School verantwortlich war, sagte der Oberst, dass meine Noten in allen Disziplinen hoch seien.

Mein Vater sah mich an und seine Augen strahlten vor Stolz, der aus der Tiefe seiner Seele aufzusteigen schien. Als er mich ansah, hatte ich das Gefühl, dass die Zeit stillstand und ich ihm in diesen schwierigen Jahren vor der Gründung der Union das größte Geschenk von allen gegeben habe.

Ich flüsterte in sein Ohr, dass ich während der Zeremonie an seiner Seite sein würde, um für ihn zu übersetzen. Woraufhin er erwiderte: „Nein, Mohammed. Ich werde heute an deiner Seite sein. Du wirst in Dubai an meiner Seite sein, da wir innerhalb von drei Jahren vor dem Abzug der Briten eine Armee auszurüsten haben. Und jetzt steht ein Militärbefehlshaber vor mir, dem ich diese Verantwortung anvertraue."

23

Hilfe Von Gott

„Mohammed, du wirst für den Schutz der Union verantwortlich sein." Es war eine heikle Verantwortung, vor allem, nachdem die Briten ihre Absicht angekündigt hatten, innerhalb von drei Jahren abzuziehen. Sie hatten wahrscheinlich darauf gehofft, dass wir uns nicht selbst schützen könnten. Mein Vater und Scheich Zayed sahen dies jedoch ganz anders.

Im November 1968 bat mich mein Vater, eine Verteidigungstruppe für die Union, die unseren aufstrebenden Staat schützen sollte, aufzubauen. Nachdem mein Vater mir seine Entscheidung mitteilte, gab es einen Moment der Stille. Ich küsste seine Stirn und versprach, unsere Heimat mit meinem ganzen Herzen und meiner Seele zu schützen. Ich bat dann um die Erlaubnis meines Vaters, nach Mekka zu gehen, um die Omrah durchzuführen und einige Tage in der Heiligen Stadt zu verbringen. Ich brauchte Klarheit und Führung, einen Überblick über meine Absichten und den Willen Gottes. Ich war, und bin immer noch, in allen meinen Angelegenheiten auf die Hilfe Gottes und Seine Führung angewiesen.

Während meiner 50-jährigen Dienstzeit habe ich in meiner Heimat viele Wunder, die sich aus dem Einklang mit dem Willen Gottes ergaben, erlebt. Ich war Zeuge des Schutzes und der Fürsorge für meine Heimat durch den Erhalter aller Wesen. Ich sah Kriege und Umbrüche und den Zusammenbruch von Ländern, die Tausende von Jahren alt waren. Während mein Heimatland – unter der Hand Gottes und seiner Obhut – erblühte und ein Wunder der Entwicklung und des Fortschritts verkörperte.

Eitelkeit, Größenwahn und der Glaube an die eigene, begrenzte Kraft und Macht sind einige der schlimmsten Eigenschaften der Menschheit. Wir müssen die göttliche Macht über allem anerkennen. Wir bemühen uns, doch der Erfolg kommt von Gott. Wir handeln, aber die Anleitung und Unterstützung werden von Ihm gegeben. Wir läutern unsere Motive, um den Menschen zu dienen, aber es ist der Erhalter aller Wesen, der uns Leistungen gemäß unseren Absichten gewährt. Anleitung, Fürsorge und Schutz kommen alle von Gott.

> „Eitelkeit, Größenwahn und der Glaube
> an die eigene, begrenzte Kraft und
> Macht sind einige der schlimmsten
> Eigenschaften
> der Menschheit"

In Mekka saß ich allein in Besinnlichkeit. Ich betete und suchte Gottes Gnade. In Mekka beruhigte sich der Wirbelwind meiner Gedanken. Ich war überwältigt von Klarheit und Ruhe und begann, die Antworten auf viele der bedeutenden Fragen vor mir zu sehen.

Was wäre nötig, um schnell eine starke Verteidigungskraft aufzubauen? Was waren die Hauptbedrohungen für den aufstrebenden Staat? Wie konnte ich die Kräfte identifizieren, die die Nation destabilisieren oder letztendlich stürzen wollten? Wie könnte eine militärische Streitmacht aufgebaut werden, ohne die begrenzten finanziellen Ressourcen zu beeinträchtigen, die eine aufstrebende Nation für die Entwicklung benötigt? Wo sollte ich anfangen und wie? Auf wen könnte ich mich verlassen? Wo würde ich in drei Jahren sein? Ich musste jedes mögliche Szenario berücksichtigen.

Dort, unter den Sternen der heiligen Stadt Mekka, wurden mir viele Beschlüsse offenbart und die Hauptmerkmale meines Plans wurden sichtbar. Ich fing an, Tag für Tag, Jahr für Jahr die Zukunft zu sehen, und eine klare Vision für die nächsten drei Jahre meines Lebens begann sich herauszubilden.

Gott in der Höhe, ich knie vor Deinem Namen.
    Du bist der einzig wahre Gott, ein Blick von Dir
    würde mich erfüllen.
Mein sterblicher Körper kniet vor deiner Herrlichkeit.
    Mit zitternden Händen habe ich den Schmuck der
    Könige abgenommen.
Meine Sehnsucht besteht schon so lange.
    Die Stimme der Wahrheit flüstert zu meiner
    Einsamkeit.
Und ich bin dieser Stimme gefolgt.
    Ich kam nach Mekka, um in aller Bescheidenheit
    um Vergebung zu bitten.
Besitzer des Universums, Du hast mich mit Erbarmen getroffen.
    Helligkeit erfüllte mich.
Herr, Schöpfer des Lichts, Du bist mein Führer.
    Ich stand auf und die Nacht zeugte von meiner
    langen Entbehrung.
Gott, schau auf mich und lass mich nicht einsam zurück.

24

Meere, Wüsten, Himmel und Männer

Es gibt ein berühmtes Sprichwort des Wissenschaftlers, Philosophen und Künstlers Leonardo da Vinci: „Einfachheit ist die höchste Stufe der Vollendung."

Ich glaube fest an diesen Grundsatz. Man kann einen ausführlichen Plan jedoch nicht vereinfachen, wenn man ihn nicht vorher gründlich verstanden hat. Man kann einem Kind keine komplizierte Theorie erklären, wenn man nicht wirklich alle Details verstanden hat. Man kann keine Weisheit im Leben erlangen, wenn man komplexe Sachverhalte, Situationen und Lektionen nicht vollständig verstehen und in einfachen Worten zusammenfassen kann, so dass Tausende von Menschen sie verstehen und anwenden können. Das ist wahre Weisheit.

Einfachheit ist schwer. Es ist leicht, einen längeren Brief zu schreiben, der ein Problem erläutert. Es ist jedoch schwierig, es auf einen Vers zu beschränken. Deshalb ist das Dichten so komplex. Jedes Wort ist voller Bedeutung. Es ist leicht, Tausende von Seiten mit großen Zukunftsplänen zu füllen. Es ist jedoch schwierig, sie in einfache Worte zu fassen, sodass die Menschen sie verstehen, glauben und aufrechterhalten und für diese Worte sogar persönliche Opfer bringen.

Nach langen Überlegungen legte ich eine Strategie für den Aufbau einer internen Polizei fest. Dies erfolgte in Vorbereitung für die Errichtung einer umfassenden Verteidigungskraft und bezog sich auf verschiedene Bereiche wie Meer, Wüste, Himmel und Arbeitskraft. Wir hatten Seegrenzen, die dringend mit Schnellbooten, einer Reihe von Kommunikationsgeräten und Radargeräten geschützt werden mussten. Wir hatten offene Wüsten- und Landgrenzen, die durch einen schnellen Zugang zu einer Vielzahl von Truppentransportern und Panzern sowie zu Kommunikationsgeräten und anderer Ausrüstung geschützt werden mussten. Der Himmel war das schwierigste und wichtigste Element. Es ist kein Geheimnis, dass die Kontrolle über den Himmel für die moderne Verteidigung von entscheidender Bedeutung ist.

Ich beschloss von Anfang an, den Schwerpunkt auf das Training für den Bodenkampf zu legen und unsere Luftwaffe und die Marine dann aufzubauen, wenn die finanziellen Bedingungen günstig waren. Da für jeden dieser Bereiche Tausende von Details berücksichtigt und erledigt werden mussten, konnte ich auf die Lektionen, die ich während meiner militärischen Ausbildung gelernt hatte, zurückgreifen. Dabei ging es auch darum, bewährte internationale Methoden und Kompetenz mit einzubringen.

> „Man kann keine Weisheit im Leben erlangen, wenn man komplexe Sachverhalte, Situationen und Lektionen nicht vollständig verstehen kann"

‚Männer' waren das schwierigste Element des Plans. Sie sind immer der wichtigste und kritischste Bestandteil eines jeden Bestrebens, sei es in der Armee, der Regierung oder sogar im Privatsektor. Wenn man bei der Auswahl des Personals nicht vorsichtig ist, wenn man ihre Fähigkeiten und Kenntnisse nicht wirklich aufbaut oder wenn man ihnen nicht die stärksten Werte vermittelt oder sie motiviert und ihnen Begeisterung vermittelt, wird man schon am ersten Tag scheitern.

Am Ende der 1960er Jahre hatten wir in Dubai nur ein paar Dutzend Polizisten und eine ebenso große Verteidigungsstreitkraft. Ich wollte mit mindestens 1.000 Männern anfangen, aber ich wollte auch nicht nur irgendwelche Männer. Ich wollte, dass die 1.000 Männer der Kern der nächsten Zehntausend, die nach ihnen kommen würden, wären. Ich wollte 1.000 Männer, die später alle Armeen unserer Streitkräfte aufbauen konnten.

Ich wollte 1.000 Männer der Elite. Ich legte großen Wert auf den Ruf dieser Elite, sowohl innerhalb als auch außerhalb der Vereinigten Arabischen Emirate. Kurz gesagt, ich wollte 1.000 Männer, die den Wert von 10.000 Männern hatten.

Wir gründeten Dubais Streitkräfte im Jahr 1971. Ich gab die offenen Stellen bekannt und sagte, dass die Aufnahme ausschließlich auf Fähigkeiten basierte. Wir riefen auch eine umfassende Tür-zu-Tür-Kampagne ins Leben, um die Anwerbung von Kandidaten voranzutreiben. Im Sinne unserer Kultur schrieben wir auch Gedichte, um dieser neuen Truppe Tribut zu zollen, die Menschen mit verschiedenen Mitteln zu motivieren und ihnen ein Gefühl des Patriotismus zu vermitteln. So begann unsere Arbeit. Junge Leute traten bei – zuerst nur Dutzende, dann Hunderte. Wir haben die am besten geeigneten und fähigsten Kandidaten ausgewählt. Ich versprach allen Rekruten eine gute Ausbildung und Training. Viele Rekruten waren junge Analphabeten, die großes Interesse am Lernen zeigten, da sie fest an die Bedeutung von Bildung glaubten. Zu diesem Zweck und um diesen Teil meines Plans in die Tat umzusetzen, rekrutierte ich Lehrer aus Dubais Schulen.

Meine Strategie konzentrierte sich auf drei Säulen: körperliches Training, militärische Kampffähigkeiten und Bildung. So begannen wir mit dem Aufbau einer starken und fähigen Streitkraft. Ich entwickelte ein rigoroses Trainingsprogramm, ähnlich wie ich es an der Mons Officer Cadet School erlebt hatte. Dementsprechend waren die Tage der Rekruten in ausgeglichene Zeiträume, die alle Themen abdecken sollten, unterteilt. Ich habe das Programm jedoch an die örtlichen Gegebenheiten in Dubai angepasst und weiterentwickelt.

Die Moral der Männer war hoch, und ich begleitete sie auf jedem Schritt durch die verschiedenen Phasen des Trainings. Die Männer würden niemals einem Führer zuhören, der nicht bereit war, sich selbst die Hände schmutzig zu machen. Ich bin mit ihnen gerannt, habe mit ihnen geschwitzt und habe mit ihnen gegessen. Ich war bei allen harten Übungen dabei und habe persönlich dafür gesorgt, dass sie die richtigen Uniformen, die richtige Ausbildung und die richtigen Kampfpläne erhielten. Ich teilte ihnen mein Wissen über die Wüste mit und lernte auch von ihnen. Ich gab ihnen all meine Energie, und als Gegenleistung wurden sie zur besten Truppe der damaligen Zeit.

Ich erinnere mich, dass der britische Regierungsvertreter zu Beginn meiner Arbeit sagte: „Mohammed, Sie sind unerfahren und brauchen Aufsicht." Am nächsten Tag, als er in seinem Büro ankam, hatte ich eine Wache an seiner Tür postiert. Nach zwei ruhigen Tagen hatte er die Nachricht verstanden und ich zog die Wache wieder ab.

Meine Truppen brachten mir Treue und Liebe entgegen, weil sie sahen, dass ich rund um die Uhr arbeitete. Das Training begann um Punkt 8 Uhr auf dem Hof. Nachmittags arbeitete ich mit ihnen genau zur gleichen Zeit zusammen, wie ich es mit meinem Vater getan hatte, bevor ich an den Ratssitzungen teilnahm.

Die Nächte waren viel länger. Wenn das Telefon klingelte, antwortete ich sofort. Kaum hatte ich meine Kleidung gewechselt, um ein paar Stunden zu schlafen, bin ich wieder aufgestanden, habe frische Kleidung angezogen und bin zur nächsten Aufgabe, die mich erwartete, geeilt. Während dieser Zeit meines Lebens waren meine einzigen Ruhephasen während des Gebets und beim Gedanken an meine geliebten Pferde.

Die harte Arbeit zahlte sich jedoch aus, und in nur zwei Jahren stieg die Zahl der Polizei- und Verteidigungsstreitkräfte drastisch an. Wir hatten jetzt eine ausgebildete Truppe von 1.000 Mann, die tatsächlich 10.000 wert waren.

25

Die Arabische Pfeife

Im Januar 1968 kündigte der britische Premierminister Harold Wilson die Absicht des Vereinigten Königreichs an, sich aufgrund eines sich beschleunigenden Rückgangs der britischen Wirtschaft aus dem Golf zurückzuziehen. Insbesondere die Abwertung des britischen Pfunds um 14 Prozent im November 1967 hatte die Kosten für die Aufrechterhaltung der britischen Streitkräfte östlich von Suez auf einen Schlag erhöht. Dies machte Großbritanniens anhaltende Präsenz in der Golfregion ähnlich teuer. Wilsons Ankündigung bedeutete einen Rückzug aus dem Golf innerhalb von drei Jahren. Die politischen Signale, die wir bekamen, drückten jedoch den klaren Wunsch des Vereinigten Königreichs aus, eine Präsenz in der Region zu erhalten, da sich hier die weltweit größten Erdölreserven befanden. In dieser Hinsicht betrachteten die Amerikaner und die Briten die Region als eine politische Angelegenheit und möglicherweise als Konfliktfeld zwischen dem Westen und der Sowjetunion.

Die unheilvollen Zeichen anhaltender Präsenz äußerten sich in einigen Botschaften der britischen Regierung: dass wir uns nicht schützen könnten, dass unser Volk mit der Geschwindigkeit der Gründung der Union ungeduldig würde; alles potenziell schädlich und alles sehr irreführend. Natürlich hatten die Briten auch nach dem Rückzug Wünsche und Ambitionen für die Region. Mein Vater war durch diese Signale beunruhigt und bat um ein Treffen mit Wilson im Sommer 1969. Als unser Treffen begann, fand ich es amüsant zu hören, wie das Gespräch zwischen Wilsons breitem Yorkshire-Akzent und dem Beduinen-Akzent meines Vaters hin und her ging. Ich saß dabei und hörte zu, wie sie über viele wichtige Dinge sprachen. Mein Vater machte deutlich, dass wir uneingeschränkte Autonomie über unsere Entscheidungen haben müssten.

Wilson nahm seine Pfeife heraus und füllte sie mit Tabak, während er nachdachte. Ich sah die Erleichterung im Gesicht meines Vaters, als auch er seine eigene Pfeife anzündete. Er musste zuvor davon ausgegangen sein, dass es unangebracht war zu rauchen, solange sein Gastgeber nicht rauchte oder ihn dazu aufforderte. Die arabische Pfeife ist eine weitaus kleinere Version des englischen Modells. Die Tabakqualität der Araber ist jedoch so stark, dass ein einziger Zug ausreichend ist. Die beiden Männer entspannten sich, als sie rauchten und über die Region sprachen. Mein Vater machte seinen ersten Zug aus der Pfeife und legte sie sanft auf den Aschenbecher. Wilson sah auf seine Pfeife und lächelte dann. Er nickte in Richtung seiner Pfeife und sagte: „Sehen Sie, meine Pfeife ist viel größer als Ihre."

Mein Vater lächelte, sah mich an und sagte: „Sage Wilson, dass er Recht hat – seine Pfeife ist größer als meine. Aber obwohl meine Pfeife klein ist, ist der Tabak, den ich benutze, sehr stark und kraftvoll."

Die beiden Männer sprachen offensichtlich nicht über ihre Pfeifen. Dies war die feine Sprache der Politiker, um unausgesprochene Botschaften zu übermitteln. Wilsons Worte reflektierten die Größe des Vereinigten Königreichs im Vergleich zu unserer Nation sowie seine nahezu unbestrittene Fähigkeit, so zu handeln, wie sie es wollten. Die Botschaft meines Vaters war sehr klar: Unterschätzen Sie uns nicht wegen unserer Größe. Wir sind stark und haben eine Entschlossenheit, die für Sie vielleicht nicht sichtbar ist. Wir sind mehr als fähig, uns selbst zu schützen.

Die Gespräche endeten positiv. Wir kehrten in dem Glauben nach Dubai zurück, dass wir in der Lage gewesen waren, Brücken des Verständnisses mit den Briten zu bauen, und sichergestellt hatten, dass der Rückzug innerhalb des versprochenen Zeitfensters stattfinden würde. Bis etwa ein Jahr später ein unerwartetes Ereignis stattfand. Im Frühjahr 1970 fanden im Vereinigten Königreich Parlamentswahlen statt. Unser Freund aus Yorkshire wurde unerwartet von Edward Heaths konservativer Regierung besiegt, die mit einer Mehrheit von 31 Sitzen im Unterhaus gewann.

Zunächst war dieser Sieg für uns Anlass zur Sorge, da nach Aussagen von Heath während des Wahlkampfs die Konservativen die Stationierung der britischen Truppen im Golf fortsetzen wollten, um ihre globalen Verpflichtungen zu erfüllen und die Ölreserven zu schützen. Dies löste Spannungen aus. Da wir schon auf dem Weg zur Unabhängigkeit waren, konnten wir keine weitere britische politische Präsenz akzeptieren und haben dafür gesorgt, dass diese Botschaft an Heath übermittelt wurde. Ich konnte erst im März 1971 wieder erleichtert aufatmen, als wir Zusicherungen aus politischen Quellen in London erhielten. Dementsprechend gab Heath offiziell bekannt, dass er die nationale Politik nicht ändern und das Vereinigte Königreich sich tatsächlich aus dem Gebiet zurückziehen würde.

Politiker sprechen die Sprache der diplomatischen Zweckmäßigkeit, während Fakten die Sprache der Stärke sprechen. Letztendlich waren wir entschlossen, diese Stärke um jeden Preis auszubauen. Das war die Lebensaufgabe meines Vaters. Die große Verantwortung, die vor mir lag, bestand darin, diese Stärke als einen Kommunikationsweg für unsere neugeborene Nation mit dem Rest der Welt aufzubauen.

26

Ein Wettlauf Gegen Die Zeit (Und Gegen Berater)

Von 1969 bis 1971 befanden wir uns in einem Wettlauf gegen die Zeit, um ein arabisches Abkommen von großer Bedeutung abzuschließen. Diese Vereinbarung, deren Endergebnis die Gründung der Vereinigten Arabischen Emirate war, ist bis heute in Kraft. Wir sind das einzige funktionsfähige arabische Land, das von einer echten Union konzipiert wurde und nicht durch willkürliche Linien auf einer Karte. Die Vereinigten Arabischen Emirate sind das einzige Land, das von arabischen Führern durch eine Vereinbarung statt durch Gewalt errichtet wurde. Das einzige Land, das gezeigt hat, wie erfolgreich es sein kann, wenn die Araber sich vereinigen und zusammenarbeiten, um eine gemeinsame Zukunft für ihr Volk aufzubauen. Das einzige Land, das sich dem Geist des Tribalismus und der Splittergruppen, die sich als religiöse oder ethnische Spaltung verkleiden, widersetzt hat. Ein solcher Geist existiert immer noch bei so vielen arabischen Nachbarn. Diese Stammeskultur ist immer noch tief in uns verankert, wie es sich auch in diesem Vers widerspiegelt:

> Ich bin aber von einem Stamm, wenn er irrt, irre auch ich,
> und wenn er richtig geführt wird, dann werde ich
> es auch.

Wir haben auch heute noch eine enge und protektionistische Stammeskultur. Und wie ein anderer Dichter sagte:

Wir trinken nur, wenn das Wasser rein ist,
während andere aus trüben Tiefen trinken.

Die Union der Vereinigten Arabischen Emirate ist somit eine Ausnahme in der arabischen Geschichte, da sie ohne Blutvergießen auf befreundeten und für beide Seiten vorteilhaften Vereinbarungen zwischen Völkern beruht. Leider wurde diese Leistung im Rest der arabischen Welt nie gefeiert oder wiederholt. Drei Jahre vor unserer Union schwankten unsere Gefühle zwischen einer intensiven Begeisterung für diesen neuen Traum und der Enttäuschung über einige Nachbarländer, von denen wir glaubten, dass sie unsere Freunde waren.

Gelegentlich gab es auch Befürchtungen, dass wir die Vereinbarung nicht rechtzeitig abschließen und so eine historische Gelegenheit, die möglicherweise nie wiederkommt, versäumen würden. In diesen Zeiten waren Scheich Zayed und Scheich Rashid die beiden Anker, auf die wir uns alle verlassen konnten. Wenn Enttäuschungen und Herausforderungen auftraten, bildeten sie zusammen die Grundlage unseres Vertrauens und unseres Glaubens an die Union. In diesen Jahren gab es einige intensive politische Aufgaben, bei denen ich ein ständiger Begleiter meines Vaters war. Er beauftragte mich mit zahlreichen Pflichten und bat mich, ihn zusammen mit meinem Bruder Scheich Maktoum in vielen Verhandlungen zu vertreten. Wir würden in seinem Namen und mit seiner Autorität sprechen. Dies verlieh uns Kraft und Respekt. Es war eine wertvolle Lektion darin, wie wichtig es ist, Autorität an diejenigen zu delegieren, denen man vertraut, dass sie Aufgaben ausführen und Verantwortungen nachkommen.

Mein Vater war entschlossen, eine Föderation zu bilden, die aus den sieben Emiraten sowie Katar und Bahrain bestand. Er war stets darum bemüht, dies noch vor 1971 abzuschließen. Zu diesem Zweck trafen sich die Führer am 25. Februar 1968 in Jumeirah, wo sie den Obersten Bundesrat bildeten und detaillierte

Verhandlungen führten. Ein weiteres Treffen des Bundesrates fand im Juli desselben Jahres statt und führte zur Einrichtung des Interims-Bundesrates.

Mein Bruder, Kronprinz Scheich Maktoum, sollte Dubai im Rat vertreten. Es gab noch viele offene Fragen, wie die Verteilung der Macht, Budgets und andere Angelegenheiten. Trotz des starken Drucks, dem wir ausgesetzt waren, führten wir zahlreiche langwierige und schwierige Verhandlungen. Wir blieben beharrlich trotz der Gerüchte, dass unsere Völker mit ihren Herrschern unzufrieden waren, sowie der ständigen Medienberichte, die unsere Regierungen angriffen und uns vorwarfen, uns nicht genügend für die Union stark zu machen. Wir machten ruhig weiter, trotz des Hörensagens, des Geschwätzes und der Drohungen einer militärischen Intervention.

Glücklicherweise sahen viele einen Staat mit großem Potenzial, der durch reichliche Ölreserven unterstützt wurde und kurz davorstand, geboren zu werden. Andere sahen nur eine Nation, die ergriffen, kontrolliert und zur Sicherung der eigenen Interessen genutzt werden konnte. Wir sahen jedoch nur die Notwendigkeit, Schritt für Schritt entschlossen weiterzumachen. Mein Vater traf sich mit allen Scheichs vom Golf, während er seine eigenen Pflichten beibehielt. Ich nahm an diesen Treffen teil. Sie alle wünschten den aufstrebenden Vereinigten Arabischen Emiraten viel Erfolg und ermutigten uns, unser Ziel weiter zu verfolgen und unseren Leuten zu versichern, dass wir auf dem richtigen Weg zu einem starken, neuen Staat wären, so Gott es will.

„Ich sagte offen zu meinem Vater, dass
die Berater letztlich die Idee der Union
zerstören würden“

Mein Vater, meine Brüder und ich arbeiteten wie ein Staffel-Team zusammen und zögerten nie auch nur einen Moment, alle erforderlichen Anstrengungen zu unternehmen. Wir waren uns der dringenden Notwendigkeit bewusst, große Resultate in diesem kurzen Zeitraum zu erzielen. Um die Union zu bilden, nahmen wir im Mai 1969 an einer dritten Sitzung des Obersten Bundesrates in Katar teil. Die Hauptstreitpunkte drehten sich um die parlamentarische Einheit und ihre Struktur, den Föderativen Nationalrat sowie die gleichberechtigte Vertretung aller Emirate. Für alle diese Probleme mussten geeignete Lösungen gefunden werden. Am Ende mussten wir alle einen kleinen Kompromiss eingehen, um die Union erfolgreich zu schmieden. Als wir uns in Dubai auf eine proportionale Vertretung einigten, stellte dies einen der entscheidenden Momente bei der Bildung unserer neuen Nation dar.

Die Berater aus den verschiedenen Emiraten begannen mit der Ausarbeitung und Dokumentation der zwischen den Herrschern getroffenen Vereinbarungen gemäß ihrem endgültigen, detaillierten Rahmen. Sie arbeiteten auch an endlosen Änderungsanträgen und Diskussionen, sodass es schien, dass der Traum von der Union in absehbarer Zeit nicht erreicht werden konnte. Die rechtlichen Hürden, die sie für die Gründung der Union aufstellten, nahmen Tag für Tag zu. Ich beobachtete dies alles mit größter Abneigung. Ich wusste, dass sie nicht wollten, dass die Verhandlungen beendet oder die Union geboren würde. Dies würde das Ende ihrer Beteiligung sowie ein Ende ihrer Gewinne aufgrund der ständigen Reisen, Besuche und Verhandlungen bedeuten. Aber manchmal ist alles, was man hat, Geduld und Weisheit, um die Hindernisse zu überwinden, die Menschen einem in den Weg stellen. Ich sagte offen zu meinem Vater, dass die Berater letztlich die Idee der Union zerstören würden. Sie tauschen sich über Informationen und Gerüchte aus und versuchten, Unstimmigkeiten zu vertiefen, anstatt sie zu lösen. Ich habe das einfach verachtet. Ich war jedoch zuversichtlich und sicher, dass wir einen Punkt erreicht hatten, an dem die Union keine Wahl oder Option mehr war, sondern vielmehr ein Schicksal und eine Gewissheit.

Wir befanden uns in einem regelrechten Wettlauf gegen die Zeit und gegen die Frist des britischen Truppenabzugs. Wir führten viele Gespräche mit Whitehall, um den Rückzug des Vereinigten Königreichs zu bestätigen und um unsere Fähigkeit, uns selbst zu schützen, zu behaupten. Wir befanden uns auch in einem Wettlauf mit den übrigen Emiraten, um alle offenen Fragen und Angelegenheiten im Zusammenhang mit der Staatsgründung zu vereinbaren. Schließlich befanden wir uns in einem Wettlauf gegen die Berater, um die rechtlichen Rahmenbedingungen für diese Vereinbarungen festzulegen. Diese Jahre waren entscheidend für den Aufbau unseres Staates, die Verwirklichung unseres Traumes und die Schaffung einer Zukunft für die Menschen in den Vereinigten Arabischen Emiraten.

27

Die Bekanntgabe Der Union

Es gibt Momente in der Geschichte, die so viele Errungenschaften enthalten, dass sie nicht richtig in Worte gefasst werden können. Ein solcher Moment war die Bekanntgabe der Union der Vereinigten Arabischen Emirate. Durch ständige harte Arbeit und hartnäckige Entschlossenheit konnten wir den wahrhaft historischen Moment der Einheit auf der langen Reise der arabischen Zusammenarbeit, die von so vielen Träumen, Misserfolgen und puren Emotionen geprägt wurde, nutzen.

Wir nahmen die Reihe langwieriger Treffen über die Gründung der vorgeschlagenen Union wieder auf und beschlossen, im Oktober 1969 in Abu Dhabi in Anwesenheit der neun Mitglieder einen Gipfel abzuhalten. Auf der Tagesordnung des Gipfels standen mehrere Punkte: die Wahl des Präsidenten und des Vizepräsidenten, die Wahl der Bundeshauptstadt und die Bildung des Föderativen Nationalrats. All diese Angelegenheiten erforderten einen längeren Dialog und eine praktische Perspektive, um Früchte zu tragen.

Zu Beginn des Treffens sagte Scheich Zayed: „Wir haben uns heute in Abu Dhabi zu einer historischen Gelegenheit getroffen. Wir können uns gemeinsam der Ungewissheit der Zukunft stellen. Lasst uns aber nicht vergessen, welche Konsequenzen wir erleiden könnten, wenn wir die vor uns liegende Chance nicht nutzen."

Diese Worte ebneten den Weg für fruchtbare Treffen. Scheich Zayed wurde zum Präsidenten gewählt und Scheich Rashid wurde

Vizepräsident. Der katarische Kronprinz Scheich Khalifa bin Hamad Al Thani wurde zum Premierminister gewählt und Abu Dhabi wurde zur Übergangshauptstadt des Landes erklärt. Die Briten sollten bald unsere überschäumende Begeisterung dämpfen, indem sie eine Erklärung des Political Resident in Bahrain, Sir Stewart Crawford, sandten. Ärger übermannte einige Teilnehmer des Treffens, die den Raum verließen. Alle unsere Bemühungen waren vergebens.

Ich sah, wie sich die Besprechung vor meinen Augen auflöste, und erinnere mich, dass ich auf meine Hände in meinem Schoß blickte. Dieser Zusammenbruch bedeutete, dass ich nur 24 Monate vor dem Rückzug des Vereinigten Königreichs die Möglichkeit in Betracht ziehen musste, dass Dubai allein bliebe. Ich war überhaupt nicht glücklich darüber. Aber die Pflicht diktierte, dass ich auf jeden Fall die Sicherheit aufrechterhalten musste. Ich musste einfach noch größere Anstrengungen unternehmen, um die Polizei- und Verteidigungskräfte in Dubai aufzubauen.

Der Traum verblasste noch weiter, als Katar am 2. April 1970 eine vorläufige Verfassung veröffentlichte und ein Kabinett bildete. Bahrain entschied ebenfalls, sich alleine weiterzuentwickeln. Am 14. August 1971 erklärte Bahrain seine Unabhängigkeit und beantragte die Anerkennung als Staat durch die Vereinten Nationen und die Arabische Liga. Am 3. September desselben Jahres folgte Katar dem Beispiel.

Wir Emiratis waren die Ersten, die ihnen gratulierten und viel Erfolg wünschten. Wenn die Union nicht mit Erfolg gesegnet worden wäre, hätten wir zweifellos denselben Weg eingeschlagen, da dies die einzige Option gewesen wäre, bei der unsere Souveränität nicht beeinträchtigt worden wäre.

Im April und Mai 1971 arbeiteten meine Brüder und ich unermüdlich daran, alle zu einer Vereinbarung zu bewegen.

Natürlich gab es Rückschläge, wie am 10. Juli 1971 während eines Treffens des Trucial States-Rates in Dubai, an dem ich zusammen mit Scheich Maktoum teilnahm. Die Gespräche dauerten sieben Tage, bis wir am Sonntag, dem 18. Juli 1971, folgende Erklärung abgaben:

„Als Reaktion auf den Willen unseres arabischen Volkes haben wir, die Herrscher der Emirate von Abu Dhabi, Dubai, Schardscha, Adschman, Umm al-Qaiwain und Fudschaira, beschlossen, einen unabhängigen, souveränen Bundesstaat zu bilden; die Vereinigten Arabischen Emirate. An diesem gesegneten Tag wurde die Interimsverfassung der Vereinigten Arabischen Emirate unterzeichnet, und während wir dem arabischen Volk diese erfreuliche Ankündigung machen, bitten wir Gott, dass diese Einheit den Kern einer umfassenderen Union darstellt, zu der auch die übrigen Emirate gehören, deren Unterzeichnung dieser Verfassung durch die Umstände verhindert wurde.“

Die Umstände waren in der Tat nicht zu unseren Gunsten. Wenn wir nach einem langen Tag mit meinem Vater zusammensaßen und bis spät in die Nacht Nachbesprechungen hielten, wurde alles klar und deutlich. Vor dem Abzug der Briten mussten wir dringend mehrere Prioritäten setzen,

> „Es gibt Momente in der Geschichte, die so viele Errungenschaften enthalten, dass sie nicht richtig in Worte gefasst werden können. Ein solcher Moment war die Bekanntgabe der Union der Vereinigten Arabischen Emirate“

wie zum Beispiel den Aufbau einer stabilen Wirtschaft und einer starken Verteidigungsstreitkraft, die in der Lage wäre, mit der unruhigen Region umzugehen, Sicherheit zu gewährleisten sowie eine einzige Stimme zu entwickeln, mit der man eine ganze, einheitliche Nation hinter sich bringen konnte. Trotz allem konnten wir die Menschen mobilisieren, unter einem Dach vereinen und so unser Ziel erreichen. Am 1. Dezember 1971 machte der britische Political Resident seine letzte Reise durch die Trucial States und beendete alle Verträge, die seit 1820 mit Großbritannien geschlossen worden waren, einschließlich seines Versprechens, die Vereinigten Arabischen Emirate zu schützen.

Am 2. Dezember 1971 trafen sich die Herrscher von Abu Dhabi, Dubai, Schardscha, Adschman, Umm al-Qaiwain und Fudschaira im Palast von Scheich Rashid in Dubai. In einer geschlossenen Sitzung wählten die Herrscher Scheich Zayed einstimmig zum Präsidenten, Scheich Rashid zum Vizepräsidenten und meinen Bruder Scheich Maktoum, den Kronprinzen von Dubai, zum Premierminister. Die folgende historische Erklärung wurde abgegeben:

„An diesem Donnerstag, dem 2. Dezember 1971, trafen sich die Herrscher von Abu Dhabi, Dubai, Schardscha, Adschman, Umm al-Qaiwain und Fudschaira hier im Emirat Dubai als Unterzeichner der Interimsverfassung der Vereinigten Arabischen Emirate in einer Atmosphäre von aufrichtiger Brüderlichkeit, gegenseitigem Vertrauen und fester Entschlossenheit, die Ziele der Menschen in den Vereinigten Arabischen Emiraten zu erreichen, und haben eine Erklärung abgegeben, nach der die Bestimmungen der oben genannten Verfassung ab sofort in Kraft treten."

Die Herrscher setzten ihr Treffen im Obersten Bundesrat fort. Seine Hoheit Scheich Zayed bin Sultan Al Nahyan, der Herrscher von Abu Dhabi, wurde für fünf Jahre zum Präsidenten der Vereinigten Arabischen Emirate gewählt und Seine Hoheit Scheich Rashid bin Saeed Al Maktoum, der Herrscher von Dubai, wurde zum Vizepräsidenten für dieselbe Zeitspanne gewählt. Scheich Zayed bin Sultan Al Nahyan und Scheich Rashid bin

Saeed Al Maktoum leisteten den Eid unter den Bestimmungen der Verfassung. Scheich Maktoum bin Rashid Al Maktoum, Kronprinz von Dubai, wurde zum Premierminister ernannt. Die zweite Tagung des Rates fand am Dienstag, dem 7. Dezember 1971, in Abu Dhabi statt.

„Der Oberste Bundesrat hat gute Nachrichten für die Menschen in den Vereinigten Arabischen Emiraten, die arabischen Nachbarländer und alle anderen Nationen der Welt. Heute erleben wir die Gründung der Vereinigten Arabischen Emirate als unabhängigen, souveränen Staat und Teil einer größeren arabischen Nation. Die Vereinigten Arabischen Emirate sind bestrebt, ihre Unabhängigkeit, Souveränität, Sicherheit und Stabilität in der Verteidigung gegen mögliche Angriffe auf Mitglieder der Emirate aufrechtzuerhalten. Die Vereinigten Arabischen Emirate bemühen sich auch darum, die Freiheiten und Rechte ihrer Bürger zu schützen und die Zusammenarbeit zwischen den verschiedenen Emiraten zu verbessern, um die öffentlichen Interessen aller zu wahren. Zusätzlich zu den oben genannten Zielen streben die Vereinigten Arabischen Emirate danach, den Wohlstand und den Fortschritt der Nation in allen Bereichen zu erzielen, ein besseres Leben für alle Bürger zu gewährleisten und die notwendige Unterstützung für die Verteidigung der arabischen Interessen und Belange sowie der Charta der Vereinten Nationen im Einklang mit internationalen Übereinkommen zu bieten.

In dieser Hinsicht verurteilt die Union die Anwendung von Gewalt und bedauert, dass der Iran einen Teil der arabischen Nation besetzt hat[1]. Dementsprechend hält es die Union für äußerst wichtig, die gesetzlichen Rechte zu wahren und Konflikte und Streitigkeiten zwischen den Nationen durch die Annahme weltweit bewährter und anerkannter Mittel zu lösen.

Zu diesem gesegneten historischen Anlass möchte der Oberste Bundesrat seine Dankbarkeit und sein großes Lob an Gott, den Allmächtigen, für seine Hilfe und Unterstützung für dieses freudige Ergebnis aussprechen. Der Oberste Bundesrat möchte auch den Bürgern der Union seine herzlichsten Glückwünsche und Segnungen über die Erreichung von Sicherheit und Geborgenheit aussprechen, die aus ihrem Glauben an den Rat hervorging, und bekräftigen, dass jede Form der Einheit in diesem Teil der Welt ein Schritt auf dem richtigen Weg zu einer vollen arabischen Einheit darstellt. Die Union bekräftigt ihre Zusage, jedes andere arabische Land willkommen zu heißen, das den Vereinigten Arabischen Emiraten beitreten möchte. Dies gilt insbesondere für die Nachbaremirate, die am 28. Februar 1968 in Dubai das Abkommen der Vereinigten Arabischen Emirate unterzeichnet haben."

Wir heißen nach wie vor jedes arabische Land willkommen, das beitreten möchte, da wir der Ansicht sind, dass die Union der Weg zu Wohlstand und Stärke für die Menschen ist. Auch wenn wir nicht durch Land verbunden sind, warum sollten wir nicht im Herzen vereint sein?

Am 16. Dezember 1971 fuhr ich mit dem Premierminister Scheich Maktoum nach Abu Dhabi, um an der ersten Sitzung des Bundesrates der neuen Regierung, bei der ich zum Verteidigungsminister ernannt wurde, teilzunehmen. Ich war damals mit 22 Jahren der jüngste Verteidigungsminister der Welt und hatte die Aufgabe, eine militärische Streitmacht zum Schutz der neugeborenen Union aufzubauen.

1   Am 30. November 1971 entsandte die kaiserliche iranische Marine nach dem britischen Abzug Truppen, um drei Inseln zu besetzen, die Abu-Musa-Insel und die Tunb-Inseln.

28

Was Kommt Nach Der Unabhängigkeit?

Wenn wir auf die Fragen zurückblicken, die wir uns zu Beginn der 1970er Jahre im Golf gestellt haben, ist klar, dass die Antworten als starke Vorboten für viele der Ereignisse dienen, die die arabische Welt seitdem erschüttert haben. Die meisten arabischen Länder wurden in der zweiten Hälfte des 20. Jahrhunderts von ihren britischen oder französischen Kolonialherren, oft nach längeren Unabhängigkeitskämpfen, befreit. Neue Freiheiten bei der Kontrolle ihrer Ressourcen und ihres Schicksals brachten nicht immer direkte Vorteile, da den jungen Nationen häufig die stabilen Institutionen fehlten, die sie zur Verwaltung ihrer Wirtschaft und der öffentlichen Dienstleistungen benötigten. Die Herausforderungen der Kolonialisierung bestanden nicht zuletzt in den willkürlichen Landesgrenzen, die von den abziehenden Mächten hinterlassen wurden und als Zeitbomben für zukünftige Konflikte fungierten.

Eine gute Verwaltung hat es einigen Nationen ermöglicht, bis zu den Gipfeln aufzusteigen, während eine schlechte Verwaltung dazu geführt hat, dass andere bis auf den Meeresgrund gefallen sind. Wir beschuldigen die Kolonialisten häufig wegen unseres Rückschritts in der Entwicklung, unserer absurden Kriege, unserer heruntergekommenen Wirtschaft und sogar wegen unseres kulturellen und bildungspolitischen Verfalls. Doch wir müssen die Schuld bei uns selbst suchen. Wir sind es, die sich weigerten, nach ihrem Abzug die Zügel einer guten Regierung selbst in die Hand zu nehmen.

Ich war vor Ort, als die letzten britischen Soldaten den Royal Air Force-Stützpunkt in Schardscha verließen. Die Briten zogen nach 150 Jahren intensiver Präsenz in unserer Region ab, einer Zeit, in der sie den Entwicklungsbedürfnissen unserer Bevölkerung wenig Aufmerksamkeit schenkten. Ich wurde damit beauftragt, mich um alles zu kümmern, was sie zurückließen, einschließlich ihrer Verteidigungsaufgaben. Beim Abflug des letzten Flugzeuges jubelten unsere Soldaten vor Stolz und Freude. An diesem Tag bekam ich einen Eindruck von völliger Freiheit; der Freiheit, die inneren und äußeren Angelegenheiten unseres Landes sowie unsere wirtschaftlichen und entwicklungspolitischen Angelegenheiten zu regeln.

Das Gefühl völliger Freiheit vermischte sich mit einem anderen Gefühl. Ich fühlte eine Schwere, ein Gefühl der absoluten Verantwortung.

Im Rahmen meiner Hauptaufgabe, eine einheitliche Verteidigungsstreitkraft aufzubauen, bereiste ich ausgiebig alle Emirate. Viele unserer Leute lebten unter rauen Bedingungen, vor allem in den Emiraten, die über knappe Ressourcen verfügten. Sie mussten unreines Wasser aus Brunnen trinken, was zu einer hohen Kindersterblichkeit führte. Wir hatten nicht genug Schulen oder Krankenhäuser. Wir hatten kein richtiges Straßennetz, um alle Emirate miteinander zu verbinden. Sauberes Trinkwasser und Strom wurden früher oft als Luxus betrachtet.

Nachdem die Gründung der Union verkündet war, gab es ein neues Gefühl der Hoffnung unter den Menschen. In ihren hoffnungsvollen Augen erkannte man den Wunsch nach Veränderung und einen Blick, der in die Zukunft gerichtet war. Wir waren eine Nation, die sich nach harten Zeiten auf Erholung, nach Krankheit auf Gesundheit und nach Unwissenheit auf Bildung freute. Wir waren eine Nation, die nach all den Jahren des Leidens, die wir erlebt hatten, in der Union eine Erholungsphase sah.

Bei meinen täglichen Reisen durch die verschiedenen Militäreinrichtungen der Emirate war ich fest entschlossen, so viele Familien wie möglich kennenzulernen. Da wir ein gutes Lager an Vorräten hatten, verteilte ich diese an die Familien. Ich betrat ihre Häuser, um festzustellen, dass der Weg, der das Leben dieser Menschen zum Besseren verändern würde, ein langer Weg wäre. Aufgrund meiner Besuche bei diesen Menschen war ich entschlossen, das Budget für Verteidigung und Militär so weit wie möglich zu begrenzen, weil wir Geld brauchten, um Schulen, Kliniken, Straßen und Wohngebäude zu bauen, sowie für die Entwicklung der Nation. Scheich Zayed und Scheich Rashid änderten, und erhöhten auch manchmal, das Verteidigungsbudget, da sie wussten, dass ich mein Budget vorsichtig ausgab und in Entwicklungsprojekte, die sie selbst beaufsichtigten, steckte. Scheich Zayed und Scheich Rashid sahen beide, was ich auch sah. Doch sie hatten ein besseres Gefühl dafür, was die Leute wirklich brauchten. Deshalb überließen sie mir die Aufgabe, die Verteidigungsstreitkräfte aufzubauen, und stellten sich selbst den Entwicklungsproblemen, da diese am dringlichsten waren.

Kein Land kann seine militärische Stärke als wichtiger betrachten als das Wohl und die Geborgenheit seiner Menschen. Es mag seltsam klingen, wenn dies vom Verteidigungsminister kommt, doch wenn kein Gleichgewicht besteht, wird die Armee mit dem Schutz einer Gruppe elender Menschen und einer kargen Landschaft beauftragt. Das Wesen der Macht eines Landes liegt weniger in seiner militärischen Stärke als in seiner Reichweite, seinem Wissen und seiner Entwicklung. Ich sehe Länder wie Nordkorea, die über eine der mächtigsten Streitkräfte der Welt verfügen, dessen Volk jedoch bitterarm und manchmal sogar vom Hungertod bedroht ist. Zur gleichen Zeit haben Länder wie Südkorea oder Japan keine großen Armeen, aber die Macht ihrer Wirtschaft lässt sie Schulter an Schulter mit größeren Nationen stehen.

Gott, der Allmächtige, schmückte uns mit der Weisheit, die den Gründern der Union vorbehalten ist, und ermöglichte uns, unsere Ausgaben zwischen militärischen Zwecken und dem Entwicklungsfortschritt auszugleichen. Wir konnten ebenfalls den inneren Kampf um den Aufbau und den äußeren Kampf um die Verbesserung der Beziehungen und das Vermeiden von Konflikten ausgewogen gestalten. Es half uns auch, eine Balance zwischen dem Bau der Infrastruktur und dem Aufbau unseres Volkes zu finden. Der Tag nach dem Abzug der Kolonialmächte ist der Tag, an dem wir uns auf das Wesentliche konzentrieren müssen. Einige Länder haben falsche Entscheidungen gefällt, doch wir wurden durch Scheich Zayed und Scheich Rashid, die eine gute Wahl trafen, gesegnet.

29

Eine Armee Für Eine Vereinte Nation

Eine der schwierigsten Aufgaben, die ich während meiner Karriere bewältigen musste, war der Aufbau der gemeinsamen Streitkräfte für den neuen Staat.

Die Armee ist die Kraft, die ausländische Bedrohungen abwehrt, den inneren Zusammenhalt aufrechterhält und in Krisenzeiten vor Chaos schützt. Sie ist der Beschützer von allem, was wir bisher erreicht haben, sowie die Gewährleistung der Stabilität, die Investoren so sehr schätzen. Die Armee garantiert, dass wir von anderen Nationen respektiert werden und geschützt sind.

Im Falle der Vereinigten Arabischen Emirate bestand die Hauptherausforderung darin, eine Verteidigungsstreitkraft aufzubauen, die ausländische Feinde abschreckte, Stabilität innerhalb der Emirate gewährleistete und auf die Vereinigung der Kräfte aller sieben Emirate unter einer Regierung hinarbeitete. Für die erste fünfjährige Amtszeit der föderalen Regierung im Jahr 1971 stand dies ganz oben auf der Liste.

Mein Plan, den ich 1968 ausgearbeitet hatte, wurde von der Begeisterung der Männer, der neuen Stimmung im Land und der Unterstützung von Scheich Zayed und Scheich Rashid angetrieben. Beide überprüften meine Strategie mehrere Male, bevor sie ihre Zustimmung gaben.

Nach der Gründung der Union am 2. Dezember 1971 übernahm ich die Kompetenzen der britischen Streitkräfte, in der Hoffnung, den Übergang so reibungslos wie möglich zu gestalten. Ich kannte den Royal Air Force-Stützpunkt in Schardscha sehr gut. Dort befanden sich sowohl Angehörige der Royal Air Force als auch ein Infanteriebataillon von rund 2500 Mann. Am 22. Dezember wurden die Trucial Oman Scouts in Streitkräfte der Vereinigten Arabischen Emirate umbenannt. Diese Spähergruppe wurde ursprünglich 1951 von Großbritannien gegründet, um Sicherheit und Stabilität in der Region von Abu Dhabi bis Ras Al Khaimah zu gewährleisten.

> „Als meine Männer zum Kampf
> gerufen wurden, kämpfte ich an ihrer
> Seite, war einer der Ersten auf dem
> Schlachtfeld und einer der Letzten, die
> es verließen"

Die Offiziere und Männer waren anfangs Mitglieder der britischen Streitkräfte, die in Indien gedient hatten. Dazu gehörten aber auch Soldaten der arabischen Legion in Jordanien und unsere eigenen Bürger aus den Emiraten, die von den Briten ausgebildet worden waren. Zu den Streitkräften gehörten fünf Infanteriekompanien, ein Hilfskorps, eine mobile Kompanie, eine Ausbildungskompanie, eine Ingenieurskompanie, eine medizinische Kompanie, eine Militärkapelle und eine Schule für Kinder.

Diese Truppe bildete den Kern unserer Streitkräfte und umfasste auch die lokalen Streitkräfte, die von den Machthabern der VAE etabliert worden waren. Dazu gehörten die Abu Dhabi Defence Force, die Dubai Defence Force, die Ras Al Khaimah Mobile Force, die National Guard von Schardscha und National Guard von Umm al-Qaiwain.

Mein erstes Ziel als Verteidigungsminister war es, unsere Streitkräfte noch vor 1976 zu vereinheitlichen. Ich arbeitete lange an der Kommandostruktur und der fünfjährigen Militärstrategie. Mit Gottes Hilfe gelang es mir, den Zeitrahmen einzuhalten, den ich mir selbst auferlegt hatte.

Ich hatte eine Streitkraft, die im Falle eines Angriffs die Heimat verteidigen konnte. Doch jetzt musste ich mit der Vereinheitlichung und Integration dieser Truppe beginnen.

Ich wurde von den Führern der Nation, insbesondere von Scheich Zayed und Scheich Rashid, umfassend dabei unterstützt, eine Strategie zu entwickeln, die die gesamten Vereinigten Arabischen Emirate einschloss und zur Bildung einer mächtigen Armee für unser Volk führen würde. Da ich die Führer aufforderte, ihre Ansichten nicht nur über das Ziel, sondern auch über den Weg dahin zu teilen, wurde ich mit ihrer vollen Unterstützung und Ermutigung gesegnet.

Während der Entwicklungsphase identifizierte ich die Ausrüstung und die Technologie, die wir benötigten, und stellte sicher, dass die benötigte Maschinenausstattung getestet und untersucht wurde. Ich konnte einschätzen, was für unsere Wüste geeignet, gut funktionieren und für verschiedene Gelände effektiv sein würde. Egal ob Fahrzeuge, Waffen oder Systeme, alles musste den harten Wüstenbedingungen widerstehen könnten, um unsere Männer sicher und ständig mobil zu halten. Unsere Führer sahen, dass ich mein Bestes gab, um meine Mission zu erfüllen. Wie ich, waren auch sie sicher, dass das Budget realistisch war und nicht verschwendet würde.

Die Einrichtung des Verteidigungsministeriums war für mich weit mehr, als nur das Fundament für ein neues Bürogebäude zu legen.

Ich wusste, dass die Institutionalisierung des Ministeriums in erster Linie vom raschen Aufbau von Beziehungen und dauerhaften Netzwerken abhing. Um dies schnell zu erreichen, fing ich an, Treffen mit meinen Kollegen, den Verteidigungsministern der anderen Länder, abzuhalten. Wir hatten auch Gesandte, die täglich in der Region unterwegs waren, und schickten Gruppen, um mit anderen Militärs zu trainieren, sie zu verstehen und eine Zusammenarbeit aufzubauen.

Wir lernten auch viel über die verschiedenen strategischen Ansätze und Verteidigungssysteme in Nachbarländern wie Jordanien, Sudan und Ägypten. Wir schickten Offiziere nach Großbritannien, Italien und Frankreich und konnten dank meiner Truppe hochrangiger Offiziere bemerkenswerte Fortschritte erzielen. Ich konnte meinem starken Team Verantwortungen übertragen, während ich an der Entwicklung des Ministeriums arbeitete.

Trotz des Drucks dieser Arbeit stellte ich sicher, dass ich morgens nie ein Training mit meinen Männern auf dem Hof verpasste, da ich die Entwicklungen aufmerksam verfolgen und über alle Ereignisse auf dem Laufenden bleiben wollte.

Ein 19-Stunden-Tag gehörte zu unserem normalen Leben. Zu dieser Zeit kaufte ich auch erstmals Ausrüstung ein. Der Kaufprozess musste allerdings transparent sein, damit meine Männer sehen konnten, dass wir die beste verfügbare Militärausrüstung wählten und so alle zufriedenstellten. Unsere Scorpion-Panzer, zum Beispiel, waren aufgrund ihres geringen Gewichts und ihrer Wendigkeit im Wüstengelände sehr gut geeignet. Unsere Bell-Hubschrauber kamen aus Texas und die Aermacchi-Trainingsflugzeuge aus Italien, und ich inspizierte alle persönlich.

So spannend diese Tage auch waren, sie waren mit vielen Herausforderungen und Risiken verbunden. Als meine Männer zum Kampf gerufen wurden, kämpfte ich an ihrer Seite, war einer der Ersten auf dem Schlachtfeld und einer der Letzten, die es verließen.

Zu den Notfällen, mit denen wir zu tun hatten, gehörten bewaffnete Konflikte zwischen Stämmen, ein Putschversuch, der den Mord an Schardschas Machthaber zur Folge hatte, versuchte Entführungen von Passagiermaschinen, regionale Spannungen und viele andauernde Drohungen gegen die Emirate.

Während dieser turbulenten Zeiten sahen wir, dass wir auf dem richtigen Weg waren, unsere Union täglich stärker wurde und unsere Streitkräfte sich ständig weiterentwickelten und ihre Fähigkeiten und Kenntnisse verbesserten.

Geleitet von der Weisheit von Scheich Zayed und Scheich Rashid und angetrieben von den Anstrengungen und der Loyalität der Streitkräfte, konnten wir all diese Bedrohungen für die noch junge Nation abwenden und einen Punkt erreichen, an dem die Vereinigten Arabischen Emirate zu einer der stärksten Kräfte in der arabischen Welt geworden waren.

30

Die Tortur des Fluges 404

Das erste Gespräch, das ich mit einem Terroristen führte, war im Juli 1973. Sein Name war Osamu Maruoka und er war eine der Schlüsselfiguren der Japanischen Roten Armee (JRA), einer Organisation, die unter anderem die japanische Monarchie und Regierung stürzen wollte. Die JRA hatte enge Beziehungen zur Volksfront zur Befreiung Palästinas (PFLP) aufgebaut. Im Juli 1973 entführte Maruoka mit Mitgliedern der PFLP ein Flugzeug der Japan Airlines (JAL) mit 118 Passagieren an Bord und drohte, das Flugzeug in die Luft zu sprengen und alle Insassen zu töten.

Wie kann sich eine vernünftige Person jemals mit einer Gruppe verständigen, deren Denken von dieser Logik bestimmt wird? Wer würde Unschuldigen das Leben nehmen wollen, um andere zu befreien? Sie wollen mit dieser Geste unterdrückten Menschen helfen, doch unterdrücken und töten sie gleichzeitig andere. Sie nutzen das Mitgefühl einiger Gruppen für ihre gerechte Sache aus und rekrutieren Mitglieder, um andere unschuldige Personengruppen zu terrorisieren. Im Gegensatz zu ihrem Denken besteht der schlimmste Weg, um eine gute Sache voranzubringen, darin, dass Terroristen diese als ihren persönlichen Kampf betrachten. Wenn man die Gerechtigkeit für einen guten Zweck außer Kraft setzt, lässt man die Terroristen in seinem Namen handeln und bringt so Gewalt und Elend in Gemeinschaften, die sich ansonsten in Sicherheit befinden.

Unsere Region leidet seit vielen Jahrzehnten unter der völlig selbstzerstörerischen und gewaltsamen Ansicht, dass Terror eine

Lösung für Ungerechtigkeit sei. Länder haben Tausende – sogar Hunderttausende – von Menschen an diese Philosophie des Hasses verloren. Viele Gemeinschaften auf der ganzen Welt haben jahrzehntelanges Wachstum und Entwicklung durch eine terroristische Ideologie eingebüßt, die mit einer gerechten Sache beginnt und mit dem völlig ungerechtfertigten Abschlachten unschuldiger Menschen endet.

Ich befand mich auf einem Militärstützpunkt, als mein Telefon am 20. Juli 1973 klingelte. Ich wurde informiert, dass der JAL-Flug 404, eine Boeing 747-246B mit 123 Passagieren und 22 Besatzungsmitgliedern an Bord, auf dem Weg nach Tokio, kurz nach dem Start vom internationalen Flughafen Amsterdam-Schiphol, entführt worden war. Die Entführer, angeführt von Maruoka, zu denen auch vier PFLP-Mitglieder gehörten, forderten die Erlaubnis, am Flughafen in Dubai zu landen.

Ich informierte sofort Scheich Zayed und Scheich Rashid über die Situation und fuhr zum Flughafen, um die notwendigen Vorkehrungen zu treffen, bevor das Flugzeug ankommen würde. Ich gab den Befehl, den Flugplatz zu evakuieren und alle ankommenden Flugzeuge zu anderen Flughäfen in der Nähe umzuleiten. Mein Team und ich waren in Position und warteten darauf, dass das JAL-Flugzeug in den Luftraum der Vereinigten Arabischen Emirate eintreten und mit dem Flugsicherungsturm kommunizieren würde. Bald darauf hörten wir die Stimmen der Piloten und ich gab dem entführten Flugzeug die Erlaubnis, auf dem Boden unserer Nation zu landen. Das war vorher noch nie passiert.

Bei der Landung war das Flugzeug bereits in einem schlechten Zustand, da eine Granate an Bord explodiert war und einen der Flugzeugentführer getötet hatte. Wie durch ein Wunder überstand das Flugzeug die Explosion und kam sicher in den Vereinigten Arabischen Emiraten an. Bei der Landung hörte man Maruokas Stimme über Funk, der forderte, mit einem Vertreter des Landes zu sprechen. Ich nahm den Hörer ab und sagte: „Sprechen Sie! Ich höre zu."

Ich sollte mich vorstellen und nachdem ich dies getan hatte, sagte er: „Sie sind also Araber, deshalb müssen Sie die palästinensische Sache unterstützen. Es ist Ihre Sache!" Er teilte mir mit, dass sie in den Vereinigten Arabischen Emiraten Zuflucht suchen wollten.

> „Ein weiser Feind ist besser als ein unwissender und törichter Verbündeter. Vielleicht hat unser Überfluss an törichten Verbündeten unserer gerechten Sache geschadet"

Selbst über Funk konnte ich die Anspannung und den Druck spüren, unter dem er stand. Ich fragte zunächst, ob sie denn genug Essen und Trinken an Bord hätten oder ob sie mehr benötigten. Er antwortete sehr aufgeregt: „Wechseln Sie nicht das Thema. Wir haben Sprengstoff. Wir haben Waffen. Wir werden alle Passagiere töten!"

Ich tat mein Bestes, um die Spannung abzubauen, und besprach ruhig seine Forderungen. Ich sagte ihm, dass die Sache des palästinensischen Volkes in der Tat unsere Sache sei, ich ihm jedoch kein freies Geleit gewähren könne. Ich könnte ihn jedoch in allen anderen Angelegenheiten unterstützen. Also sagte er: „Ja, wir haben noch eine andere Forderung." Seine Forderung bestand darin, einen ihrer inhaftierten Kameraden in Israel freizulassen.

Ich bat ihn, realistisch zu sein. „Denken Sie wirklich, dass wir überhaupt mit Israel verhandeln würden? Wir haben doch keine Beziehung dorthin", sagte ich.

Ich erklärte ihm, dass ich mit einem der palästinensischen Flugzeugentführer sprechen wollte, in der Hoffnung, ihn dazu überreden zu können, vernünftig zu handeln. Ich habe versucht, mit einem der palästinensischen Entführer zu sprechen, aber er war noch lauter und aufgeregter als sein japanischer Begleiter.

Ich sprach wieder mit Maruoka, immer im gleichen, gleichmäßigen Tonfall, und erklärte ihm den Widerspruch zwischen dem Kampf gegen die Notlage des palästinensischen Volkes und ihren ähnlichen Grausamkeiten gegen andere unschuldige Menschen.

Wir behielten dies eine Weile bei, und obwohl ich sein Vertrauen gewinnen konnte, wussten wir alle, dass er jetzt seinen nächsten Schritt plante. Wir verstanden uns, doch ich machte meine Weigerung, seine Forderungen zu erfüllen, deutlich.

Das Gespräch dauerte viele Stunden und erstreckte sich über drei Tage, an denen Scheich Zayed und Scheich Rashid immer informiert blieben. Doch sie wussten, dass ich in dieser Situation alleine sein musste. Wir versorgten das Flugzeug zweimal mit Essen und stellten fest, dass es an Bord friedlich zu sein schien. Wir sahen keine Anzeichen dafür, dass jemand anderes verletzt worden war. Sogar die Entführer schienen sich zu beruhigen.

Im Morgengrauen des zweiten Tages erklang Maruokas Stimme über Funk: „Guten Morgen. Ich hoffe, du hast gut geschlafen." Er verspottete mich absichtlich. Er schien zu wissen, dass ich nicht geschlafen hatte.

Ich sagte ihm, die Passagiere könnten diese Tortur nicht länger ertragen. Sie hatten absolut nichts falsch gemacht, und ich bat ihn, sie freizulassen. Er reagierte angespannt und drohte, das Flugzeug in die Luft zu sprengen. Ich antwortete, dass ich seine Motive zur Unterstützung der Menschen in Palästina verstanden hätte und dass wir dies sehr zu schätzen wüssten. Doch er müsse weise und geduldig sein. „Wir können unsere Unterstützung für die palästinensische Sache so nicht zum Ausdruck bringen", erklärte ich. „Wir alle müssen Mitgefühl für diese unschuldigen Menschen haben. Bitte lassen Sie die Leute frei."

Zwischenzeitlich beruhigte er sich, rief dann aber wieder: „Ich habe viel Sprengstoff! Ich kann dieses Flugzeug sofort in die Luft sprengen!"

„Ich sagte ihm, die Passagiere könnten diese Tortur nicht länger ertragen. Sie hatten absolut nichts falsch gemacht"

Am dritten Tag sagte ich Maruoka, der dem Klang seiner Stimme nach zu urteilen langsam müde und zermürbt schien, dass wir uns einverstanden erklärten, das Flugzeug zu betanken und er weiterfliegen könne, wohin er wolle. Wir würden jedoch keinen Flugzeugentführern Asyl in den Vereinigten Arabischen Emiraten anbieten. Nach dem Betanken des Flugzeugs flogen sie tatsächlich nach Libyen, wo alle Passagiere und Flugbegleiter freigelassen wurden. Die Flugzeugentführer sprengten das Flugzeug am Flughafen in Bengasi in die Luft. Maruoka hatte nicht über den vielen Sprengstoff an Bord gelogen. Ich danke Gott, dass unsere Verhandlungen ihn zumindest dazu brachten, das Flugzeug nicht mit Passagieren an Bord zu sprengen. Der ganze Vorfall war eine wertvolle Lektion für mich. Ein weiser Feind ist besser als ein unwissender und törichter Verbündeter. Vielleicht hat unser Überfluss an törichten Verbündeten in der arabischen Welt unserer gerechten Sache geschadet.

31

Ein Putsch In Den Anfangszeiten Der Union

Wenn man einen Staat von innen heraus zerstören will, sollte man seine politische Stabilität erschüttern. Wenn man den Kurs ändern, Furcht verbreiten und Loyalitäten neu definieren will, dann sollte man die politische Stabilität angreifen. Wenn man Komplotte und Verschwörungen fördern und eine Gesellschaft in Fraktionen aufteilen will, dann muss man auf die politische Stabilität zielen. Stabile Regeln, Respekt vor der Macht des Staates und die Wahrung seiner Verfassung sind alles Fundamente eines gesunden Gemeinwesens. Sie sind Voraussetzungen für die Aufrechterhaltung der Ordnung und des friedlichen Zusammenwirkens aller Teile der Gesellschaft.

Der erste Versuch, die politische Stabilität der Vereinigten Arabischen Emirate zu erschüttern, war ein Putschversuch im Emirat Schardscha weniger als zwei Monate nach der Erklärung der Union. Ich war dafür verantwortlich, den Versuch niederzuschlagen. Scheich Zayed hatte eine entschiedene Haltung, als wir über den Putschversuch sprachen, und sagte: „Mohammed, du musst diese Angelegenheit schnell lösen."

Scheich Khalid bin Mohammed bin Saqr Al Qasimi war seit 1965 der Herrscher von Schardscha. Er spielte eine entscheidende Rolle bei der Gründung der Union und unterzeichnete die Interimsverfassung am 2. Dezember 1971. Damit wurde Schardscha Teil der Vereinigten Arabischen Emirate. Es war unvorstellbar, dass irgendjemand die Stabilität und die legitime Herrschaft eines unserer Emirate gefährden könnte.

Die Neuigkeiten verbreiteten sich schnell. Obwohl ich wusste, dass ein Putschversuch stattfand, wusste ich nicht, wer dahintersteckte. Dies verkomplizierte die Sache. Es war schwierig, die Situation richtig einzuschätzen, da die Informationen unklar waren. Ich gab den Befehl, die Stromversorgung in Scheich Khalids Palast, in dem die Kämpfe stattfanden, abzuschalten, und rief dann dort direkt an. Ich fragte die Wache, die den Anruf entgegennahm, wer er sei. „Ich bin die Wache von Scheich Saqr bin Sultan, dem Herrscher von Schardscha", antwortete er. Ich wusste somit, wer den Putsch anführte, und informierte Scheich Zayed über den Ernst der Lage.

Der frühere Herrscher von Schardscha, Scheich Saqr bin Sultan bin Saqr Al Qasimi, war bekannt dafür, dass er die arabische nationalistische Politik unterstützte. Wir befürchteten daher, dass seine Motivation weit über einen Streit über die Regierungsführung hinausging. Wir hatten auch Angst, dass er Anhänger und Unterstützer außerhalb des Landes haben könnte. Scheich Zayed befahl mir aus Angst vor weiteren Auswirkungen, rasch zu handeln und zu verhindern, dass Scheich Saqr Vorräte von Dritten beziehen konnte.

Ich forderte Truppen aus Abu Dhabi an und mobilisierte zusätzliche Ressourcen aus Dubai, da ich nicht wusste, wie viele Streitkräfte Scheich Saqr unterstützten. Die Ankunft der Einheiten benötigte Zeit, die ich nicht hatte. Ich konnte nur an die drohende Gefahr für die Union sowie die klare Botschaft des Präsidenten, dass dieser Putsch nicht erfolgreich sein durfte, denken.

Ich machte mich zusammen mit zwei meiner Helfer auf den Weg zum Palast von Scheich Khalid. Ich kam im Palast an und sprach am Telefon mit Scheich Saqr. Meine Streitkräfte waren noch nicht angekommen, doch ich sprach mit ihm, als stünde eine große

Armee hinter mir, die jeden Augenblick den Palast stürmen und keinen Raum für Flucht lassen würde. Ich kann bis heute nicht sicher sein, ob es sich tatsächlich um einen taktischen Fehler oder um eine militärische Strategie handelte. Alles, was ich weiß, ist, dass mir mein Instinkt damals sagte: Wenn man in solchen Situationen Selbstbewusstsein zeigt, wird zumeist der Gegner verunsichert und seine Moral beeinträchtigt.

Scheich Saqr und ich hatten die Verhandlungen aufgenommen. Ich habe aus einer Position der Stärke und mit voller Autorität gesprochen. Ich sagte zu ihm: „Wenn es Scheich Khalid gut geht, dann steht ein Flugzeug bereit, um Sie und Ihre Anhänger in das Land Ihrer Wahl zu bringen. Wenn Scheich Khalid jedoch verletzt ist, werde ich Sie Scheich Zayed übergeben, der tun wird, was er für richtig hält."

Er verstummte für eine scheinbare Ewigkeit. Als er antwortete, sagte er, dass Scheich Khalid getötet wurde. Seine Worte ließen mein Blut kochen. „Dann haben Sie fünf Minuten, um herauszukommen", sagte ich. Er und sein Sohn Sultan kamen mit ihren Händen neben dem Körper heraus, während ihre Begleiter die Hände hoch über ihre Köpfe erhoben hatten. Wir nahmen ihnen ihre Waffen ab. Ich zog ein Tuch über mein Gesicht, so dass Scheich Saqr nicht wusste, wer ich war, als ich auf ihn zukam. Ich war nervös, da ich nicht wusste, was er vielleicht unter seinem Hemd verborgen hatte, doch er machte keine Anstalten. Er wusste, dass er keine andere Wahl hatte, als sich zu ergeben. Er wusste, dass der neue Staat nicht akzeptieren würde, was er seinem Cousin angetan hatte, ganz zu schweigen von seinen Bemühungen, die politische Stabilität der Vereinigten Arabischen Emirate zu beeinträchtigen. Im gesamten Palast lagen Leichen. Ich setzte Scheich Saqr und seinen Sohn in ein Auto und ließ sie in Gewahrsam nehmen, bis der Präsident diesbezüglich ein Urteil fällen würde. Was seine Anhänger angeht, wusste ich, dass die meisten von ihnen manipuliert worden waren. Ich schickte sie in ihre Häuser zurück und beschloss, sie zu einem späteren Zeitpunkt zurückzubeordern. Ich wollte die Angelegenheit so schnell wie möglich beenden. Scheich Zayed verfolgte aufmerksam die Entwicklungen nach dem Putsch, der – wie er immer wieder betonte – nicht erfolgreich sein durfte.

Nach dem Tod von Scheich Khalid, möge er in Frieden ruhen, übernahm sein Bruder Scheich Dr. Sultan bin Mohammed Al Qasimi die Herrschaft von Schardscha und führt das florierende Emirat bis heute in Wohlstand und Stabilität.

Der Putsch war zu Beginn unserer Union eine unglaublich schwierige Erfahrung gewesen. Nach diesen Ereignissen hatte ich das Gefühl, dass die Union gleichsam neugeboren war und dass viele sie mit Ehrgeiz und Gier beäugten. Ich wusste, dass die Absicherung des Landes nicht einfach sein würde und die Stabilität anfälliger für Bedrohungen von innen als von Feinden von außen war. Ich war ständig auf der Hut, ob sich solche Versuche wiederholten, und behandelte jede mögliche Bedrohung mit äußerster Vorsicht. Jedes Mal, wenn das Telefon klingelte, sprang ich auf und bereitete mich auf das Schlimmste vor. Ich kann mich nicht erinnern, in all den Jahren jemals sitzend telefoniert zu haben.

Nach dem Staatsstreich traf ich mich mit Scheich Zayed in seinem Auto. Er reichte mir ein paar Datteln und dann eine Tasse Kaffee und schaute mich mit Stolz und Anerkennung an. Ein Blick, der sagte: „Mohammed, du bist der Mann der Stunde!" Diese einfache, aber herzliche Geste war eine der größten Belohnungen, die ich jemals in meinem Leben erhalten habe.

32

Terrorismus über Landesgrenzen hinweg

Das Schlimmste, was einer Nation je passieren kann, ist, in eine Krise oder einen Konflikt, an dem sie nicht beteiligt ist, hineingezogen zu werden. Eine der größten Herausforderungen für jemanden, der für die nationale Sicherheit zuständig ist, besteht darin, zu entdecken, dass die unwillkommene Plage des Terrorismus ins Land eingedrungen ist und es erforderlich ist, Maßnahmen zu ergreifen, um den Verlust unschuldiger Menschenleben zu vermeiden.

Im Jahr 1977, als der Schatten des Terrorismus den Himmel verdunkelte, wurde die Angst zu meinem ständigen Begleiter. Ich erinnere mich, dass ich aufgrund des ständigen Adrenalinausstoßes oft Sodbrennen und einen sauren Geschmack im Mund hatte.

Bei einem Treffen am frühen Morgen im Verteidigungsministerium wurde ich über die Ereignisse im Zusammenhang mit einem entführten Flugzeug, einer Lufthansa Boeing 737, informiert. Die Maschine beförderte einschließlich der Flugbesatzung 91 Personen. Lufthansa Flug 181 flog von Palma de Mallorca in Spanien nach Frankfurt, als das Flugzeug von Mitgliedern der Volksfront zur Befreiung Palästinas (PFLP), die die Freilassung ihrer inhaftierten Kameraden in Westdeutschland forderten, entführt wurde.

Diese Nachricht erhielt meine volle Aufmerksamkeit und ich verfolgte die aktuellen Nachrichten, die von Bord des Flugzeuges kamen. Aus irgendeinem Grund ahnte ich sofort, dass die Vereinigten Arabischen Emirate in dieses Drama verwickelt würden. Ich erfuhr, dass die Entführer nach Larnaka in Zypern und dann weiter nach Bahrain geflogen waren. In diesem Moment wurde mir klar, dass wir uns darauf vorbereiten mussten, unsere Brüder in Bahrain zu unterstützen. Dies wäre schon Grund genug gewesen, um den Verlauf des entführten Flugzeugs in Richtung des Golfs zu verfolgen. Der wahre Anlass für meine Vorahnung wurde jedoch klar, als es nach dem Auftanken des Flugzeugs in Bahrain weiter nach Dubai ging.

„86 Passagiere. Fünf Besatzungsmitglieder. 91 Seelen." Das war alles, was mir in diesem Moment durch den Kopf ging.

Ich stürzte zur Tür und befahl meinen Männern: „Gebt dem Präsidenten Bescheid! Informiert Scheich Rashid!" Der Satz „91 Passagiere und Besatzungsmitglieder" verfolgte mich. Ich fuhr blitzschnell zum Flughafen. Ich brauchte 60 Minuten, um meine Männer auf die Situation vorzubereiten. 60 Minuten dauert auch der Flug von Bahrain nach Dubai. 60. 91. Diese Zahlen liefen mir durch den Kopf, bis ich den Flugsicherungsturm erreichte.

Im Turm angekommen, rief ich schnell Scheich Zayed und meinen Vater an. Ich brauchte mehr Zeit. Ich brauchte mehr als nur eine Stunde, um Ärzteteams zusammenzustellen und Scharfschützen und gepanzerte Autos so zu positionieren, dass die Entführer sie nicht sehen konnten. Nachdem Scheich Zayed informiert worden war, antwortete er innerhalb von Sekunden und kam direkt zum Punkt: „Mohammed, sag mir, was du brauchst."

Ich bat ihn als Oberbefehlshaber der Streitkräfte um seine Erlaubnis, mit dem Flugzeug zu kommunizieren und dessen Landung zuzulassen. Unsere normale Politik bestand darin, dass keine entführten Flugzeuge auf unserem Territorium landen dürfen. Ich erhielt seine Zustimmung, da er sicher war, dass ich die Situation unter Kontrolle behalten würde.

Als alles bereit war, wandte ich mich vom Flugsicherungsturm aus an das Flugzeug: „Lufthansa Flug 181, wir erlauben Ihnen, auf unserem Territorium zu landen. Sie können jetzt in Dubai landen." Ich hörte die Stimme des Piloten und versuchte, mir die Stimmung im Cockpit vorzustellen, als wir die Boeing 737 auf der Landebahn aufsetzen sahen. Wir wussten, dass uns eine Feuerprobe bevorstand.

Nachdem das Flugzeug gelandet war, übernahm einer der Entführer das Mikrofon. Seine Stimme dröhnte durch den Kontrollturm. Ich blieb ruhig, so dass ich ihn deutlich hören und seine geistige Verfassung beurteilen konnte. Mir schien, als könne das Leben der Passagiere gerettet werden. Ich hörte seine Forderungen an und ließ Essen und Wasser zum Flugzeug liefern.

Ich kommunizierte mit dem Entführer und brauchte kein Team von Psychoanalytikern, um den Zustand des Mannes zu beurteilen. Es war klar, dass er psychisch gestört und unausgeglichen war. Mir wurde klar, dass die Passagiere einer Person ausgeliefert waren, die jederzeit einen Zusammenbruch erleiden konnte. Er sprach sehr schnell und verworren über seine imperialistischen Feinde, die die Welt regierten. Die Entführer forderten die Freilassung ihrer Kameraden. Diese waren Mitglieder der linken Baader-Meinhof-Gruppe, auch bekannt als Rote Armee Fraktion, die in Deutschland lange Haftstrafen verbüßten.

Ich sprach 48 Stunden lang mit einem Mann, der keiner erkennbaren Logik folgte. Er sprach über seine Familie und viele verschiedene Themen, die keinen Zusammenhang hatten. Ich bat ihn wiederholt, sich zu ergeben, aber er lehnte dies ab. Ich reagierte nicht auf jede seiner Forderungen, beruhigte ihn aber sofort, wenn er drohte, die Passagiere zu töten. Zwischendurch musste ich kurz die Kommunikation unterbrechen, um mit deutschen Regierungsvertretern zu sprechen. Wir lieferten dem Flugzeug auch die notwendigen Nahrungsmittel und andere Vorräte, da wir versuchen mussten, uns dem Flugzeug nähern, um den Passagieren und der Crew zu helfen.

Ich dachte über ihre Familien nach und stellte mir vor, wie ich mich fühlen würde, wenn ein Familienmitglied in diesem Flugzeug als Geisel gehalten würde. Ich wusste, dass die kleinste falsche Bewegung zum Tod führen konnte. Der beste Weg war, abzuwarten, zu verhandeln und die Entführer davon zu überzeugen, dass sie mit ihren Forderungen nicht durchkommen würden und sich ergeben mussten.

Ich war sicher, dass die Terroristen mehr Treibstoff verlangen würden, sobald sie wussten, dass die VAE ihnen kein Asyl im Austausch für das Leben der Passagiere gewähren würden. Nach den mehr als 48 Stunden andauernden Gesprächen habe ich diesen Mann sehr gut kennengelernt, vielleicht sogar besser als viele Menschen, die lange zusammenleben, sich kennen!

Um zu verhindern, dass die Entführer ihre Drohung wahr machten, alle zehn Minuten einen Passagier zu töten, bis das Flugzeug starten könnte, stimmten wir zu, das Flugzeug mit Treibstoff zu versorgen. Betankt und startbereit, hob das Flugzeug wieder ab. Mein Herz flog mit diesen 91 Seelen davon.

Nachdem das Flugzeug in Aden gelandet war, erschoss einer der Entführer den Flugkapitän Jürgen Schumann und warf seine Leiche auf die Landebahn, um die Behörden zu zwingen, seinen Forderungen nachzukommen. Im Laufe der Zeit hörte ich seine Stimme jedes Mal, wenn ich die Augen schloss. Ich war die letzte Person, mit der er gesprochen hatte, bevor er von Dubai abflog. Als das Flugzeug von der Landebahn abhob und hoch am Himmel stand, sagte ich: „Gott schütze Sie, Captain." Ich hörte, wie er sein Mikrofon drückte, um mir zu zeigen, dass er mein Gebet für seine Sicherheit gehört hatte.

Nachdem der Kapitän getötet worden war, wurden die Forderungen der Flugzeugentführer erfüllt. Das Flugzeug wurde in Aden wieder betankt und flog nach Mogadischu, Somalia. Ich betete zu Gott, dass er den Fluggästen in diesen schweren

Stunden helfen würde, und fühlte mich immens erleichtert, als ich hörte, dass eine deutsche Anti-Terror-Einheit das Flugzeug erfolgreich gestürmt und die Fluggäste befreit hatte. Sie hatten drei der Flugzeugentführer getötet und den vierten, eine Frau, festgenommen. Keiner der Passagiere, auf die sich damals auf dem Rollfeld meine Bemühungen konzentriert hatten, wurde getötet. Auch die restlichen Besatzungsmitglieder blieben unverletzt. Doch dieser tapfere Kapitän hatte sein Leben verloren.

Dieser Oktober schien sich angesichts der wachsenden internationalen Spannungen, die zum Verlust einer weiteren unschuldigen Seele führten, endlos hinzuziehen. Es geschah diesmal in den Vereinigten Arabischen Emiraten. An jenem Tag hatte ich in Abu Dhabi ein Treffen mit dem syrischen Außenminister Abdul Halim Khaddam. Es war eine anstrengende Zeit, voller Diskussionen über die Situation in der Region. Als ich in mein Auto stieg, um nach Dubai zurückzukehren, dachte ich besorgt an die Gespräche zurück. Um mich herum konnte ich den kalten Oktober fühlen. Ich hielt mein Auto am Straßenrand an, um einen über Funk empfangenen Notruf zu beantworten. Ich nahm den Hörer ab und hörte schockierende Nachrichten.

Abdul Halim Khaddam war auf dem Weg zum internationalen Flughafen Abu Dhabi gewesen, als er von einem Auftragsmörder ins Visier genommen wurde. Statt ihm trafen die Kugeln jedoch Saif bin Ghobash, den Außenminister der Vereinigten Arabischen Emirate, der ihn begleitete. Ich konnte mir kaum vorstellen, dass er nur wenige Augenblicke zuvor noch so voller Leben war. Er starb, als er seinem Land diente, und hatte noch so viel vor. Ich fragte mich: „Wie kann jemand so grausam sein und so leicht ein Leben nehmen?"

In diesem Moment habe ich mir fest vorgenommen, dieses Land zu einem sicheren und friedlichen Ort für jeden Bürger, Einwohner und Besucher zu machen. Ich fing an, jegliche Gewalt innerhalb unserer Grenzen als eine Handlung zu betrachten, die gegen jeden von uns und gegen mich selbst gerichtet war.

33

Mission Erfüllt

Einer der größten Meilensteine in meinem Leben, einer der stolzesten Tage und auch eine meiner größten Herausforderungen fand am 6. Mai 1976 statt, dem Tag, an dem die Streitkräfte der Vereinigten Arabischen Emirate offiziell vereinigt wurden.

Es war eine ebenso sensible wie notwendige Aufgabe auf nationaler Ebene. Es war schwierig, aber die Soldaten und Offiziere der Vereinigten Arabischen Emirate machten es möglich. Der Geist der Union strömte in ihren Adern. Tag für Tag sahen sie Krisen und Kriege, welche die Region verwüsteten. Dies ließ sie um ihre Heimat, die keine mächtige, vereinte Streitkraft hatte, fürchten. Schließlich konnten sie die Früchte ihrer harten Arbeit und Ausdauer sehen.

Jedes Emirat besaß eine eigene lokale Verteidigung. Ein Philosoph sagte jedoch einmal: „Alle Macht ist schwach, wenn sie nicht vereinigt ist." Dieser Glaube ist fest in der Seele jedes Emirats, im Gewissen eines jeden Herrschers sowie in den Herzen aller Offiziere und Soldaten verankert, die bereit sind, für ihr Heimatland ihr Leben zu geben.

Ich sagte meinen Gefährten immer: „Die Union ist wie ein Baum. Die Nation ist der Boden, die Opfer, die wir bringen, sind ihr Wasser und die Menschen ihre Früchte. Der Stamm dieses Baumes ist seine Streitkraft und Armee."

Der Stamm darf niemals schwach werden oder auseinanderfallen. Der Stamm muss fest und stabil sein, um den Baum zu stützen und vor Stürmen zu schützen. Ich pflegte zu sagen: „Unser Erfolg liegt im Zusammenhalt und unser Fortschritt in der Zusammenarbeit. Wir müssen immer zusammenstehen, damit die Zukunft unser Verbündeter bleibt. Alles wird leicht, wenn wir zusammenhalten. Alleine können wir nur wenig tun, doch zusammen können wir viel mehr erreichen.“

Wir hatten nur fünf Jahre, um unsere Streitkräfte zu vereinigen. In der ersten Amtszeit der neu gebildeten föderalen Regierung entwickelten wir eine Struktur und Strategie, um dieses Ziel zu erreichen. Der Plan wurde von Scheich Zayed, Scheich Rashid und allen anderen Machthabern angenommen, während alle Militäreinheiten gleichermaßen darauf verpflichtet wurden.

Um unser Ziel zu erreichen, gingen wir Schritt für Schritt, aber ernsthaft und zuversichtlich vor. 1974 erließ ich als Verteidigungsminister ein Dekret, das unsere Truppen in die Streitkräfte der Vereinigten Arabischen Emirate umbenannte, und gab ihnen ein neues Emblem und eine neue Flagge. Ich behielt die Aufgaben, Pflichten, Organisations- und Personalränge bei. Ich habe auch die Streitkräfte, Kompanien und Ausbildungsstätten beibehalten. Wir unternahmen die nötigen Schritte, um unsere endgültige Vision innerhalb von zwei Jahren zu erreichen. Die Truppe bestand aus sieben Infanteriekompanien, einem leichten Panzerregiment, einer Hilfskompanie, einer Fallschirmjägerkompanie und einer Kadettenkompanie, die unter meiner direkten Aufsicht standen. Darüber hinaus blieben die lokalen Verteidigungsstreitkräfte der einzelnen Emirate bestehen.

Bei der Entwicklung unserer Kampfformationen, Feuerunterstützungs- und Verwaltungssysteme haben wir es weit gebracht und hielten uns an ein Kampfethos, das auf Selbstverteidigung und dem Schutz der Souveränität des Landes beruht. Die Veränderungen um uns herum, insbesondere der arabisch-israelische Konflikt, führten zu einer Atmosphäre der dauerhaften Instabilität in der Region. Ich setzte mich ständig für die Bildung einer neuen arabischen Streitmacht ein, welche eine

Barriere für das Land errichten, eine Unterstützung für unsere Freunde und eine Abschreckung gegen unsere lauernden Feinde darstellen würde.

Schließlich, am 6. Mai 1976, fand das historische Ereignis statt, bei dem ich mein Versprechen gegenüber Scheich Zayed und meinen Vater einlöste. Ich hatte das Gefühl, dass unsere Mission erfüllt war, dass unsere Seelen getröstet wurden und dass die wirkliche Stärke unserer Nation nun sichtbar war. An diesem Tag erließ der Oberste Bundesrat ein Dekret zur Vereinigung der Streitkräfte in Bu Mraikha, Abu Dhabi, unter der Führung des verstorbenen Scheichs Zayed bin Sultan Al Nahyan. In dieser Hinsicht gab der Oberste Verteidigungsrat eine Erklärung ab, in der es heißt:

> **„Als Teil unserer kontinuierlichen Bemühungen, die Union zu unterstützen, ihre Säulen zu vereinen und ihre Stabilität, Sicherheit und ihren Fortschritt zu stärken; und in dem Glauben, dass die historische Verantwortung uns dazu zwingt, selbstlos zusammenzuarbeiten, um alle Barrieren, die die Kommunikation behindern, abzubauen und um die vollständige Integration der staatlichen Institutionen sicherzustellen; sowie als Reaktion auf den Wunsch Ihrer Hoheiten, der Mitglieder des Bundesrates, die Hoffnungen und Bestrebungen des Volkes zu erreichen, wurden die Streitkräfte unter einer Flagge vereint, um als starke Verteidigungslinie für unsere Heimat und alle Araber ihre Rolle als Beschützer wahrzunehmen."**

An diesem Tag wurde der Präsident der Vereinigten Arabischen Emirate, Scheich Zayed, Gott möge seine Seele gnädig sein, Oberbefehlshaber der Streitkräfte der Vereinigten Arabischen Emirate. Seine Hoheit Scheich Khalifa bin Zayed Al Nahyan wurde zum stellvertretenden Oberbefehlshaber der Streitkräfte der Vereinigten Arabischen Emirate gewählt und ich wurde als

Verteidigungsminister bestätigt. Ein Stabschef der Streitkräfte wurde zusammen mit drei weiteren Assistenten gewählt. Ein anderes Dekret wurde vom Präsidenten des Obersten Verteidigungsrates, Scheich Zayed, erlassen, das die Vereinigung der Land-, See- und Luftstreitkräfte unter einem zentralen Kommando, dem Generalkommando der Streitkräfte der Vereinigten Arabischen Emirate, vorsah.

> „Am 6. Mai 1976 fand ein historisches Ereignis statt. Ich hatte das Gefühl, dass unsere Mission erfüllt war, dass unsere Seelen getröstet wurden und dass die wirkliche Stärke unserer Nation nun sichtbar war"

Die Entscheidung umfasste auch die Einrichtung von drei Militärzonen, nämlich der nördlichen Militärzone (früher als bekannt Ras Al Khaimah mobile Streitkraft), der westlichen Militärzone (früher als bekannt Abu Dhabi Streitkraft) und der zentralen Militärzone (früher als bekannt Dubai Streitkraft).

Mit dieser Entscheidung wurde auch die Yarmuk-Brigade in Leben gerufen. Zu ihr gehörten die gesamten Streitkräfte der Union, die Nationalgarde von Schardscha und die Nationalgarde von Umm al-Qaiwain sowie die Luftwaffen- und Marinekommandos. Gleichzeitig gründeten wir mehrere Ausbildungsinstitute wie das Zayed Military College sowie spezielle Ausbildungsstätten für Infanterie, Fallschirmjäger, Rüstung und Artillerie. Die Militärflagge, das Emblem, die Uniform und die Flaggen der Kommandeure waren vereinheitlicht und wurden stolz getragen.

Die Vereinigung war abgeschlossen und ich hatte die Mission erfüllt, die ich 1968 begonnen hatte. Drei Jahre vor der Gründung der Union sagte Scheich Rashid zu mir: „Wenn wir die Gründung der Union verkünden werden, wirst du für ihren Schutz verantwortlich sein."

Ich verspürte keine Ruhe, bis 1976 alle Streitkräfte unter einer Flagge, einem Emblem und einem weisen Führer, Scheich Zayed bin Sultan Al Nahyan, vereint waren. An diesem Tag hatte ich das Gefühl, mein Versprechen eingelöst zu haben, eine starke Streitkraft aufzubauen, die unser Land schützen kann. An diesem Tag hatte ich das Gefühl, dass es mir gemeinsam mit meinen Kameraden gelungen war, zur Schaffung der soliden Grundlagen eines starken, souveränen Staates beizutragen. Ein Staat, der niemals durch innere oder äußere Bedrohungen daran gehindert werden konnte, seine Träume und Bestrebungen zu verwirklichen und seinen Weg zum Fortschritt fortzusetzen.

34

Zwischen Krieg Und Frieden

Staaten stehen wie Einzelpersonen vor schwierigen Entscheidungen, wie zum Beispiel bei der Wahl zwischen wirtschaftlicher und militärischer Entwicklung, der Investition von Ressourcen in den Aufbau oder den Abbruch, oder aber auch zwischen Krieg und Frieden.

Wenn ich mich an das Jahr 1979 erinnere, gibt es einige spezifische Entscheidungen, die mir in den Sinn kommen. In diesem Jahr sah ich, welche Entscheidungen wir in meinem Land im Gegensatz zu den Entscheidungen anderer Länder in der Region trafen. Heute, 40 Jahre später, sehen wir die Resultate ziemlich klar.

1979 war ein entscheidendes Jahr in Dubais Geschichte, da drei der größten Projekte des Emirats gestartet wurden. Das erste war der Hafen von Jebel Ali und das zweite war die Aluminiumhütte, die von der Dubai Aluminium Company (DUBAL) mit einer anfänglichen Jahreskapazität von 135.000 Tonnen gegründet wurde. Das dritte große Projekt, das in diesem Jahr begann, war das Dubai International Trade Center (heute als Dubai World Trade Center bekannt). Es war zu dieser Zeit das höchste Gebäude im Nahen Osten und eines der größten Gebäude der Welt.

In diesem Jahr hatten wir endlich das Gefühl, große Fortschritte zu machen. Unser Kampf um den Aufbau unserer Nation begann, Früchte zu tragen und die Welt wusste langsam, wer wir waren. Wir erkannten, dass unser scheinbar grenzenloser Ehrgeiz verwirklicht werden konnte und dass uns keine Macht im Weg stehen konnte. Unsere Hoffnungen und Träume stiegen hoch, da wirklich alles möglich zu sein schien.

1979 gab es jedoch auch eine Revolution und einen Regimewechsel im Iran sowie Saddam Husseins Machtübernahme im Irak. Wir haben auch gesehen, wie eine uneingeschränkte Konfrontation zwischen dem Irak und dem Iran in einen Krieg münden konnte, welcher einen erheblichen Einfluss auf unser aller Zukunft hatte.

Ende 1979 und Anfang 1980 hatten die Beziehungen zwischen den beiden Staaten, die die größten Bevölkerungen und stärksten Armeen der Region besaßen, den Siedepunkt erreicht. Dies war eine der schmerzlichsten Zeiten in meinem Leben, weil mir klar wurde, dass wir auf einen Tunnel zusteuerten und nicht wussten, wie und wann wir jemals auftauchen würden.

Als sich unsere beiden größten Nachbarn für eine Auseinandersetzung rüsteten, nahmen meine eigenen Pflichten zu. Neben der Leitung des Verteidigungsministeriums wurde ich aufgefordert, Scheich Zayed bei seinen Vermittlungsbemühungen zu unterstützen. Ich konnte so wertvolle diplomatische Lektionen lernen, ihn auf Reisen begleiten oder ihn sogar auf Gipfeltreffen vertreten, bei denen man den Konflikt vermeiden wollte.

Im August 1980 wurde klar, dass es der Diplomatie nicht gelungen war, einen Krieg zu verhindern. Es blieb mir nichts anderes übrig, als mich auf einen Konflikt an unseren Grenzen vorzubereiten, sowohl persönlich als auch in meiner Position als Verteidigungsminister. Am 4. September 1980 beschuldigte der Irak den Iran, Grenzstädte wie Chanaqin und Mandali zu bombardieren. Am 22. September brach der Iran-Irak-Krieg aus, ein Konflikt, der acht verheerende Jahre dauern sollte. Wir blieben neutral, aber nie inaktiv. Wir starteten die größte Bauphase in der Geschichte unseres Landes und ermöglichten so große Entwicklungsschritte.

Ein unerwartetes Ergebnis des Iran-Irak-Krieges war, dass er die Golfstaaten dazu gebracht hat, kollektiv über ihren eigenen Schutz und ihr Wirtschaftswachstum nachzudenken. Die Einsetzung des Golf-Kooperationsrates (GKR) als regionale politische und wirtschaftliche Organisation wurde daher in Angriff genommen. Als starker Befürworter des Föderalismus war ich begeistert von der Idee und entschied, meinen Kollegen im GKR zu helfen, unser Bestreben, die Golfregion durch Kooperation zu verteidigen, zu verwirklichen. Am 25. Mai 1981 wurde der Golf-Kooperationsrat offiziell gegründet. Noch im selben Monat saß ich stolz hinter Scheich Zayed, als er das erste Gipfeltreffen in Abu Dhabi eröffnete. Ich hatte davon geträumt, dass sich eine solche gemeinschaftliche Initiative positiv auf die gesamte Region auswirken könnte.

Ich hoffte, dass die Führer aller arabischen Länder ein solches Modell der Zusammenarbeit untereinander in Betracht ziehen würden, um so Frieden zu erreichen und ihren Völkern zu dienen. Es ist gewiss erreichbar. Ich habe es zweimal in meinem Leben erlebt: die Union der Vereinigten Arabischen Emirate und die Einrichtung des Golf-Kooperationsrates.

Obwohl wir im Krieg neutral blieben, mussten wir unsere Ölanlagen im Golf schützen, da das blaue Wasser unserer Meere zur Arena des sogenannten Tankerkrieges wurde, als irakische und iranische Streitkräfte versuchten, Öllieferungen zu verhindern und so den Westen zum Eingreifen zu zwingen. Sie hatten es sogar auf Handelsschiffe anderer Länder, die nicht am Krieg beteiligt waren, abgesehen.

Wir konnten nicht untätig zusehen, als unsere eigenen Tanker angegriffen wurden. Dies veranlasste den Einsatz unserer eigenen See- und Luftstreitkräfte. Im Oktober 1983 organisierten wir unsere ersten gemeinsamen Übungen mit den Streitkräften von Oman, Saudi-Arabien und Bahrain sowie mit Kuwait und Katar unter der Operation Peninsula Shield.

Mitte der achtziger Jahre wurden Tanker aus vielen Nachbarländern in den Gewässern des Arabischen Golfs bombardiert, was zum Tod von Angestellten und Arbeitern führte und den gesamten maritimen Sektor in der Region beeinträchtigte.

Um weiteren Schaden zu vermeiden, zogen wir einige unserer Schiffe in unsere Hoheitsgewässer zurück. Ich werde nie vergessen, wie Scheich Zayed sich während des Krieges in der Hoffnung auf Frieden bemüht hat, die Grundlagen für Verhandlungen zu schaffen. Zu dieser Zeit beschäftigte sich meine Welt ausschließlich mit militärischen Angelegenheiten und Sicherheitsbedenken. Meine Arbeit konzentrierte sich auf den Schutz meiner Heimat, da der Krieg in der Region Teil eines Konflikts zwischen Großmächten wurde, insbesondere nachdem die Vereinigten Staaten in den Tankerkrieg eingetreten waren.

Im Juli 1988 feuerte das amerikanische Kriegsschiff USS Vincennes irrtümlicherweise zwei Raketen auf einen Airbus 320 der Iranian Airlines, der auf dem Weg nach Dubai war, ab; alle 290 Passagiere an Bord wurden getötet. Zwei Wochen nach dem tragischen Vorfall gab der Iran offiziell die Annahme der Resolution 598 des Sicherheitsrats der Vereinten Nationen bekannt, die ein sofortiges Ende des Iran-Irak-Krieges forderte.

Der Krieg endete schließlich nach fast einem Jahrzehnt – aber mit dem schrecklichen Tribut von mehr als einer Million Toten und Verlusten in Höhe von über einer Billion US-Dollar.

Es gab keine Gewinner in diesem Krieg, und wir verstehen immer noch nicht, warum er überhaupt angefangen hat.

Was wir wissen ist, dass DUBAL nach der Fusion mit Emirates Aluminium (EMAL) der fünftgrößte Aluminiumproduzent der Welt wurde. Der Hafen von Jebel Ali verfügt über eine Freizone, in der mehr als 7.000 Unternehmen ansässig sind. Wir haben unsere

Kenntnisse erfolgreich ausgebaut und verwalten heute rund 80 Häfen weltweit.

Das Dubai World Trade Center ist heute das größte Messegelände der Region und zieht jedes Jahr im Rahmen von 500 erstklassigen Veranstaltungen mehr als drei Millionen Geschäftsleute, Experten und Spezialisten an. Die Scheich Zayed Road, die mit einem einzigen Turm begann, ist heute von mehr Wolkenkratzern gesäumt als jede andere Straße im Nahen Osten. So kann man nach etwa 40 Jahren – einem bloßen Augenzwinkern im Leben einer Nation – deutlich die Ergebnisse der Entscheidungen über Krieg und Frieden und darüber, ob man alles für die Entwicklung oder Politik riskieren sollte, sehen.

35

Reiseziel Dubai

Visionen werden über Generationen weitergegeben. Unser Geist erarbeitet und teilt neue Ideen, während unsere Eltern ihre Eigenschaften an uns weiterreichen. Die Umgebung, in der wir leben, beeinflusst auch unsere spezifische Vision für die Zukunft. Heute, während ich die Entwicklung von Dubai und seiner Menschen nachvollziehe, gehen mir diese Gedanken durch den Kopf.

Mein Großvater, Scheich Saeed bin Maktoum, glaubte fest an Weltoffenheit und an die Liberalisierung der Wirtschaft. Es gelang ihm, den Konjunkturrückgang, den Dubai nach dem Zusammenbruch des Perlenhandels in den 1930er Jahren erlebte, zu überwinden, indem er Händler aufforderte, ihre Geschäfte in die Nähe des Stadthafens zu verlegen.

Dann kam mein Vater, Scheich Rashid, der den Weg seines eigenen Vaters weiter ging und für Dubai neue Ziele erreichte. Mein Vater hat von meinem Großvater gelernt, dass Dubais wirtschaftliches Lebenselixier die Qualitäten sind, die die Stadt einzigartig machen. Diese liegen besonders in seiner Weltoffenheit und seinen Beziehungen zu anderen Menschen auf der ganzen Welt. Dies ist besonders wichtig, wenn es ums Geschäft geht. Er lieh sich Geld und investierte in den Ausbau des Khors und den Bau des Rashid Hafens – dem damals größten Hafen der Region. Dann baute er den kolossalen Hafen von Jebel Ali und definierte die Vision neu. Seit den späten fünfziger Jahren hatte mein Vater darum gekämpft, einen internationalen Flughafen für Dubai zu bauen. Obwohl Großbritannien ihn zunächst daran zu hindern versuchte, setzte er sich durch und konnte seinen Traum verwirklichen. Tief in seinem Herzen brannte eine Leidenschaft, die er von meinem Großvater geerbt hatte: Dubai musste sich zur Welt hin öffnen und dauerhafte globale Beziehungen aufbauen.

„Ich wusste, dass er etwas ganz anderes hören würde, als er erwartet hatte. Er zog seinen Stuhl zurück, nahm seine Pfeife heraus und schenkte mir seine volle Aufmerksamkeit"

Ich war ungefähr zehn Jahre alt, als ich zum ersten Mal begriff, dass wir in Dubai eine globale Stadt werden konnten, die Unternehmen und Besucher aus der ganzen Welt willkommen heißen kann. Zu dieser Zeit war dies nur ein vages Gefühl, als ich verwundert am Londoner Flughafen Heathrow stand und Großbritannien zum ersten Mal besuchte. Ich sah die langen Warteschlangen von Besuchern und Geschäftsleuten, die an- und abflogen, sowie die unzähligen Flugzeuge, die mit einer Vielzahl von Menschen landeten. Alle kamen nach London, reisten zu verschiedenen Kontinenten weiter und brachten die britische Wirtschaft und Kultur mit sich. Das war im Jahr 1959, als mein Vater die britische Hauptstadt besuchte, um den damaligen Premierminister Harold Macmillan davon zu überzeugen, Dubai den Bau eines Flughafens zu gestatten. An diesem Tag träumte ich nur davon, dass wir einen eigenen Flughafen haben würden. Doch im Laufe der Jahre wurde dieser Traum Wirklichkeit und ich begann, an den politischen und militärischen Aspekten unserer neuen Union zu arbeiten, als wir eine vereinte Nation aufbauten. Während dieser Zeit war in meinem Kopf eine Überzeugung verankert, die mir vererbt wurde: Unsere Zukunft lag darin, Dubai zu einem globalen Reiseziel zu machen; doch dies war nicht einfach.

Ein denkwürdiges Beispiel für die anfänglichen Probleme, mit denen wir konfrontiert waren, war, als mein Vater die British

Overseas Airways Corporation (BOAC) bat, die Eröffnung des Flughafens Dubai mit regelmäßigen Flügen nach Mumbai (oder Bombay, wie es damals noch genannt wurde) anzuerkennen. BOAC lehnte ab und begründete dies mit ihren Studien, die eine geringe Nachfrage für diese Strecke ergaben. Mein Vater antwortete: „Stellen Sie die Verbindung zwischen Dubai und Bombay her, und ich werde die Kosten für etwaige freie Plätze auf dem Flug übernehmen."

BOAC stimmte zu und startete eine erste regelmäßige Fluglinie. Der Plan funktionierte, und eine Fluggesellschaft nach der anderen startete Flüge von und nach Dubai, bis uns 15 Betreiber mit 42 Zielen im Nahen Osten und Europa verbanden. In den späten 1970er Jahren, nach dem Erfolg dieser frühen Initiativen, hatte sich eine klare Vision für mich herauskristallisiert. Eines Abends sprach ich mit meinem Vater und sagte ihm, wir müssten unseren Luftverkehrssektor ausbauen und vergrößern, anders in unseren Flughafen investieren und Dubai auf neue Weise vermarkten.

Mein Vater sah mir in die Augen und konnte sehen, dass ich es ernst meinte. Er forderte mich heraus: „Lege mir innerhalb von zwei Tagen deinen Plan vor."

Zwei Tage später betrat ich sein Büro und wusste, dass er etwas ganz anderes hören würde, als er erwartet hatte. Ich legte ihm meinen Plan vor und lächelte. Er lächelte auch erwartungsvoll, als er seinen Stuhl zurückzog, seine Pfeife herausnahm und mir seine volle Aufmerksamkeit schenkte. Ich stellte ihm meine Strategie vor, die ich ‚Reiseziel Dubai' nannte. Dabei ging es nicht nur darum, den Flughafen aufzubauen, sondern die ganze Stadt als Reiseziel zu entwickeln. Ich sprach mit ihm über den Ausbau des Flughafens, eine Open-Skies-Vereinbarung, die Fluggesellschaften ermutigen sollte, Dubai anzufliegen, Marketingkampagnen zur Förderung der Stadt, den Bau neuer Hotels im Emirat und die Organisation von Großveranstaltungen wie Pferderennen, um

Besucher anzulocken. Ich sprach mit ihm über das Einkommen, das sich daraus ergeben würde. Wir sprachen nicht lange, aber mit hoher Konzentration und vollem Ehrgeiz. Meine Ambitionen, Ideen und Impulsivität klangen zu dieser Zeit wahrscheinlich verrückt. Ich beendete das Gespräch und wartete. Seine Antwort war ein breites Lächeln und nur ein Wort, „Namus", was in unserer Kultur „gut" bedeutet. Kurz gesagt, er war mit allem zufrieden, was ich ihm präsentiert hatte. Von diesem Tag an wurde ich dazu ernannt, alle Fragen im Zusammenhang mit Handel, Tourismus, Marketing und der Entwicklung der Luftfahrt in Dubai zu übernehmen. Wir begannen einen neuen Weg, auf dem wir uns heute immer noch befinden.

In den frühen 1980er Jahren gab es zum Beispiel am Flughafen Dubai nur wenige kleine Läden, in denen Lebensmittel, Getränke, Zeitschriften und andere Dinge an Reisende verkauft wurden. Wir hörten von dem Flughafen Shannon in Irland, wo der erste Duty-Free-Bereich eingerichtet wurde. Wir baten das dortige Team, uns bei der Entwicklung eines Duty-Free-Bereichs in unserem Flughafen zu unterstützen. Ich erinnere mich an den Plan, den einer unserer jungen Männer, Mohi-Din BinHendi, 1983 für die Errichtung von Duty-Free-Bereichen in Dubai erarbeitet hatte. Ich fand, dass er zu zaghaft plante, und erklärte ihm, er solle die Fläche verdoppeln. So eröffneten wir sechs Monate später unsere Duty-Free-Zone. Heute ist sie eine der größten der Welt, in der jährlich rund 90 Millionen Reisende bedient und fünf Prozent aller weltweiten Duty-Free-Verkäufe abgewickelt werden.

Vor einigen Jahren berichteten britische Zeitungen, dass der Flughafen Dubai London Heathrow als den verkehrsreichsten Flughafen der Welt abgelöst hat. Als ich diese Schlagzeilen las, erinnerte ich mich daran, wie ich vor mehr als 50 Jahren ehrfürchtig am Flughafen Heathrow gestanden hatte, und sagte zu mir: „Ehre sei dem Herrn!"

36

Zusammenarbeit

Ich war einer der optimistischsten Menschen im Bezug auf den Golf-Kooperationsrat (GKR), als dieser gegründet wurde. Ich wusste, dass Macht nicht in der Spaltung liegt, sondern in der Vereinigung und Teilung der Kräfte. Kooperationen würden uns stärker, reicher und einflussreicher machen als jedes andere Land in der Region. Ich wusste, dass das kollektive Potential aller Golfstaaten mit großem Reichtum, kulturell vernetzten Gemeinschaften, gemeinsamen Hoffnungen und Ängsten und stabilen Regierungen enorm war. Wir hatten keine Ausreden.

Am Rande eines GKR-Treffens in den frühen achtziger Jahren, auf dem die Minister wichtige Krisen und Herausforderungen diskutierten, machte ich einen Vorschlag. Zu diesem Zeitpunkt war ich Mitte 30. Ich war die jüngste Person auf dem Treffen und sicherlich auch gelangweilt von all den scheinbar endlosen politischen Gesprächen. Ich sagte zu ihnen: „Warum versuchen wir nicht, die Region, insbesondere Dubai, als Reiseziel zu entwickeln, um so Menschen aus der ganzen Welt anzuziehen?"

Ich spürte, wie sie sich umdrehten und in meine Richtung schauten. Einige Sekunden lang herrschte Stille, bevor einer der älteren Außenminister lachte. Er sagte: „Was sollen die Touristen denn in Dubai ansehen? Wer kommt denn, um eine Wüste zu besuchen? Wer kommt in die Hitze und Feuchtigkeit von Dubai?" Dann lachte der Rest.

Er sprach, als wäre er ein Experte und fuhr fort: „Scheich Mohammed, was ist das kulturelle Erbe, das die Touristen sehen würden? Welche Sehenswürdigkeiten werden sie denn besuchen? Sand hinter ihnen, das Meer vor ihnen und die Sonne über ihren Köpfen?"

Ich hatte keine Lust, mich mit ihm zu streiten, besonders nachdem er sich geweigert hatte, die Details meines Vorschlags zu hören. Seine Kommentare machten mich nur entschlossener und überzeugter von dem Projekt und dem Plan, der mir durch den Kopf ging. Ich war traurig darüber, dass wir unseren Reichtum nicht gut nutzten, wir nicht an die Ideen der Jugend glaubten und nicht bereit waren, etwas Neues oder Anderes auszuprobieren. Ich wünschte, die Zusammenarbeit hätte in anderen Bereichen auch außerhalb von Politik und Militär stattgefunden, obwohl diese damals bedeutsam waren.

Manchmal denke ich, dass wir unsere Zusammenarbeit in der arabischen Welt, sei es durch den GKR oder die Arabische Liga, überdenken und ihre grundlegenden Strukturen und Arbeitsweisen überholen müssen. Diese Mechanismen werden von Politikern, hauptsächlich Außenministern, verwaltet, die sich in erster Linie mit der Bekämpfung politischer Krisen befassen und daher längerfristige Möglichkeiten und Agenden übersehen.

Ich habe mich ständig gefragt, was passieren würde, wenn diese Diskussionen zwischen Führungskräften, die an der Entwicklung interessiert sind, stattfinden würden. Was wäre, wenn sie beauftragt würden, ihren Nationen zu dienen, indem sie eine neue Infrastruktur zum Nutzen aller arabischen Völker entwickeln? Was wäre, wenn sie vorrangig auf Investitionen zur Verbesserung der Lebensbedingungen in der arabischen Welt, den Aufbau von Investitionsquellen, den Aufbau von Unternehmen und Partnerschaften und die Förderung von Wissenschaft, Technologie sowie Forschung und Entwicklung setzen würden?

Die Arabische Liga ist 70 Jahre alt. Was wäre, wenn wir vor 70 Jahren damit angefangen hätten? Wo wären wir dann heute? Vielleicht ist es an der Zeit, dass diese Vorgänge von

Führungskräften, Managern, Geschäftsleuten, Industrieführern und Unternehmern anstatt von Außenministern überwacht werden. Warum denn nicht?

Nach der Antwort meines Freundes, des Außenministers, fuhr ich an einem heißen Augusttag mit meinem Auto durch Dubai und sah eine ausländische Familie, die mittags am Strand spazieren ging. Ich bot ihnen Wasser an und fragte sie, was sie denn in Dubai machten? Darauf antworteten sie: „Wir sind Touristen. Wir kommen aus Deutschland und sehnen uns nach der Sonne."

> „Wir nutzten unseren Reichtum nicht gut, glaubten nicht an die Ideen der Jugend und waren nicht bereit, etwas Neues oder Anderes auszuprobieren"

Ihre Antwort bestätigte das, was ich schon lange vermutet hatte. Nun war ich völlig überzeugt und meine Zuversicht war erneuert. Ich wusste, dass wir auf touristischem Gold saßen: Sonne, Meer und weißer Sand. Wir könnten eine sichere Umgebung mit herrlichen Sehenswürdigkeiten, luxuriösen Hotels und hervorragendem Service bieten.

Wir starteten eine Tourismuskampagne, die Millionen von Besuchern anzog. Ich wusste, dass der Schlüssel zur Stärkung unseres Tourismussektors in unserem Flughafen lag und dass mehr Fluggesellschaften dazu ermutigt werden mussten, ihn zu nutzen. Damals gab es 40 Fluggesellschaften, die den Flughafen Dubai anflogen. Die Open-Skies-Politik sorgte dafür, dass weitere folgten. Der Tourismussektor in Dubai durchlief verschiedene Entwicklungsphasen. Die Branche war völlig neu für uns. Obwohl wir von den Erfahrungen anderer lernen und profitieren konnten, gingen wir auch immer viele Entwicklungsrisiken ein. Wir haben viel investiert, um Touristen anzuziehen, indem wir Besucher- und Unterhaltungsmöglichkeiten, riesige Einkaufszentren, hochmoderne Einrichtungen und eine Infrastruktur bauten. Viele unserer Freunde fragten, für wen wir all dies bauten, da wir nicht viele Touristen hatten.

„Vielleicht ist es an der Zeit,
dass diese Vorgänge von
Führungskräften, Managern,
Geschäftsleuten, Industrieführern
und Unternehmern anstatt von
Außenministern überwacht werden"

Meine Antwort darauf war: „Baut und sie werden kommen."

Sie sagten zu mir: „Logischerweise kommt die Nachfrage vor dem Angebot. Man muss zuerst Nachfrage haben, bevor man in das Angebot investiert."

Ich antwortete immer: „Diese Theorie könnte wahr sein, aber wir wissen am besten, wie wir unser Land entwickeln können."

Nach Angaben der Weltorganisation für Tourismus der Vereinten Nationen macht der Tourismussektor in Dubai heute etwa ein Drittel aller Einnahmen aus dem internationalen Tourismus im Nahen Osten aus. Der Anteil Dubais an den Tourismuseinnahmen beträgt rund 31 Prozent und lag im Jahr 2017 bei 77 Milliarden AED (21 Milliarden US-Dollar).

Etwa 16 Millionen internationale Touristen besuchten Dubai im Jahr 2017. Wir planen im Jahr 2020, wenn die Weltausstellung in Dubai stattfinden wird, mit etwa 20 Millionen Touristen.

Manchmal frage ich mich, was wohl das Ergebnis gewesen wäre, wenn wir in den 1980er Jahren mit unseren Brüdern im GKR zusammengearbeitet hätten, um unseren Tourismussektor gemeinsam zu entwickeln. Wären wir erfolgreicher gewesen als jetzt? Oder wären wir bis heute bei endlosen Machbarkeitsstudien hängen geblieben? Dies ist eine Frage, die ich an die GKR-Außenminister weitergebe.

37

Eine Fluggesellschaft in Dubai

In meinem Leben habe ich viele Abenteuer erlebt. Ich habe Firmen ohne vorherige Erfahrung gegründet. Ich wagte mich in neue Bereiche, von denen ich keine Ahnung hatte, und traf Entscheidungen, die vor mir, soweit ich wusste, noch niemand getroffen hatte. Ich tat all dies auf der Grundlage sehr solider Prinzipien, die ich von meinen Vorfahren geerbt habe. Diese Prinzipien sind eng mit der Herrschaft von Dubai verbunden und basieren auf Weltoffenheit, Gleichheit für alle, Rechtsstaatlichkeit, fairem Wettbewerb, der Möglichkeit aller Menschen, zu arbeiten, zu investieren und kreativ zu sein, und dem Recht eines jeden Unternehmers, mit jedem anderen, einschließlich der Herrscher und der Regierung, fair zu konkurrieren. Dies sind solide Prinzipien, die sich seit Generationen bewährt haben.

In den späten 1970er Jahren haben wir die Open-Skies-Vereinbarung für den Flughafen Dubai eingeführt, um mehr Fluggesellschaften nach Dubai zu locken. Wir kommunizierten klar, dass jedes Unternehmen auf der Welt das Recht hatte, eine beliebige Anzahl von Landeplätzen am Flughafen Dubai zu buchen.

Unser Ziel für die Open-Skies-Vereinbarung war die Verbesserung unserer Wettbewerbsfähigkeit und die Erschließung neuer Sektoren für unsere Wirtschaft. Dies wurde jedoch von einigen Fluggesellschaften, die von ihren Gastländern geschützt wurden, nicht gut aufgenommen.

Gulf Air führte, unterstützt von einigen Ländern des Golf-Kooperationsrates (GKR), mehrere Regionalflüge nach Dubai durch. Sie befürchteten, dass sie ihre Passagiere lediglich an internationale Konkurrenten für lukrativere Langstreckenflüge weitergeben würden. 1983 gab es einen Konflikt zwischen Gulf Air und Pakistan International Airlines (PIA) hinsichtlich der Landerechte. Dies veranlasste Gulf Air dazu, eine Reihe von Betreibern im Golf unter Druck zu setzen, PIA nicht mehr zu unterstützen.

Die Probleme mit Gulf Air am Flughafen Dubai nahmen zu, bis die Fluggesellschaft die Aufhebung unser Open-Skies-Politik unverblümt forderte, um so ihren Marktanteil zu schützen. Sie warnten uns, dass wir nur ein paar Wochen Zeit hätten, um ihre Bedingungen zu erfüllen; andernfalls würden sie sich aus Dubai zurückziehen und wir 70 Prozent aller Flüge verlieren. Das Unternehmen glaubte, dass es in dieser Situation die Oberhand hatte und uns zwingen könnte, seinem Ultimatum Folge zu leisten.

In einer Reihe äußerst angespannter Treffen wiederholte ich, dass unsere Open-Skies-Politik nicht verhandelbar wäre, und erklärte ihnen immer wieder, dass Wettbewerb notwendig sei und im Mittelpunkt unseres Ansatzes stehe, der darin bestand, dass wir unseren Luftraum nicht beschränken würden. Es kam zu einer Konfrontation und Gulf Air reagierte mit einer Reduzierung ihrer Flüge nach Dubai.

Ich hasse Konflikte, weil es weder eine kluge noch eine zivilisierte Art ist, Probleme zu lösen. Wenn sich die andere Partei jedoch weigert, zivilisiert zu handeln, muss ich entschlossen handeln.

1984 lud ich den Direktor der Flugdienstleistung in Dubai, Maurice Flanagan, in mein Büro ein, um mit ihm über einen Traum, den ich schon immer hatte, zu sprechen: die Gründung einer Fluggesellschaft für Dubai.

Die Fluggesellschaft würde nicht von der Regierung betrieben wie die Fluggesellschaften aller anderen arabischen Länder, sondern von privater Hand. Das Unternehmen würde im Einklang mit dem privaten Sektor arbeiten und wäre finanziell absolut unabhängig und tragfähig. Flanagan war ein Experte im Luftfahrtgeschäft. Er hatte seine Karriere bei der British Overseas Airways Corporation (BOAC) gestartet und danach bei der Royal Air Force gearbeitet. Er war auch Mitglied der Geschäftsleitung von British Airways.

Flanagan sagte zu mir: „Hoheit, ich kann eine dringende Studie darüber vorbereiten." Ich bat ihn, genau das zu tun, und zwar schnell. Dann forderte ich ein unabhängiges Gutachten, um den Machbarkeitsplan des Unternehmens zu überprüfen. Flanagan stellte ein Team von zehn Managern zusammen und kam mit einer klaren Strategie zurück.

„Ich werde sie Emirates nennen", sagte
ich und ich befahl, die Flagge der
Vereinigten Arabischen Emirate am
Heck des Flugzeugs abzubilden

Das Team machte mehrere Vorschläge, darunter einen Namen für diese neue Fluggesellschaft. Sie schlugen „Dubai Airlines" vor.

„Ich werde sie Emirates nennen", sagte ich und ich befahl, die Flagge der Vereinigten Arabischen Emirate am Heck des Flugzeugs abzubilden.

„Wie viel brauchen Sie, um diese neue Fluggesellschaft zu gründen?", fragte ich das Team.

Sie sagten, es würde 10 Millionen Dollar kosten. Meine Antwort darauf war: „Gut, aber ich zahle keinen Cent mehr."

Von dem Tag an, an dem ich diese Entscheidung getroffen hatte, hatten wir sechs Monate Zeit, um den Start der neuen Fluggesellschaft anzukündigen. Wir haben zwei Flugzeuge von PIA gemietet und begannen, sie entsprechend dem Marken- und Serviceangebot der neuen Fluggesellschaft auszurüsten. Während wir uns auf den Start vorbereiteten, kam das Team zu mir und fragte: „Können wir uns gegen die Konkurrenz schützen?"

Meine Antwort war klar: „Nein. Die Open-Skies-Vereinbarung bleibt bestehen und gilt für uns wie für alle anderen."

Ich bat Scheich Ahmed Bin Saeed Al Maktoum, der einige Jahre jünger war als ich und kürzlich sein Studium an einer Universität in den USA abgeschlossen hatte, die neue Fluggesellschaft zu leiten.

Da nur wenig Zeit bis zum Startdatum verblieb, arbeiteten Scheich Ahmed und sein Team an den Wochenenden und oftmals nachts extrem hart, um ein herausragendes Angebot für die Passagiere zu schaffen. Ich nahm an mehreren Besprechungen teil und erkundigte mich ständig nach ihren Plänen.

Emirates begann mit vier Strecken: Karatschi, Bombay, Delhi und Kuwait. Aufgrund des Zeitdrucks ließen wir nie nach und sind nie langsamer geworden. Für mich war es offensichtlich, dass Dubai auf den Himmel ebenso wie auf das Meer setzen musste.

Am 25. Oktober 1985 war ich mit meinem Bruder Scheich Maktoum an Bord des ersten Emirates-Fluges nach Karatschi. Wir waren begeistert, obwohl alle erschöpft waren, nachdem die neue Airline termingerecht in Betrieb genommen worden war. Ich wusste, dass dies nur der Beginn einer langen und schwierigen Reise war.

Heute hat Emirates viele internationale Preise als beste Fluggesellschaft gewonnen und blickt zurück auf eine 30-jährige profitable Geschichte. Der Gesamtumsatz belief sich im Jahr 2018 auf rund 28 Milliarden US-Dollar. Emirates befördert jedes Jahr rund 60 Millionen Reisende mit einer Flotte von 260 Großraumflugzeugen und rund 100.000 Mitarbeitern.

Manchmal zerstören sich Unternehmen aus Angst vor dem Wettbewerb selbst, was zur Schaffung eines Konkurrenten führt, der sie dann verdrängen wird.

38

Träume Verwirklichen

Steve Jobs, der Gründer von Apple, sagte einmal: „Du kannst die Punkte nur verbinden, wenn Du zurückblickst."

Eines Morgens Mitte der 1970er Jahre wurde Neville Allen, der 1958 als Vertreter von Sir William Halcrow and Partners nach Dubai gekommen war, um fünf Uhr morgens durch das Klingeln seines Telefons geweckt. Eine Stimme am anderen Ende informierte ihn, dass der Herrscher von Dubai ihn sofort in Jebel Ali sehen wollte.

Allen war ein wenig verärgert über diese unerwartete und bestimmte Forderung, eilte aber zu dem angegebenen Treffpunkt auf einem kleinen Hügel, wo Scheich Rashid bin Saeed auf ihn wartete. Scheich Rashid zeigte auf die Küste und sagte: „Ich möchte hier einen neuen Hafen bauen."

Wie üblich erklärte der Scheich seine Idee und fragte dann, wie viel das Projekt wahrscheinlich kosten würde. Allen machte ihm einen Kostenvoranschlag und fragte dann, wann die Arbeit beginnen sollte. Scheich Rashid antwortete: „Sofort!"

Wir hatten zuvor den Rashid Hafen eingeweiht und massive Erweiterungsarbeiten durchgeführt, um ihn zum größten Hafen im Nahen Osten mit 35 Liegeplätzen zu machen.

Nur 35 Kilometer vom Zentrum Dubais entfernt wollte der Herrscher einen Hafen bauen, der der größte künstliche Hafen der Welt sein sollte, der Hafen von Jebel Ali. Die Kosten waren immens.

Einige Geschäftsleute baten mich, mit ihm zu reden und ihn davon abzubringen. Aber er war sehr klar und entschlossen: „Ich werde jetzt ein Projekt für dich bauen, das du dir später nicht mehr leisten kannst."

Scheich Rashid bei seiner Arbeit zu erleben und wie er Projekte durchführte, gab mir eine neue Perspektive und veränderte meine Denkweise. Er hatte eine außergewöhnliche Vision, die einem das Gefühl gab, dass er die Gesetze der Logik aushebeln konnte, um das scheinbar Unmögliche zu erreichen.

Einige Jahre später wurde mir die Verantwortung für die Geschäfte, die Häfen, den Tourismus und die Luftfahrt in Dubai übertragen. Ich war nun an der Reihe, die Regeln der Logik weiter zu biegen, um so neue kühne Träume zu starten.

Das Jahr 1985 war anders. Ich begann, an zwei verschiedenen Träumen zu arbeiten. Der erste war Emirates und der zweite war eine dem Hafen angegliederte Freizone – die erste ihrer Art in der Region. Diese zollfreie Zone im Hafen von Jebel Ali sollte sich zu einer Handels- und Industrieregion entwickeln. Hier konnten internationale Unternehmen von Zollbefreiungen für alle eingeführten Waren sowie für Waren, die über den riesigen Hafen, den Scheich Rashid gebaut hatte, wieder exportiert wurden, profitieren.

Die vorherrschende kaufmännische Logik besagte, dass Dubais Einnahmen aus den Zollgebühren eine der Haupteinkommensquellen werden sollten – dies war das grundlegende Prinzip, das Scheich Saeed und Scheich Rashid in mir verwurzelt haben. Jetzt bauten wir eine zollfreie Zone auf, die es den Unternehmen ermöglichte, alles, was sie brauchten, durch Dubais Hafen zu importieren, ohne Zollgebühren zu zahlen. Zwar würden wir Zölle verlieren, aber wir würden viel mehr von den Investitionen im Land und dem zunehmenden Handel profitieren.

Ich habe ein Team in mehrere Länder geschickt, um dieses Thema von allen Seiten zu untersuchen. Da ihre Ergebnisse positiv waren, haben wir die Freihandelszone ins Leben gerufen. Innerhalb von Tagen hatten wir rund 300 Anfragen von Unternehmen, die sich dort niederlassen wollten, erhalten. Ich war sehr stolz auf das Team von Sultan bin Sulayem, da sein Enthusiasmus meinen eigenen widerspiegelte und er eines der erfolgreichsten Projekte in Dubai leitete.

> „Scheich Rashid bei seiner Arbeit zu erleben, gab einem das Gefühl, dass er die Gesetze der Logik aushebeln konnte, um das scheinbar Unmögliche zu erreichen"

Im Jahr 1991 ordnete ich an, die Verwaltungsfunktionen unserer beiden Häfen, Jebel Ali und Rashid, unter dem Banner der späteren Dubai Ports Authority zusammenzuführen, da dies eine stärkere und erfahrene Verwaltung schaffen würde. Im Laufe der Jahre haben wir umfangreiche Kenntnisse gesammelt und konnten so Aufträge für den Bau und den Betrieb von Häfen im Ausland gewinnen. Da Dubai Ports International seine Aktivitäten im Bereich des Managements von Häfen im Ausland ausweitete, war es sinnvoll, das Unternehmen mit der Dubai Ports Authority zu DP World zusammenzuführen.

Unsere Träume wuchsen, und Emirates und der Flughafen Dubai wuchsen mit ihnen. Es wurden jetzt jährlich rund 90 Millionen Passagiere abgefertigt. DP World wuchs ebenfalls und konnte nun jährlich rund 90 Millionen Containerbewegungen abwickeln. Ich kann die zufällige Übereinstimmung dieser beiden Zahlen nicht erklären. Vielleicht finden wir eine Erklärung, indem wir zurückblicken, wie Steve Jobs es gesagt hat. Ist die Tatsache, dass beide im gleichen Jahr fertiggestellt wurden, relevant? Vielleicht ist es relevant, dass ich vor 45 Jahren mit meinem Vater auf diesem Hügel in Jebel Ali stand, um den Hafen zu planen. Mein Vater und ich arbeiteten daran seit 45 Jahren – zusammen macht das 90. Aber ich glaube eigentlich nicht an solche Zufälle.

Im Jahr 2010 brachte ich einen noch gewagteren Traum auf den Weg, Dubai South (vormals Dubai World Central), der all diese Visionen zusammenführte und unsere Fluggesellschaften und maritimen Fähigkeiten bündelte. Dies wird ein kompletter Logistikstandort, der nach seiner Fertigstellung Platz für eine Million Menschen haben wird. Zu dieser neuen „Stadt" gehört auch der Flughafen Dubai-World Central International, der der größte der Welt werden und jährlich 160 Millionen Reisende abfertigen wird, sowie eine Verbindung zu Jebel Ali, wo sich heute mehr als 7.000 Unternehmen befinden, deren Handelstransaktionen insgesamt jedes Jahr mehr als 87 Milliarden US-Dollar betragen. Wir haben auch eine riesige Hochgeschwindigkeits-Logistikverbindung zwischen dem Hafen und dem Flughafen gebaut, so dass Seefracht innerhalb weniger Stunden auf Luftfracht umgeladen werden kann.

Unsere Flughäfen verbinden uns mit rund 200 Städten weltweit, und Jebel Ali allein verbindet uns mit mehr als 140 Städten weltweit. Hinzu kommen die 78 von uns verwalteten Häfen, die uns wiederum mit anderen Städten verbinden. Ist Dubai dazu bestimmt, mit der Welt verbunden zu sein, indem es seine Fluggesellschaften und seine maritimen Linien zusammenführt? Ist es unser Schicksal, der Hauptflug- und Seehafen der Welt zu werden? Wenn ich mich an all diese Ereignisse des letzten halben Jahrhunderts erinnere, ist es einfach, dies alles miteinander zu verbinden. Ja, wenn man zurückblickt, kann man die Punkte verbinden, sagt Jobs. Ich sage: „Wenn man nach vorne schaut, kann man alle Verbindungen in Realitäten verwandeln!"

39

Beirut

Beirut, Königin der Welt!
      Wer hat deine Saphir-Armbänder verkauft?
Wer hat deinen Zauberring ergriffen und deine goldenen
Nägel geschnitten?
      Wer hat die Freude in deinen smaragdfarbenen
      Augen geopfert?
Wer hat dein Gesicht mit einem Messer aufgeschlitzt?
      und deine süßen Lippen mit Säure verbrannt?
Wer hat das Wasser deines Meeres vergiftet?
      und Hass an deinen rosigen Stränden verstreut?

Diese Worte von Nizar Qabbani spiegeln wider, was wir alle für die kostbare Stadt Beirut und den schönen Libanon empfinden. Meine ersten Erinnerungen an Beirut reichen bis in die frühen 1960er Jahre zurück, als ich aus Dubais Wüste mit ihren schlammigen Häusern, sandigen Straßen und mit Palmen bedeckten Märkten kam. Ich bereiste Beirut mit meiner Familie, als wir auf dem Weg nach London waren.

Die eleganten Straßen, die schönen Viertel und die modernen Märkte des „Paris des Nahen Ostens" waren eine Inspiration für mich. Die Energie der Menschen, die Freundlichkeit in der Art und Weise, wie sie sprachen, und wie einfach es war, mit ihnen auszukommen, faszinierten mich. Ich träumte davon, dass Dubai eines Tages wie Beirut werden würde.

Beirut hat mich als Kind beeindruckt und ich habe mich als junger Mann in sie verliebt. Aber als Erwachsener sollte es mir das Herz brechen.

Wer Beirut besucht, wird es nie vergessen, und wer mit seinen Menschen zu tun hatte, wird immer wieder zurückkehren.

Der Traum des Libanon wurde jedoch zerbrochen und in sektiererische Splitter aufgeteilt. Es war nicht mehr das Beirut, das wir einmal kannten. Der Libanon selbst war auch nicht mehr erkennbar.

Wie Qabbani beklagt:
Wo ist das Beirut, das flaniert,
blau gekrönt wie eine Königin?
Wo ist das Beirut unserer Erinnerungen?
Glitzernd wie ein Fisch im Mittelmeer?
Sie haben es getötet
Sie haben es getötet
Sie begrüßte die Morgendämmerung wie
Jasminblüten
Wer profitiert vom Töten einer Stadt?
Meine Dame, sie haben Beirut verloren.
Sie haben sich selbst verloren, als sie verloren ging.
Sie fiel wie ein magischer Ring ins Wasser,
und sie haben sie nicht gefangen.
Sie jagten sie wie einen Frühlingsvogel,
bis sie sie getötet haben.

Im Laufe der Jahre war ich oft in Beirut und habe dort sehr enge Freunde. Als Verteidigungsminister der Vereinigten Arabischen Emirate habe ich auch zwei verheerende Wendepunkte beobachtet.

Der erste war am 13. April 1975, als der erste Schuss abgefeuert wurde, der den Beginn eines 15 gnadenlose Jahre andauernden Bürgerkriegs markierte. Dabei wurden mehr als 150.000 Menschen getötet, etwa die doppelte Anzahl verletzt und enorme wirtschaftliche Schäden von schätzungsweise mehr als 25 Milliarden US-Dollar verursacht. Nur wenige Monate nach Ausbruch des Krieges hallte der Ton von Kalaschnikows, schweren

Maschinengewehren und Raketenwerfern in allen Teilen von Beirut wider, als man wiederholt auf zivile Ziele schoss. Stück für Stück wurde die Stadt zerschlagen und in sektiererische Festungen zersplittert. Das war der Anfang vom Ende.

> „Die eleganten Straßen, die schönen Viertel und die modernen Märkte waren eine Inspiration für mich. Ich habe davon geträumt, dass Dubai eines Tages wie Beirut werden würde"

Scheich Zayed unternahm viele Anstrengungen, um die Parteien und Fraktionen zur Versöhnung zusammenzubringen, aber all seine edlen Versuche scheiterten. Ich habe meinem Vater während der Verhandlungen geholfen, aber wir fühlten uns entmutigt, als wir einen Misserfolg nach dem anderen erleben mussten. Danach wurde eine umfassende arabische Intervention eingeleitet, um eine weitere Zerstörung dieses schönen Landes zu verhindern.

Im Juni 1976 erfolgte der zweite Wendepunkt mit der Intervention Syriens. Ich beobachtete ruhig den arabischen Gipfel, der in Riad stattfand, und dann den Gipfel in Kairo im Oktober 1976, bei dem ein Waffenstillstand und das Ende des Krieges im ganzen Libanon gefordert wurde. Trotz der Entscheidungen und Verpflichtungen, die auf diesen beiden Gipfeltreffen eingegangen worden waren, wusste ich, dass die vorgeschlagenen Lösungen nur vorübergehend waren und dass die Hauptursachen für die Probleme noch immer unter der Oberfläche lauerten. Die Hochburgen der libanesischen Nationalbewegung verursachten erhebliche Verluste bei den syrischen Truppen, aber schließlich wurde der Libanon zu einer syrischen Provinz unter der Herrschaft der al-Assads.

Als Ergebnis der Gipfeltreffen von Riad und Kairo bildete die Arabische Liga die Interarabische Sicherheitstruppe – einschließlich Truppen aus den Vereinigten Arabischen Emiraten, um einen Waffenstillstand zu erlassen, das Blutvergießen zu stoppen und Frieden im Land zu schaffen.

Damals fühlte ich eine schwere Last auf meinen Schultern. Ich tat alles, um meine Männer auf ihre Zeit im Libanon vorzubereiten. Ich erinnerte mich an jedes ihrer Gesichter und stellte sicher, dass ich alles über ihre Familien, ihre Hoffnungen und ihre Träume wusste. Ich verstand, dass ich sie einer Gefahr aussetzte, eine schreckliche Last für jeden Führer. Gleichzeitig wusste ich, dass ich sie motivieren und ihre Kräfte stärken musste. Ich sagte ihnen: „Wir gehen wegen des Friedens, nicht wegen des Kriegs. Wir werden die Nation unserer Freunde und Brüder retten und nicht den Interessen irgendeiner Gruppe oder Sekte dienen."

Bis Ende 1976 hatten wir 30.000 Männer aus unseren gemeinsamen Streitkräften entsandt und da ich vor Ort war, konnte ich die Situation aus allen Perspektiven sehen. Ich kann meinen Abscheu für die Grausamkeiten des Krieges nicht genug betonen, da ich aus meinen persönlichen Kampferfahrungen weiß, dass dies niemals die Lösung ist.

Während des libanesischen Bürgerkriegs wurden Zehntausende getötet. Die Hunderttausenden von verstümmelten und verletzten Menschen erinnern uns an die Traurigkeit, die Angst und den Hass, die an nachfolgende Generationen weitergegeben werden. Was für ein schrecklicher Verlust für die arabische Welt, dass eine ihrer schönsten Städte einem mehr als 15-jährigen Bürgerkrieg zum Opfer fiel.

Die zweite Begegnung mit meinem geliebten Beirut fand 1982 statt und war noch schlimmer als die erste. Im Juni 1982 fiel die israelische Armee unter der Führung von Premierminister Menachem Begin und dem damaligen Verteidigungsminister Ariel

Sharon in den Libanon ein, der zu einem Zufluchtsort der Palästinensischen Befreiungsorganisation (PLO) geworden war und von Syrien und dem Iran geschützt wurde. Trotz der Tatsache, dass die israelische Invasion weithin erwartet wurde, hatte niemand mit der unbegreiflichen Grausamkeit gerechnet, mit der diese Operation einherging, noch mit der Bitterkeit, die sie hinterlassen würde.

Nach zwei Monaten sporadischen Widerstands und Kampfes wurde ein Waffenstillstandsabkommen erzielt. Die PLO zog sich aus Beirut zurück und ging nach Tunis. Unter der Aufsicht der Multinationalen Streitkraft im Libanon (MNF) erhielten palästinensische Führer Garantien bezüglich der Sicherheit von Zivilisten in Flüchtlingslagern. Die Evakuierung von PLO-Mitgliedern durch den Hafen von Tripolis dauerte zwei Wochen. Der palästinensische Führer, der verstorbene Yasser Arafat, war der letzte, der von einer französischen Truppe in den Hafen gebracht wurde. Einige Tage später, am 9. September 1982, verließ die MNF Beirut. Am nächsten Tag gab Sharon bekannt, dass noch 2.000 „Terroristen" in den palästinensischen Flüchtlingslagern in Beirut lebten. Am 15. September, nur einen Tag nach dem Abzug der palästinensischen Kämpfer, besetzte die israelische Armee den Westen Beiruts und übernahm die völlige Kontrolle über Sabra und Schatila, zwei von libanesischen und palästinensischen Zivilisten bewohnte Flüchtlingslager.

Das Massaker von Sabra und Schatila war eine schreckliche Katastrophe, die 40 Stunden dauerte und zwischen dem 16. und 18. September 1982 stattfand. Phalangistische Milizen unter dem Schutz der israelischen Armee töteten, vergewaltigten und folterten eine große Anzahl unschuldiger Zivilisten, hauptsächlich Frauen, Kinder und ältere Menschen.

„Die Wunden sind immer am tiefsten,
wenn man gute Erinnerungen
an einen Ort hat"

Ich habe das Blutvergießen und den sinnlosen Verlust von Menschenleben nie akzeptiert und kann nicht verstehen, warum dies in unserer Welt weiterhin geschieht. Ich hatte Kontakt zu allen Parteien in der Region und wusste, dass ein Massaker bevorstehen würde. Als Bilder von Opfern in den Nachrichten auftauchten, insbesondere von Frauen und Kindern, wurde mir klar, dass alle unsere Bemühungen umsonst gewesen waren. Die Vereinigten Arabischen Emirate starteten eine Initiative, um das Leid der Libanesen zu mildern. Ich bestellte mehrere C130-Flugzeuge mit Tonnen von Hilfsgütern für humanitäre Zwecke in einer der größten Operationen dieser Art im Golf. Ich begleitete eine dieser Sendungen in die Lager. Bis heute sind mir die Bilder ins Gedächtnis gebrannt und haben Narben in meinem Herzen hinterlassen.

Die Wunden sind immer am tiefsten, wenn man gute Erinnerungen an einen Ort hat; wenn wir in unserem Kopf die schöne Stadt Beirut vor und nach dem Krieg vergleichen und wenn wir in unserem Herzen die Freundlichkeit und Freude der Menschen in Beirut mit den Szenen von Grausamkeiten und Morden vergleichen, die sich in dieser schönen Stadt abspielten. Leider ist der Libanon immer noch ein Spielball, den viele zu manipulieren versuchen. Die libanesische Jugend zahlt immer noch den Preis für Unruhen in der Region. Das Land ist immer noch der Schauplatz für endlose Konflikte – zunehmend mit Hisbollah-Truppen, die vom Iran unterstützt werden.

Wenn der Libanon wieder eine vereinte und unabhängige Heimat ist, wird er wieder zu einem einladenden Ort und zu

einer Inspiration für Menschen aus der gesamten arabischen
Welt werden.

Oh ... Beirut,
    Dame des goldenen Herzens
Vergib uns...
    Wir haben dich zu Treibstoff und Brennholz
    gemacht
Für den Konflikt, der am Fleisch der Araber reißt

40

Die Invasion Einer Verbündeten Nation

Für uns als Emiratis war Kuwait nicht nur ein Nachbar. Es war wirklich ein Teil unseres Lebens. Unsere Kinder haben an kuwaitischen Schulen studiert, unsere Bürger wurden in kuwaitischen Kliniken behandelt und unsere Gemeinden hatten starke wirtschaftliche und soziale Beziehungen zu ihren kuwaitischen Brüdern und Schwestern.

Die Stärke dieser Beziehungen wird durch einen der größten und beliebtesten Märkte Dubais, Souq Murshid, veranschaulicht, da dieser nach dem kuwaitischen Geschäftsmann Fadel Murshid Al Asimi benannt wurde. Darüber hinaus stützte sich die Entwicklung des formellen Bildungssystems in Dubai auf Lehrer aus Kuwait. Das größte Projekt meines Vaters, die Erweiterung des Khor Dubai Mitte der fünfziger Jahre, wurde zum Teil mit einem Darlehen von Kuwait finanziert, während unsere ersten Fernsehsendungen vom kuwaitischen Fernsehen kamen, das 1969 zum ersten Mal in Dubai ausgestrahlt wurde. Das Kuwaiti Krankenhaus, das 1966 errichtet wurde, war eines der größten Krankenhäuser, die unserem Volk zur Verfügung standen, und ist es bis heute geblieben. Die Liste ist lang, die Schulden sind zahlreich und die Brüderlichkeit zwischen uns und den Menschen in Kuwait ist tiefer, als viele glauben. Diese Beziehungen kann man nicht einfach so vergessen.

Die erste Nachricht von der Invasion kam am frühen Morgen des 2. August 1990. Ich erinnere mich, dass ich den Offizier am anderen Ende der Telefonleitung dreimal gebeten habe zu wiederholen, was er gerade gesagt hatte. Ich habe die Neuigkeiten an meinen älteren Bruder Scheich Maktoum weitergegeben, den damaligen Kronprinzen von Dubai, und habe den Ausnahmezustand für alle unsere Militär- und Sicherheitskräfte ausgerufen. Als ich mit Scheich Zayed sprach, fand ich ihn wütend und traurig zur gleichen Zeit.

Wie konnte Saddam so etwas tun? Und was würde als Nächstes kommen? Wir hatten nicht erwartet, dass Saddam es wagen würde, in ein brüderliches und souveränes Nachbarland einzudringen, das ihn immer unterstützt hatte. Saddams Entscheidung, in Kuwait einzumarschieren, war für alle ein Schock und ein wichtiger Wendepunkt, der die gesamte Region verändern würde.

Plötzlich geriet der Golf in den Fokus der internationalen Schlagzeilen, zumal es schien, als würden irakische Panzertruppen von Kuwait aus nach Süden in Richtung Saudi-Arabien ziehen. Als eine Panikwelle ausbrach, dachten viele internationale Unternehmen über einen Rückzug aus der Region nach. Den Banken stand ein Ansturm von internationalen Investoren bevor, die möglichst schnell Kapital aus dem Golf heraus verlagern wollten. Die Geschäftsführer des Flughafens Dubai riefen mich an und fragten nach meinen Anweisungen bezüglich der erheblichen Kapitalabwanderung aus dem Land und ob sie diese einschränken sollten.

Meine Antwort darauf war: „Ich möchte nicht, dass Sie jemanden am Flughafen davon abhalten, mit seinem Geld abzureisen, sie können gehen, wenn sie wollen."

Ich bat sie, diese Nachricht an alle Zollbeamten weiterzuleiten. Sie protestierten und sagten, dies könnte bedeuten, dass unsere Banken zusammenbrechen.Ich antwortete: „Dies sind meine Anweisungen an Sie. Verhindern Sie nicht, dass jemand mit seinem Geld geht." Einige Wochen später sahen wir dieselben

Leute mit ihrem Geld nach Dubai zurückkehren. Hätten wir versucht, sie aufzuhalten, hätten wir ihre Besorgnis erhöht und den Eindruck vermittelt, dass unsere Banken nicht zahlen konnten. Wir konnten beweisen, dass sich in Dubai trotz drohender Gefahren nichts geändert hatte.

> „Die Invasion Kuwaits endete mit dem blamablen Rückzug der irakischen Streitkräfte. Das war nicht das Ende der Geschichte, sondern der Beginn einer neuen Ära in der Region"

Wir nahmen Zehntausende unserer kuwaitischen Brüder und Schwestern auf. Wir hießen sie in unseren Hotels und Wohnhäusern willkommen und viele unserer Leute öffneten ihnen sogar ihre Häuser und ihre Herzen. Unsere Häfen wurden zu Liegeplätzen für die US-Marine und die britische Royal Navy, da sich eine Koalition zum Schutz der Region unter der Operation Wüstenschild versammelte. Diese entwickelte sich später zur Operation Wüstensturm für die Befreiung Kuwaits am 16. Januar 1991. Wir stellten unsere Häfen und Lagerhäuser für den Aufbau der Koalitionstruppen bereit. Im Hafen von Jebel Ali lagen mehr Schiffe der Koalition als in jedem anderen Hafen, da er der größte und am besten ausgerüstete im Golf war.

Unsere Streitkräfte leisteten einen direkten Beitrag zur Koalitionsoffensive, um Kuwait zu befreien. Ich reiste sogar mehrmals persönlich zum Hauptquartier der Operation Wüstensturm. Bei meinen Treffen mit General Norman Schwarzkopf, dem Befehlshaber der Internationalen Koalitionsstreitkräfte, der mehr als 900.000 Soldaten anführte, bestand meine Priorität darin, Wege zu finden, um die Zahl der Opfer und Kollateralschäden zu minimieren. Es war klar, dass weder die Kuwaiter noch das irakische Volk diese Invasion gewollt hatten. Grund war der törichte Schritt Saddams, und ich plädierte dafür, das irakische Volk davor zu schützen, den Preis für seine Rücksichtslosigkeit bezahlen zu müssen.

Schließlich, im Februar 1992, musste Saddam sich nach einer erfolgreichen Militäroperation zurückziehen. Die Streitkräfte der Emirate hatten die Ehre, als erste nach Kuwait zu gelangen, um das Land zu befreien. Wir sind Kuwait zu Dank verpflichtet und hätten, wenn es notwendig gewesen wäre, unser Leben gegeben, um es zu befreien. Eine meiner stolzesten Erinnerungen an diese schwierige Zeit war der gewaltige Andrang junger Menschen, die sich freiwillig für unsere Streitkräfte meldeten. Die Begeisterung der Menschen in den Rekrutierungszentren war erstaunlich und brachte uns viel Freude. Es war ein wahrer Ausdruck des aufrichtigen, tief empfundenen Patriotismus, den die Länder brauchen, um Kriegszeiten zu überwinden und in Friedenszeiten zu wachsen und zu blühen.

> „Die irakische Invasion von Kuwait war einer der größten Schocks in meiner militärischen Laufbahn und wurde nicht nur in Dubai und den Vereinigten Arabischen Emiraten, sondern in der gesamten Golfregion als Freveltat angesehen"

Die Invasion Kuwaits endete mit dem blamablen Rückzug der irakischen Streitkräfte. Das war nicht das Ende der Geschichte, sondern der Beginn einer neuen Ära in der Region, die mit dem Fall einer großen Nation und der Auflösung einer mächtigen Armee begann. Die Invasion Kuwaits war ein Fehler epischen Ausmaßes mit weitreichenden Folgen, die das Gesicht des Nahen Ostens für immer veränderten.

41

Es Gibt Keine Gewinner Im Krieg

Ich erinnere mich noch an das Ende des verheerenden Krieges zwischen dem Irak und dem Iran, bei dem mehr als eine Million Menschen starben. Ein Krieg endet nie so schnell, wie er ausbricht. Der Schaden hält jedoch für Jahre und sogar Jahrzehnte an. So war es auch im Irak.

Als sich der irakische Präsident Saddam Hussein auf dem Höhepunkt seines selbsternannten Ruhms und seiner Grandiosität befand, äußerte er gegenüber Scheich Zayed seine Vorbehalte in Bezug auf mich: „Er neigt sich stark dem Westen zu und behandelt Araber nicht gut." Daraufhin bat mich Scheich Zayed, Gott habe ihn selig, wie es seine Art war, mit Saddam zu sprechen, um alle Angelegenheiten, die unsere Interessen beeinträchtigen könnten, zu klären.

Ich traf Saddam zuerst am Rande eines regionalen Treffens. Unser Gespräch begann mit den üblichen Freundlichkeiten und Plattitüden, bevor Saddam direkt zur Sache kam. Er sagte, er habe einen Bericht, der besagte, dass wir den Iran unterstützt haben, und legte mir diesen vor. Ich antwortete: „Ich brauche keinen Bericht. Ich bin mit Ihnen hier. Wenn Sie Waffenlieferungen meinen, fordere ich jeden auf nachzuweisen, dass dies wahr ist. Aber wenn Sie Essenslieferungen meinen, dann ja. Wir brauchen keine Berichte, die uns sagen, dass unsere Schiffe sowohl dort als auch im Irak anlegen. Ich würde niemals verhindern, dass humanitäre Hilfe die Menschen erreicht."

Er schien von der Kühnheit meiner Antwort überrascht. Er war daran gewöhnt, das zu hören, was er hören wollte. Vielleicht war meine Antwort deshalb überraschend, weil er keine Widerrede erwartet hatte. Nach dieser ersten Begegnung wurden wir jedoch Freunde.

Mit der Invasion Kuwaits wurden alle Brücken abgebrochen. In der Welt der Politik ist es jedoch wichtig, eine kleine Kommunikationslinie für Krisenzeiten offen zu halten.

Nach der Befreiung Kuwaits im Februar 1991 war die gesamte Golfregion verletzt – Gewinner ebenso wie Verlierer. Alle versuchten, ihren Schmerz zu begraben und das Zerstörte wiederaufzubauen. Obwohl der Irak kriegsmüde war, konnte der besiegte Anführer Saddam Hussein nicht ruhig schlafen.

> „Unser Gespräch begann mit den üblichen Freundlichkeiten und Plattitüden, bevor Saddam direkt zur Sache kam. 'Ich habe einen Bericht, der besagt, dass Sie den Iran unterstützt haben'"

Im Jahr 2003 kehrten die Amerikaner in den Nahen Osten zurück. Sie wollten eine Region auf der Grundlage ihrer eigenen Konzepte aufbauen. Der 11. September 2001 war ein Ereignis, das die Art und Weise, wie sie unsere Region sahen, änderte und sie ihre Prioritäten neu ordnen ließ. Ich wusste, dass der Krieg mit dem Irak das Ziel von George W. Bush war. Wir versuchten, ihn zu überzeugen, nicht einzumarschieren. Ich bat ihn, sein Geld und seine Energie darauf zu verwenden, den Menschen im Irak dabei zu helfen, ihre Schulen und Krankenhäuser wiederaufzubauen und ihre Straßen zu pflastern. Doch mir wurde klar, dass er entschlossen war, Gewalt anzuwenden. Ich bat die Amerikaner, uns die Chance zu geben, einzugreifen. Ich fragte: „Was wollen Sie von Saddam?"

Ich wusste, dass die Folgen eines Krieges für die Region im Allgemeinen und den Irak im Besonderen katastrophal sein würden. Ich versuchte, die Amerikaner davon zu überzeugen, unsere Führer verhandeln zu lassen. Schließlich sind wir Araber und teilen ähnliche Traditionen und Eigenschaften. Wir verstehen, wie Saddam und seinesgleichen wirklich denken.

Ich beschloss, Saddam persönlich zu besuchen. Ich flog von Dubai nach Bahrain und reiste von dort aus mit dem Schiff nach Basra. Wir trafen uns in einem seiner Verstecke und begannen ein ehrliches und direktes Gespräch. Wir haben über alles gesprochen: Dinge, auf die wir uns einigen konnten, sowie Dinge, auf die wir uns nicht einigen konnten. Letztere waren zahlreicher. Ich erinnerte ihn an die anhaltenden Folgen des Krieges und wusste sehr genau, dass ich einen Mann beriet, der viel von seinem Leben in Konflikten verbracht hatte. Es war offensichtlich, dass er gegen die Vereinigten Staaten nicht gewinnen konnte, und wenn er den drohenden Angriff nicht verhindern würde, würde der Irak alles verlieren. Ich versuchte, bei ihm Logik und Vernunft anzuwenden. Ich sagte leise: „Wenn Sie gezwungen sind, die Präsidentschaft aufzugeben, um den Irak zu schützen, dann tun Sie dies. Dubai ist Ihre zweite Heimat und Sie sind dort immer willkommen."

Er sah mich an und sagte: „Scheich Mohammed, ich spreche davon, den Irak zu schützen, nicht mich selbst." Ich konnte diese grundlegende Einstellung nur respektieren – obwohl ich mit seiner Auffassung des „Schutzes" ganz und gar nicht einverstanden war.

Unser Treffen verlief ehrlich, aber angespannt, und dauerte etwa fünf Stunden, in denen Saddam viermal unsere Unterhaltung unterbrach und so gegen das Protokoll verstieß. Jedes Mal, wenn er zurückkam, bat er um etwas arabischen Kaffee, bevor wir unser Gespräch fortsetzten. Ich kann mich noch an den Geschmack erinnern. Er hatte alle, die an dem Treffen mit uns teilgenommen hatten, in Panik versetzt, einschließlich Abed Hamoud, seinen Privatsekretär. Jedes Mal, wenn er ging, betete ich zu Gott, dass wir diese letzte Unterbrechung überstehen würden. Saddam konnte nicht lange am selben Ort sitzen bleiben. Er hatte Angst, erschossen zu werden. Er wusste, dass er ein Ziel für viele potenzielle Attentäter war.

> „Nach der Invasion war der Irak nicht derselbe, ebenso wenig wie die Region. Ich warnte die Amerikaner vor Kriegshandlungen in der Region mit den Worten: 'Öffnen Sie nicht die Büchse der Pandora'"

Als die Besprechung endete, brachte er mich zum Auto, öffnete die Tür für mich und verabschiedete sich, etwas, das er – so wurde mir gesagt – normalerweise nicht tat. Ich reiste nach Amman und flog von dort in meine Heimat zurück.

Während des arabischen Gipfeltreffens im März 2003 in Scharm el-Scheich, wenige Tage vor der Irak-Invasion, schlug Scheich Zayed Saddam vor, in Abu Dhabi Asyl zu beantragen, als letzten Versuch, den bevorstehenden Krieg zu vermeiden. Es war zu spät, und die Vereinigten Staaten hatten bereits beschlossen, die Operation Iraqi Freedom zu starten. Die Vereinigten Staaten und Großbritannien kamen mit ihren mächtigen Panzern, Artillerie und Luftwaffe und der Irak begann wieder zu bluten. Saddam hatte sich grob verkalkuliert. Er war der Meinung, dass die

Verbreitung von Terror und Panik und der Umgang mit dem Schwert der richtige Weg sei, um die Dinge zu regeln. Da alle um ihn herum in Angst lebten, waren sie nicht mutig genug, die wahren Fähigkeiten seiner Streitkräfte preiszugeben. Sie zogen es vor, ihn glauben zu lassen, er könnte die Amerikaner bekämpfen. Niemand kann lange mit der Macht der Angst regieren, und Saddam hat dafür einen hohen Preis bezahlt. Sein Volk zahlte immer wieder einen viel höheren Preis.

Wir glaubten nicht, dass er Massenvernichtungswaffen besaß, wie London und Washington behaupteten. Selbst General Colin Powell, der zu dieser Zeit US-Außenminister war, äußerte später sein Bedauern über die Zerstörung, die die Amerikaner während der Irak-Invasion verursachten. Er würde später zugeben, dass die Waffeninspektoren keine Spur der angeblichen Massenvernichtungswaffen fanden und dass die Rechtfertigung für den Krieg gegen den Irak falsch war und seine politische Karriere befleckte.

Nach der Invasion war der Irak nicht mehr derselbe, ebenso wenig wie die Region. Ich warnte die Amerikaner vor Kriegshandlungen in der Region mit den Worten: „Öffnen Sie nicht die Büchse der Pandora. Es lauern viele Überraschungen in ihr."

Der Irak hat viele Seelen und jahrzehntelange Entwicklung verloren. Die Amerikaner und Briten hatten Verluste von mehr als einer Billion US-Dollar sowie rund 5.000 Tote und 35.000 Verletzte zu beklagen. Die Zahl der irakischen Opfer war hundertmal so hoch, zusammen mit einem ganzen Jahrzehnt an verlorener Entwicklung und schrecklichen Schismen in der Gesellschaft. Aus dem Irak kamen Gruppen, die die ganze Welt terrorisierten. So wie uns die Geschichte immer wieder gelehrt hat, gibt es im Krieg keine Gewinner.

42

Das Syrien Von Bashar al-Assad

Wasser beginnt in Damaskus; denn wo auch immer
man seinen Kopf bettet, dort ist eine Quelle.
Die Zeit beginnt in Damaskus und darin
bestehen Sprachen und Familien weiter.

Syrien war seit meiner Jugend und während meines ganzen Lebens für mich eine der wichtigsten Nationen in der Region. Als Wiege der Zivilisation war Syrien das Land der Natur und der Schönheit, der Geschichte und der Kultur.

Man sagt, dass die Zivilisation in Syrien mindestens acht Jahrtausende zurückreicht, dass hier 40 Zivilisationen lebten und dass das Alphabet und die Landwirtschaft in Syrien ihren Ursprung hatten.

Syrien ruft im Herzen eines jeden Arabers viele Emotionen hervor, sei es das Gefühl der Liebe zu den Menschen und der Zivilisation oder der Trauer über den Krieg und die Zerstörung, die über das Land hereinbrachen.

Ich erinnere mich an das geliebte Syrien und die späten 1990er Jahre, als Bashar al-Assad Dubai besuchte. Zu dieser Zeit war sein Vater, Hafez al-Assad, der Präsident. Möglicherweise waren es seine letzten Tage als solcher und die Machtübernahme von Bashar al-Assad war nur eine Frage der Zeit. Ich wollte, dass Bashar al-Assad abseits seines Gefolges einige Zeit privat mit mir verbrachte. Unter seinen Begleitern war ein Freund von ihm namens Manaf Tlas, Sohn des damaligen syrischen Verteidigungsministers Mustafa Tlas.

Ich bat einen Beamten, mit der Begleitdelegation in einem Wagen zu fahren, und bat Bashar al-Assad, mich zu begleiten. Ich fuhr wie üblich selbst. Der Konvoi folgte und irgendwann, als wir die Stadt erreichten, gab ich dem Konvoi den Befehl, nach rechts abzubiegen, während ich ohne Vorwarnung nach links abbog.

Im Rückspiegel sah ich, dass der Konvoi wie gefordert meinen Anweisungen gefolgt war und kurz darauf alle Autos zum Stehen kamen. Seine Sicherheitsleute stiegen aus und rannten auf uns zu, da sie ihre Autos nicht im Verkehr wenden konnten. Mein Auto fuhr jedoch davon und wir waren außer Sichtweite. Es war wie eine Szene aus einem Film! Al-Assad saß auf dem Beifahrersitz und fragte mich, was los sei. Ich sagte zu ihm: „Ich dachte, es wäre eine schöne Idee, Dubai abseits der Formalitäten und Protokolle zu erleben."

> „Syrien ruft im Herzen eines jeden Arabers viele Emotionen hervor, sei es das Gefühl der Liebe zu den Menschen und der Zivilisation oder der Trauer über den Krieg und die Zerstörung, die über das Land hereinbrachen"

Wir fuhren zu einem großen Einkaufszentrum, einem beliebten Ziel für Einkäufer aus der ganzen Welt. Wir stiegen aus dem Auto, liefen umher und unterhielten uns. Niemand störte uns, als wir über die Zukunft der Technologie und ihre Rolle in Entwicklungsländern sprachen. Er war Chef der syrischen Computergesellschaft und begeisterte sich für

Technologieinvestitionen, um die Entwicklung Syriens und seiner Bevölkerung zu fördern. Er schien auch unser Autoabenteuer zu genießen. Wir hatten von diesem Tag an eine gute Beziehung.

Ein paar Jahre später besuchte er Dubai erneut, diesmal jedoch als Präsident Bashar al-Assad. Er fragte mich: „Wie verwaltet die Regierung Dubais ihre Stadt?" Er hatte den aufrichtigen Wunsch, die Regierung und Verwaltung Syriens weiterzuentwickeln.

> „Ich hoffe aufrichtig, dass es Syrien eines Tages gelingen wird, seine gebrochene Gesellschaft zu heilen und wiederzubeleben. Das syrische Volk, das 40 Zivilisationen aufgebaut hat, ist in der Lage, eine bessere neue Welt zu errichten"

Ich sprach ausführlich mit ihm über Dubai, seine Offenheit und die privatwirtschaftliche Einstellung der Regierungsverwaltung, um herausragende Dienstleistungen zu erbringen, Geld auf höchst effiziente Weise auszugeben, die Kapazitäten der Angestellten zu erweitern und fähige Führungskräfte auszubilden. Ich sagte ihm, dass wir hofften, ein Modell für die arabische Welt zu konzipieren, aber doch selbst auch von arabischen und internationalen Kenntnissen profitieren und lernen würden.

Ich erinnere mich, wie ich ihn zur Dubai School of Government brachte, die heute als Mohammed-bin-Rashid-School of Government bekannt ist. Wir hatten eine Hochschule gebaut, um unsere Mitarbeiter in Übereinstimmung mit den besten Managementsystemen und in Zusammenarbeit mit anderen Institutionen zu schulen. Gelegentlich nehmen wir auch Gruppen von Regierungsbeamten aus arabischen Ländern auf und schulen sie in fortgeschrittenen Methoden der Regierungsverwaltung.

Präsident al-Assad war sehr beeindruckt. Am Ende seines Besuchs brachte er seine Bewunderung für das Modell Dubais zum Ausdruck und betonte, dass er dem in Syrien nacheifern würde.

Zu Beginn seiner Regierungszeit versuchte al-Assad, die Wirtschaft in Syrien zu liberalisieren. Er erlaubte die Eröffnung ausländischer Banken, ermöglichte es Syrern, Konten in ausländischen Währungen zu besitzen, und lud ausländische Investoren nach Syrien ein. Ich erinnere mich, dass ich eine Delegation nach Syrien schickte, um potenzielle Investitionsmöglichkeiten zu identifizieren. Sie kam mit guten Ideen zu mir zurück.

Er wurde dann jedoch in eine ganz andere Welt hineingezogen und beobachtete das Blutvergießen und die Zerstörung, die auf Syrien niedergingen und alles, was sich in den Weg stellte, verschlang und so eine zivilisierte Kultur, die Jahrtausende zurückreicht, zerstörte.

Ich habe einen Bericht der Vereinten Nationen über die Verwüstungen des Syrienkrieges gelesen. Über 400.000 Tote – die meisten von ihnen Zivilisten – fünf Millionen Flüchtlinge, die das Land verlassen mussten, sechs Millionen Binnenvertriebene und Infrastrukturschäden in Höhe von 400 Milliarden US-Dollar.

Ich hoffe aufrichtig, dass es Syrien eines Tages gelingen wird, seine gebrochene Gesellschaft zu heilen und wiederzubeleben. Das syrische Volk, das 40 Zivilisationen aufgebaut hat, ist in der Lage, eine bessere neue Welt zu errichten. Davon bin ich absolut überzeugt.

43

Der Abschied Von Rashid

Sie fragten mich, warum ich meinen Vater nicht beklagte.
Da wir einem Vater das Wehklagen schuldig sind.
Du, der du mich beschuldigst, wie ungerecht du bist,
Da ich keine Gedanken übrig habe, um
auszudrücken, was ich fühle.

Einer der schwierigsten Momente ist der Abschied von jemandem, den man liebt. Es ist schwierig, Lebewohl zu einer Person zu sagen, die für die eigene Existenz verantwortlich war, der Grund für das eigene Leben, den eigenen Erfolg und das Bestehen des eigenen Landes, in dem man in Glückseligkeit lebt.

Der letzte formelle Anlass, zu dem Scheich Rashid in der Öffentlichkeit erschien, war der Empfang zu Ehren der indischen Premierministerin Indira Gandhi. Dies war im Mai 1981. Danach zeigte er Anzeichen von Ermüdung. Alle, die Scheich Rashid kannten, wussten, er war ein körperlich starker Mann, immer wachsam, niemals ermüdend und nie der Erschöpfung erlegen. Am Nachmittag schlief er höchstens eine Stunde, nachts etwa fünf Stunden.

Sein Leben drehte sich um seine Arbeit, daher war er immer in Bewegung, am Verhandeln, Diskutieren und Nachkontrollieren. Er war in Politik, Finanzen und Wirtschaft gut versiert. Er war ein weiser Mann und ein visionärer Architekt. In seinen Madschlis begrüßte er Menschen aus Nah und Fern, Einheimische und Besucher, Arm und Reich.

Er hörte lieber zu, anstatt selbst zu sprechen. Er war äußerst bodenständig, und zwar in einem solchen Ausmaß, dass alle, die ihn nicht kannten, schwer glauben konnten, dass er der Herrscher war. Ich erinnere mich, dass 1966 Ingenieure der Ölfirmen in sein Büro in der Zollabteilung kamen und baten, den Herrscher zu sehen, um ihm gute Nachrichten über einen neuen Ölfund zu überbringen. Sie fanden einen Mann an einem kleinen hölzernen Schreibtisch, der mit vielen verstreuten Papieren und Akten bedeckt war. Sie setzten sich und sprachen mit ihm über diese große Entdeckung und erklärten ihm, wie wichtig sie war. Dann fragten sie ihn, wann Scheich Rashid, der Herrscher, kommen würde, damit sie sich mit ihm treffen und es ihm persönlich erzählen könnten. Er sagte zu ihnen: „Ich bin Rashid."

„Einer der schwierigsten Momente ist der Abschied von jemandem, den man liebt"

Sie glaubten ihm zunächst nicht, bis er ihnen versicherte, dass er die Wahrheit sagte und sich ihrem Gelächter anschloss.

Im Mai 1981 wurde Scheich Rashid zunehmend krank und sichtlich müde. Ich schlug ihm vor, in ein Haus in den Bergen von Hatta zu ziehen, um seine Energie zu erneuern und eine Weile Ruhe und Einsamkeit zu genießen. Die Idee gefiel ihm, aber er bemerkte bald, dass er das Treiben und die Energie von Dubai, die ständige Bewegung, die er durch seine endlosen Projekte geschaffen hatte, vermisste. Also kehrte er in die Stadt zurück. Auf dem Rückweg verschlechterte sich plötzlich sein Gesundheitszustand und wir brachten ihn in seinen Palast in Zabeel. Die Nachricht, dass Scheich Rashid krank war, verbreitete sich sehr schnell in der Bevölkerung und wir erhielten viele freundliche und unterstützende Botschaften. Die Menschen begannen, sich um den Vater und den Architekten des modernen Dubais zu sorgen, den Mann, der zusammen mit Scheich Zayed diese Nation geschaffen hat, in der Not durch Wohlstand ersetzt worden war. Innerhalb weniger Tage erholte sich Scheich Rashid wieder und nahm Anrufe von seinem Bruder Scheich Zayed und den anderen Herrschern der Emirate entgegen, die ihm gute Besserung wünschten. Ich schlug ihm vor, nach London zu reisen, um Tests durchführen und sich behandeln zu lassen. Am 20. Juni 1981 kam er in London an. Einige Stunden nach seiner Ankunft empfing er die damalige Premierministerin Margaret Thatcher, die sich nach seiner Gesundheit erkundigte. Ihre Majestät Königin Elizabeth II. rief mehrmals an, um sich nach seinen Fortschritten zu erkundigen. Scheich Rashid überraschte seine Ärzte mit seiner schnellen Genesung. Er wollte unbedingt nach Dubai zurückkehren und war bereit, härter zu arbeiten und mehr zu geben.

Die Genesung meines Vaters sollte sich jedoch als kurzlebig erweisen. Der Tod meiner Mutter im Jahr 1983 hatte ihn fürchterlich getroffen. Traurigkeit wurde zu seinem ständigen Begleiter; ein niedergeschlagener Ausdruck in seinen Augen, den nur diejenigen wahrnehmen konnten, die wussten, dass er seine engste Gefährtin der letzten 40 Jahre verloren hatte. Der Tod von Scheicha Latifa war ein schwerer Rückschlag für seine Gesundheit, da es schien, als wären zwei Seelen voneinander getrennt worden. Obwohl mit ihrem Tod auch ein Teil von ihm starb, ließ sie auch vieles zurück. Meine Schwestern verbrachten den ganzen Tag bis 15 Uhr an seinem Bett, als er enge Freunde empfing. 1990 wurde er 78 Jahre alt. Und trotz der Anzeichen von Schwäche, die sich zu zeigen begannen, war er wachsam und ein scharfsinniger Denker. Er sprach mit Weisheit und Weitsicht. Was ihn in den letzten Tagen seines Lebens am glücklichsten machte, war, in seinem Palast in Zabeel am Fenster zu sitzen und auf Dubai zu blicken. Er sah die Stadt, die er entworfen und gebaut hatte, nachdem er so viele seiner Tage und Nächte für sie geopfert hatte.

Am Sonntag, dem 7. Oktober 1990, um 10 Uhr morgens, kehrte Rashids Seele zu seinem Schöpfer zurück und verließ diese Welt sanft und friedlich. Tränen wurden vergossen und Herzen trauerten wegen seines Todes. Viele konnten nicht glauben, dass Rashid, der über drei Jahrzehnte lang ihr Vater war, nun tot sein sollte. Der Tod eines Vaters ist vielleicht am schwierigsten zu akzeptieren.

Am Montag machte sich der Trauerzug von Scheich Rashid, Gott sei seiner Seele gnädig, auf seine letzte Reise. Mein Bruder Scheich Hamdan fuhr das Fahrzeug mit seinem Sarg, während Scheich Zayed im zweiten Wagen in einem Konvoi von Fahrzeugen fuhr. Die Herzen aller waren dabei schwer von Trauer.

Als wir auf dem Friedhof ankamen, halfen Scheich Hamdan und ich dabei, seinen Körper durch die Tausende von Menschen aus Dubai und anderen Emiraten, die an seiner Beerdigung teilnahmen, zu seiner letzten Ruhestätte zu tragen. Sie vergossen Tränen für ihn und erinnerten sich an all seine Leistungen und seine Güte. Unter den Tausenden, die um Scheich Rashid trauerten, waren viele Europäer, Asiaten, Afrikaner und Amerikaner, die nach Dubai gekommen waren, um beim Aufbau der Stadt zu helfen, da sie von Scheich Rashids internationaler Vision angezogen wurden. Auch sie waren Teil seines großen Erbes und schufen eine wahrhaft globale und kosmopolitische Stadt, frei von jeglicher Form von Diskriminierung aufgrund des Geschlechts, der ethnischen Zugehörigkeit, der Hautfarbe oder der Religion. All dies geschah friedlich unter seiner Schirmherrschaft. Während sie hier lebten, konnten sie sich persönlich sicher fühlen, waren finanziell abgesichert und konnten selbstbewusst für sich und ihre Kinder eine Zukunft aufbauen.

In New York verharrte die Generalversammlung der Vereinten Nationen für eine Minute in Stille und trauerte um Scheich Rashid. Die Nachricht von seinem Tod wurde zusammen mit allen seinen Errungenschaften, speziell dem Wirtschafts- und Entwicklungswunder Dubais, verbreitet. Als ich die Tränen in den Augen der bescheidenen Arbeiter sah, wurde mir klar, dass Scheich Rashid die Herzen aller Menschen berührt hatte und dass seine morgendlichen Spaziergänge und Ausflüge sich nicht nur auf Inspektionen beschränkten, sondern auch Gelegenheiten waren, um mit der Öffentlichkeit in Verbindung zu treten. Sein Vermächtnis findet man in jedem Stein, an jeder Ecke von Dubai und in jedem Bau, den er persönlich beaufsichtigte, so dass sein Erbe für immer in der Erinnerung seiner Nation und seines Volkes lebendig bleibt.

44

Ein Neues Dubai In Afrika

Viele Führer, die Dubai besucht haben, sagten, dass sie sich wünschten, ihre Länder würden dieser einzigartigen Stadt ähneln. Da viele sich mit mir in Verbindung setzten, traf ich mich auch mit ihren Führungskräften, um Dubais Erfahrung an ihre Länder weiterzugeben. Für die meisten war dies jedoch nur ein Traum, da sie nicht in der Lage waren, über die erstaunlichen Gebäude und die Infrastruktur hinaus zu blicken, um die Ideen und Gegebenheiten zu verstehen, auf denen diese basieren.

Es gibt einen großen Unterschied zwischen einem Traum und dem Willen, diesen Traum zu verwirklichen. Die Lücke zwischen Wunsch und Realität muss mit Entschlossenheit und Ausdauer sowie mit Plänen, Geld und Arbeit überbrückt werden. Es ist eine riesige Lücke, die endlose Arbeit erfordert.

Meine Tage in Dubai beginnen um 6 Uhr morgens. Ich kenne alle meine Projekte. Ich überwache alle meine Pläne. Mit unseren Projekten kreieren wir auch menschliche Kapazitäten und Führungskräfte, um sie voranzutreiben, ihre Kontinuität zu gewährleisten und Weltklasse-Standards zu erreichen. Jeden Tag delegiere ich Befugnisse an junge Männer und Frauen, um sie zu befähigen, ihr Land zu führen und ihren Beitrag zu leisten. Wir tolerieren keine Korruption. Wir untergraben weder die Rechtsstaatlichkeit noch sind wir bei der Umsetzung unserer Pläne lax. So bauen wir Dubai heute immer noch.

Unsere Erfahrungen stehen jeder Nation oder Regierung offen, die sie vollständig reproduzieren möchte. Ich werde oft gefragt, ob ich Angst vor dem Wettbewerb habe. Meine Antwort lautet immer: „Wenn unsere arabische Welt zehn Städte wie Dubai hätte, wären wir gesegnet." Wenn Dubai Teil einer blühenden, prosperierenden Region wäre, würde dies ihre eigene Entwicklung exponentiell beschleunigen. Dubai braucht starke Partnerstädte, um Hand in Hand zu arbeiten, um neue Wunder von globalem Ausmaß zu schaffen. So sehen wir den Wettbewerb. Wenn sich die Wirtschaft in der Region verbessern, das persönliche Einkommen steigen und die Zahl der gebildeten, talentierten Menschen zunehmen würde, würde Dubai zehnmal besser dastehen. Eine steigende Flut hebt alle Boote an.

Während ich dies schreibe, erinnere ich mich an den ehemaligen libyschen Staatschef Muammar Gaddafi, der mich eines Tages anrief und sagte, er wolle eine neue Stadt im Stil von Dubai in Libyen bauen, um als wirtschaftliche Hauptstadt Afrikas zu dienen. Nachdem die Amerikaner 2003 in den Irak einmarschiert waren und nach Massenvernichtungswaffen gesucht hatten, über die Saddam Hussein angeblich verfügte, verkündete Gaddafi der Welt, dass Libyen sein Atomwaffenprogramm aufgeben werde. Er wandte sich an andere Führer und wollte das Material und die Ausrüstung zur Entwicklung von Atomwaffen und Massenvernichtungswaffen beseitigen lassen, um so eine Zukunft des wissenschaftlichen Wohlstands und der technologischen Entwicklung zu ermöglichen. Ich war einer dieser Anführer, und Gaddafi bat mich um Unterstützung beim Bau eines neuen Dubais in Libyen. Ich unterstützte seinen erklärten Wunsch, sich der Welt zu öffnen. Ich schickte Mohammad Al Gergawi, den damaligen Leiter meines Exekutivbüros, um eine Nachricht nach Libyen zu bringen. Zwei Tage nach seiner Ankunft begleiteten Gaddafis Männer ihn zum Bab al-Aziziya in Tripolis. Er wartete, bis er in einen großen Raum geführt wurde, in dem Gaddafi an seinem Schreibtisch saß und im Internet surfte. Was ihn als technisch versiert darstellen sollte, verriet jedoch, dass er recht unbeholfen im Umgang mit Computern war. Gaddafi sagte zunächst: „Ich bewundere, was Scheich Mohammed in Dubai gemacht hat, und ich möchte dasselbe in Libyen tun. Ich möchte, dass Sie in Libyen investieren und Ihr Fachwissen für die Verwirklichung dieses neuen Traums mit dem libyschen Volk teilen."

Er bat ausdrücklich darum, Tripolis und den Flughafen von Mitiga umzugestalten, um eine neue Hauptstadt für Afrika zu schaffen. Während sie sich unterhielten, gewann mein Gesandter den Eindruck, Gaddafi wisse wenig über Geschichte und aktuelle Geschehnisse, da das Team um ihn herum ihn entweder absichtlich oder aus Angst, wie ich vermute, im Dunkeln ließ. Es war ein langes und sinnloses Gespräch. Mein Gesandter fasste es so zusammen: „Gaddafi bewundert weder eine Nation noch einen Führer. Er äußert seine Ansichten mit einem Fanatismus, der es schwierig macht, Diskussionen zu führen. Er spricht nicht wie ein Führer." Nachdem ich den Bericht von Mohammad Al Gergawi gelesen hatte, entschied ich, mich selbst auf den Weg zu machen. Ich flog nach Tripolis, eine wunderschöne Stadt mit einer reichen, pulsierenden Geschichte. Immer wenn ich eine Stadt besuche, erkunde ich sie am liebsten alleine oder mit einem sehr kleinen Team. Ohne Begleitpersonen und Protokoll, die einen daran hindern, die Realität eines Ortes zu sehen, konnte ich Städte immer besser entdecken.

Am ersten Tag besuchten wir die Altstadt, ein trostloser Ort, der mich traurig stimmte. Wie konnte ein Land, das so viel Wohlstand hatte, so herunterkommen? Abwasser auf den Straßen, überall lag Müll verstreut. Selbst in Dubai in den 1950er Jahren, als die Ressourcen noch begrenzt waren, das Wasser knapp war und Strom fast nicht existierte, war es nicht so deprimierend gewesen.

Später besuchte ich Gaddafi in seinem Zelt in der Stadt Sirte und genau wie bei unserer letzten Begegnung riss er die gesamte Unterhaltung an sich. Am Abend gingen wir zu einem von Tripolis' öffentlichen Plätzen, der voller Menschen war. Wir waren überrascht zu erfahren, dass jemand den Leuten von unserer Anwesenheit erzählt hatte. Sie umzingelten das Auto in hysterischer Raserei, die Emotionen kochten hoch und das Auto begann zu schaukeln, weil die Menschen drängten und stießen. Augenblicke später spürte ich, dass unser Auto vom Boden abgehoben wurde. Ich empfand solchen Überschwang als unangenehm, auch wenn er als Begrüßung gedacht war und wahre Emotionen zum Ausdruck bringen sollte. Ich konnte mich wegen des Geschreis nicht verständlich machen. Die Wachen griffen ein und lösten die Menge mit Gewalt auf. Auch das störte mich. Ich wollte nicht, dass die Menschen so weggeschickt wurden.

Gaddafi wollte mir die grüne Bergregion nordöstlich von Tripolis zeigen, wo sich griechische und römische Ruinen befanden. Wir stiegen in ein Flugzeug mit Saif Al Islam Gaddafi, dem Sohn des Anführers, und Abdullah Al Sanoussi, dem damaligen Chef der inneren Sicherheit und des militärischen Geheimdienstes, der ebenfalls mit Gaddafi verwandt und als ein gewalttätiger, grimmiger Mann berüchtigt war. Das Flugzeug startete und als es die Reiseflughöhe erreicht hatte, wandte sich Sanoussi an mich und sagte: „Das ist das erste Mal seit Langem, dass ich in einem Flugzeug fliege." Als ich fragte, warum, antwortete er: „Ich war schon immer ein Angriffsziel und ich fürchte, man könnte mein Flugzeug abschießen."

Ich saß da und dachte schweigend über seine Worte nach. Wollte er, dass sein erster Flug zusammen mit mir stattfand?

Als Saif Al Islam sprach, klang es, als sei er kenntnisreicher als sein Vater. Er sagte: „Ich war schon immer neugierig wegen der wirtschaftlichen Prinzipien, die mein Vater übernommen hat, denn sie sind weder sozialistisch noch kommunistisch oder gar kapitalistisch." Er fügte hinzu: „Ich habe oft mit ihm darüber gesprochen, wie wichtig es ist, dass das Land an die Menschen zurückgegeben wird und dass wir für die Welt offener sind."

Nach dem Ende des Besuchs stellte ich fest, dass die Menschen in Libyen in meinem Herzen blieben. Ich hatte gehofft, ihnen zu helfen, aber es lief nicht gut. Ich zog mich aus den Gesprächen über das neue Projekt zurück, nachdem mir klar wurde, dass wir uns im Kreis drehten, alles von Wolken der Korruption umhüllt war und wir uns darauf vorbereiteten, lediglich als Sicherheit in Gaddafis Propagandaplan zu dienen. Gaddafi wünschte sich den Anschein einer Veränderung, wollte aber keine echte Transformation. Veränderung braucht echte Erfolge und harte Arbeit, nicht nur leere Reden. Mit dem Ausmaß an Korruption, die wir bei unseren Besuchen in Libyen erlebt haben, kann keine Veränderung stattfinden. Veränderung braucht eine klare, saubere und transparente Umgebung, um zu gedeihen.

Das libysche Volk brauchte nicht Mohammed bin Rashid, um ihnen zu zeigen, wie man eine bessere Gesellschaft schaffen kann. Die Menschen waren durchaus in der Lage, die Dinge selbst zu ändern. Wie wir in den Vereinigten Arabischen Emiraten feststellten, besteht die Aufgabe der Regierung lediglich darin, ein förderliches Umfeld zu schaffen. Den Rest erledigen die Menschen. Die libysche Nation war voll von Wissenschaftlern, talentierten Einzelpersonen, Führungskräften, Forschern, Ärzten und Ingenieuren. Sie brauchten nur die richtige Umgebung, um ihr Potenzial freizusetzen und positive Veränderungen herbeizuführen.

Ich habe einmal bei einer Konferenz über die Rolle der Regierungen einem Führer ein Beispiel gegeben. Ich fragte ihn nach der Aufgabe eines Verkehrspolizisten, der mitten auf einer belebten Kreuzung steht. Er sagte, der Polizist sei da, um den aus allen Richtungen kommenden Verkehr zu regeln und sicherzustellen, dass keine Unfälle passieren. Ich fragte ihn, was geschehen würde, wenn er alle außer seinen Freunden und Verwandten daran hindern würde, sich zu bewegen. Er antwortete: „Er wäre ein Versager, eine korrupte Person, die ihre Pflichten nicht erfüllt."

Die Regierungen sind die Verkehrspolizei, und ihre Aufgabe besteht darin, die Bewegung des Lebens für die Menschen zu erleichtern, die ihre Zukunft und ihre Nationen aufbauen wollen. Unglücklicherweise leidet unsere Region unter einem Übermaß an gescheiterten Verkehrspolizisten.

45

Der Abschied Von Zayed

Es gibt zwei Arten von Menschen: diejenigen, die das Leben leben, und diejenigen, die Leben geben. Zayed bin Sultan gehörte zu den letzteren. Er trug zum Leben seiner Nation bei und beschenkte Millionen von Menschen mit seiner Weisheit und Einsicht. Das ist wahre Unsterblichkeit. Scheich Zayed hat uns gelehrt, dass eine Person in den Herzen und Köpfen der Menschheit lebendig bleiben kann. Er hat uns gelehrt, dass der Wert einer Person auch nach dem Tod hoch bleiben kann.

Ich habe Scheich Zayed oft begleitet und habe so viel von ihm gelernt. Ich habe gelernt, nach Übereinstimmungen zu suchen, nicht nach Zwietracht, sowie in die Zukunft statt in die Vergangenheit zu sehen, nach Dingen zu suchen, die uns vereinen, uns stärker machen und uns weiterbringen. Auf diese Weise arbeitete Scheich Zayed an der Vereinigung der Vereinigten Arabischen Emirate. Ohne seine Weisheit wäre das Land nicht dort, wo es heute ist. Scheich Zayed war der Gründer der Vereinigten Arabischen Emirate, ihr erster Präsident, der Erste, der Rechte und Gesetze formulierte, und der Erste, der den Grundstein für die Entwicklung des Landes legte. Scheich Zayed war der Erste in allem, und der Erste hat immer einen besonderen Platz in den Herzen der Menschen.

Scheich Zayed wurde 1946 der Herrscher von al-Ain, als er erst 28 Jahre alt war. Die Stämme liebten ihn und seine Männer sammelten sich um ihn, als er sein großes Vorhaben mitten in der Wüste begann. Zusammen mit den Beduinen grub er mit seinen eigenen Händen einen Brunnen, half beim Bau der Faladsch (Bewässerungskanäle) und ließ sich weder vom Mangel an Wasser noch an Geld aufhalten. Er baute die erste Schule, den ersten Marktplatz, die erste Klinik und das erste moderne Straßennetz. Er wird immer der Erste bleiben. Die Leute liebten ihn, weil er mit ihnen auf dem Boden saß und mit ihnen zusammen aß, mit ihnen sprach und ihnen zuhörte. Er arbeitete als Gleichwertiger neben ihnen. Ausgehend von der Schlichtheit von al-Ain, setzte Scheich Zayed seinen Weg ohne Einbildung oder das Gefühl der persönlichen Größe fort. So gelang es ihm, ein halbes Jahrhundert lang mit Weisheit zu herrschen und seiner Nation zu dienen.

> „Ich habe so viel von Zayed gelernt. Ich habe gelernt, nach Übereinstimmungen zu suchen, nicht nach Zwietracht, sowie in die Zukunft statt in die Vergangenheit zu sehen"

Im Jahr 1953, 13 Jahre bevor er der Herrscher von Abu Dhabi wurde, unternahm Scheich Zayed eine Reise, auf der er die Vereinigten Staaten, Großbritannien, Frankreich, die Schweiz, Ägypten, den Irak und Indien besuchte. Er kam mit Überzeugung, Träumen und Entschlossenheit von dieser Reise zurück. Er war überzeugt, dass sein Volk es verdient hatte, wie die Menschen in diesen Nationen zu leben, er träumte davon, einen Staat zu errichten, der diesen Ländern ähnelte, und war entschlossen, seinen Traum bis zu seinem letzten Atemzug niemals aufzugeben.

Scheich Zayed, möge er in Frieden ruhen, arbeitete an seinem Traum und bis zu seinem Tod im Jahr 2004 gab er weder auf noch wurde er müde. Ich begleitete Scheich Zayed zu vielen Veranstaltungen und Treffen, auch in schwierigen Zeiten. Wenn ich ihn mit nur einem Wort beschreiben müsste, würde ich ihn als „weise" bezeichnen. Weisheit ist ein großer Schatz, den der allmächtige Gott bestimmten Menschen schenkt. „Und der, der

Weisheit erhalten hat, hat sicherlich auch viel Gutes gegeben".
(Der Koran, 2:269).

Er war weise im Umgang mit den Einnahmen aus Ölvorkommen,
die seiner Regierung zuflossen. Es gibt viele ölreiche Länder auf
der Welt, aber nur wenige besitzen die Weisheit von Scheich
Zayed. Er nutzte dieses Einkommen, um eine nachhaltige
Entwicklung für sein Volk zu schaffen, eine Nation aus dem Nichts
aufzubauen, um Menschen zu befähigen, die in der Lage sind,
seinen Traum weiterzuführen. Seine finanzielle Weisheit war
seiner Zeit weit voraus. Er gründete einen Staatsfonds, der den
Großteil des Geldes sichern und für Generationen investieren
würde. Er dachte an seine Enkelkinder und ihre Enkelkinder – die
zukünftigen Generationen von Emiratis. Dieser Staatsfonds ist
heute einer der größten der Welt.

Scheich Zayed war auch klug, wenn es um die Verwaltung der
Union ging. Er gewann von Anfang an die Herzen der Herrscher
der anderen sechs Emirate und auch die Herzen der Menschen. Er
löste Streitigkeiten zwischen Nachbarn entschlossen und
widmete seine Bemühungen und Energie Entwicklungs-, Bau-und
Konstruktionsprojekten. Seine Bescheidenheit bezauberte junge
Leute, seine Großzügigkeit bewegte die Herzen und seine Projekte
begeisterten die Fantasie. All dies wurde durch die Weisheit
erreicht, die Gott Scheich Zayed verlieh.

> „Wer Nationen baut, stirbt nicht. Wer
> die Führer stärkt, stirbt nicht. Wer ein
> gutes Leben führt, stirbt nicht"

Die Menschen in anderen arabischen Nationen liebten Scheich
Zayed ebenfalls wegen seiner Weisheit. Er arbeitete hart an
der Gründung des Golfkooperationsrates mit Scheich Jaber Al
Sabah, dem damaligen Emir von Kuwait, und hielt im Mai 1981

das erste Treffen in Abu Dhabi ab. Er löste erfolgreich einen Konflikt zwischen dem Sultanat Oman und der Demokratischen Volksrepublik Jemen in den 1980er Jahren. Im selben Zeitraum veranstaltete er auch ein Gipfeltreffen der Arabischen Liga, um den Krieg im Libanon zu beenden, und fungierte als Vermittler zwischen Libyen und Ägypten, um deren Streitigkeiten beizulegen. Er war der Erste, der die Rückkehr Ägyptens in die Arabische Liga forderte, nachdem das Friedensabkommen von Camp David mit Israel unterzeichnet war. Er rief als Erster nach dem ersten Golfkrieg zur Versöhnung zwischen dem Irak und Kuwait auf und versuchte, die amerikanische Bombardierung des Irak zu verhindern, indem er den irakischen Präsidenten aufforderte, das Land zu verlassen, und ihm anbot, ihn in Abu Dhabi aufzunehmen. Er beteiligte sich auch an Friedensmissionen der Vereinten Nationen im kriegszerstörten Somalia, indem er Anfang 1993 emiratische Truppen mit den internationalen Streitkräften entsandte. Es gibt viele andere Entscheidungen und Beispiele, die Scheich Zayeds Entschlossenheit bezeugen, Vereinbarungen zu erreichen, das Feuer der Zwietracht zu löschen, Bürger zu vereinigen und Ungleichheit zu beseitigen.

Die Menschen liebten Scheich Zayed, weil er die Menschen liebte. Er besaß eine grenzenlose Liebe zur Menschheit. Scheich Zayed gab, ohne etwas zu erwarten. Ich habe von ihm persönlich gelernt, wie man vertraulich spendet, da Spenden, die man vertraulich und privat gibt, viel mehr bedeuten als die, die man öffentlich gibt. Er war ein Mann mit einem großen Herzen und war immer aufrichtig in seinen Taten.

Dies ist wahrscheinlich einer der Gründe, warum die Menschen ihn so sehr liebten. Es schien, als ob Gott ihn liebte und die Liebe für ihn in die Herzen der Menschen einpflanzte. Es ist nicht überraschend, dass Zayeds Andenken wie ein Juwel ist. Je mehr ich mich daran erinnere, desto mehr glänzt es, und je mehr Zeit vergeht, desto wertvoller wird es.

Scheich Zayed verstarb am 2. November 2004 friedlich, doch er lebt täglich in allen Emiratis weiter. Sie leben nach seinem unvergesslichen Erbe. Die Menschen erinnern sich an seine Weisheit und verwenden sie als Kompass, um seine Reise fortzusetzen.

Auch nach seinem Tod schätzen wir Scheich Zayeds große Weisheit. Wer Nationen baut, stirbt nicht. Wer die Führer stärkt, stirbt nicht. Wer ein gutes Leben führt, stirbt nicht.

> Er lebt mit seinem Herrn für immer in den Herzen der Menschen.
>> Möge deine letzte Ruhestätte das Paradies sein, geliebter Scheich Zayed.

46

Das Beste Pferd
Der Welt

Ein Freund aus dem Westen fragte mich einmal während eines Abendessens nach einem Pferderennen im Vereinigten Königreich: „Sie sind einer der erfolgreichsten Rennpferdbesitzer der Welt. Was bedeutet es für Sie, solch prächtige Pferde zu besitzen?"

Ich war einen Moment über seine Frage verwirrt, nicht weil ich nicht wusste, wie ich sie beantworten sollte, sondern weil die Antwort nicht in wenigen Sätzen zusammengefasst werden konnte. Pferde sind für die Araber mit Ehre, sozialem Status und Großmut verbunden. Die Verbindung der Araber zu Pferden reicht mehr als neun Jahrtausende zurück, als Pferde erstmals auf der Arabischen Halbinsel domestiziert wurden. Die Araber entdeckten, dass ein Pferd einer der besten Freunde des Menschen sein kann. Sie fanden heraus, wie intelligent, loyal und geduldig sie waren, so dass sie enge Beziehungen zu ihnen knüpften. Aus dieser Verbindung entwickelte sich das arabische Pferd, bekannt für seine Loyalität, Schnelligkeit und Intelligenz.

Ein Araber behandelt seine Pferde genauso, wie er seine Kinder behandelt. Er kümmert sich Tag und Nacht um sie, redet mit ihnen und hört ihnen zu. Im Gegenzug schenkt das Pferd ihm Hingabe, Schutz, Fürsorge und lässt ihn in Not, Konflikten oder Widrigkeiten nicht im Stich.

Die arabische Geschichte berichtet von einem Krieg, der 40 Jahre dauerte, dem Dais und Al Ghabra Krieg zwischen den Stämmen der Bani Abs und Dhubyan, der wegen eines Betrugs beim Pferderennen ausbrach. Ich bin nicht stolz auf diesen Krieg, da das Blut der Menschen wertvoller und ehrenvoller ist. Doch dies ist ein Beweis für den besonderen Status, den Pferde in den Köpfen und Herzen der arabischen Bevölkerung haben.

Mein Vater erzählte mir einmal von einem Pferd namens Kaheelah. Sie gehörte einem großen Scheich und war wie kein anderes Pferd. Sie besaß eine bemerkenswerte Anmut, Schnelligkeit und Ausdauer. Ihre Geschwindigkeit wurde einst von einem Dichter beschrieben:

> Rennen, Zurückweichen und Kreisen – so stark und schnell wie Felsbrocken, die von Fluten nach oben geschleudert wurden.

Und ihre Schönheit war, wie ein anderer Dichter sagte:

> Als ob Gott selbst sie geschaffen hätte, damit unsere Augen sich an ihr weiden können.

Wegen ihrer bemerkenswerten Rasse war Kaheelah das Gespräch unter den Stämmen und wurde von jedem begehrt. Der Scheich weigerte sich jedoch strikt, sie aufzugeben oder zu verkaufen. Ein Scheich eines anderen Stammes versuchte wiederholt, sie in seine Hände zu bekommen. Er bot Schmeicheleien, Geld und Schätze. Er bot sogar ein Bündnis an, das die Macht des Besitzers von Kaheelah stärken würde, doch dieser lehnte immer wieder ab.

Der ältere Scheich schmiedete einen Plan und war unerbittlich in seinem Willen, Kaheelah zu besitzen, selbst wenn dies einen Diebstahl bedeutete. Der Mann schickte einen seiner Reiter, verkleidet als armer und bedürftiger Mann, zu Kaheelahs Besitzer, um darum zu bitten, in sein Gefolge aufgenommen zu werden. Der edle Scheich akzeptierte ihn.

Der Reiter begann, als Kameltreiber zu arbeiten, eine Position, die es ihm ermöglichte, Informationen über Kaheelah zu sammeln und näher an die Tochter des Scheichs heranzukommen, um mehr über das ersehnte Pferd zu erfahren. Er entdeckte, dass Kaheelah jeden Nachmittag zum Grasen auf eine der nahegelegenen Weiden gebracht wurde und vor Einbruch der Dunkelheit mit ihrem Pfleger zurückkehrte.

Der Reiter verfolgte alle Bewegungen von Kaheelah, die Zeit, zu der sie ging, und die Zeit, zu der sie zurückkehrte. Er hatte immer Zügel zur Hand und wartete auf den richtigen Zeitpunkt, um sie zu stehlen. Als der Stallbursche kurz wegschaute, dauerte es nur wenige Sekunden, bis der Reiter die Gelegenheit ergriff, auf das Pferd zu springen, sie zu zügeln und mit ihr wegzureiten.

Die Nachricht verbreitete sich wie ein Lauffeuer und erreichte Kaheelahs fassungslosen Besitzer, den Scheich, und seinen Sohn. Sie rannten zu den Ställen, bestiegen ihre Pferde und ritten dem Dieb hinterher, bis sie ihn einholten. Er war ein Fremder und kannte die Pfade der Wüste, in denen Kaheelahs Besitzer lebte, nicht. Der Sohn des Scheichs ritt auf einem Pferd namens Baleeq, ein kleineres Pferd unbekannter Rasse. Der Dieb sah sie kommen und ohne zu wissen, was er tat, ritt er in eine große Fläche aus weichem Sand. Kaheelah drängte sich mit großen Schwierigkeiten vorwärts, während das kleinere Pferd Baleeq auf festem Untergrund galoppierte und so die Distanz zwischen ihnen schließen konnte.

Der Schrecken spiegelte sich deutlich auf dem Gesicht des Scheichs wider. Er schrie den Dieb an: „Reite weiter nach links, das Land dort ist eben. Bring sie nach links, das Land dort ist fest!" Als der Dieb sie auf den glatten Boden brachte, erreichte sie eine solche Geschwindigkeit, dass es unmöglich war, sie einzuholen. Der Sohn starrte seinen Vater ärgerlich an und fragte ihn, warum er dem Dieb geholfen hatte. Der Scheich antwortete: „Damit nicht gesagt wird, dass ein Pferd unbekannter Rasse meine schöne Kaheelah eingeholt hat!"

So lieben die Araber ihre Pferde. Der Scheich zog es vor, sie aufzugeben, um ihren Ruf, Namen und Status unter den Stämmen zu schützen.

Ich besaß ein Pferd, das ich so liebte, wie der Scheich Kaheelah liebte. Als junges Pferd wurde er Yaazer genannt und er war das beste Pferd, das ich je besessen hatte. Unsere Fohlen trugen Stallungsnamen, bis wir ihre wahren Fähigkeiten verstanden, und ich änderte seinen Namen, als mir klar wurde, zu was er fähig war.

Von dem Moment an, als ich Yaazer als Fohlen sah, wusste ich, dass er ein erstklassiges Pferd sein würde. Man kann schon früh die Anzeichen eines großartigen Pferdes sehen. Nur durch einen Blick in seine Augen kann man so viel erkennen. Schau dir an, was die Pferde sehen! Einige von ihnen haben Angst und schwingen ihre Schweife, sobald sie einen Fremden vor sich vorbeigehen sehen, während sich andere Pferde nicht bewegen und aus Neugierde in einer herausfordernden Weise auf fremde Dinge starren. Die Art und Weise, wie Pferde die Dinge betrachten, sagt einem, ob das Pferd dazu bestimmt ist, ein Anführer zu sein oder zu folgen.

Weit auseinanderstehende Augen bei einem Pferd sind wie das aufrichtig lächelnde Gesicht eines Menschen und ein Zeichen von Ehrlichkeit und Loyalität. Es ist jedoch nicht nur die Größe der Augen, sondern auch ihre Tiefe und die Art und Weise, wie diese wie endlose Ozeane glänzen.

Kleine, gemeine Augen deuten nicht notwendigerweise darauf hin, dass das Pferd nicht talentiert ist oder nicht über Fähigkeiten verfügt. Es ist jedoch sicher, dass es nicht bereit oder nicht gewillt ist, diese Fähigkeiten und Talente einzusetzen. Lachende oder sprechende Augen weisen auf die Leichtigkeit hin, mit der man das Pferd erziehen und pflegen kann. Dann gibt es Pferde, die in der Lage sind, ihren Gegnern in die Augen zu sehen, sie zu dominieren und den Kopf zu schütteln, wenn sie ihren Feind ausfindig gemacht haben. Sie fordern ihre Trainer sogar heraus, wenn sie die außergewöhnlichen Fähigkeiten des Pferdes falsch einschätzen.

> „Er hatte ein weiches, glänzendes Fell, durch das man hunderte von Adern sehen konnte, insbesondere die vom Herzen ausgehende Arterie, die das Leben und die Energie, die in ihm pulsierten, widerspiegelte"

Das Gesicht eines Pferdes spricht Bände. Weit auseinander liegende Ohren sind ein Zeichen der Größe eines Pferdes, da sich die Struktur des Schädels in der Lage der Ohren widerspiegelt. Was zwischen den Ohren liegt, ist eine reiche und breite Stirn. Diese ist ein Zeichen für die Größe des Gehirns des Pferdes. Solche Merkmale sind jedoch kein Zeichen für Geschwindigkeit, sondern eher ein Zeichen dafür, dass das Pferd die anstehende Aufgabe verstehen und auf jede Situation, die Geschwindigkeit erfordert, gut reagieren kann.

Die Öffnungen der Nüstern zeigen an, dass ein Pferd ein Sportpferd ist. Wenn diese Öffnungen groß und breit sind, kann das Pferd eine große Menge Sauerstoff aufnehmen. Neben großen, breiten Nasenlöchern hat das Pferd große Lungen, die beim Atmen Sauerstoff speichern können.

Ein breites Maul ist auch ein Zeichen für die Stärke und Geschwindigkeit eines Pferdes und weist darauf hin, dass die Luftröhre groß ist und dass die Stelle, an der sich die Luftröhre befindet, ebenfalls groß ist. Der Kiefer muss daher in Richtung des Halses vorstehen. Wichtig ist auch die Art und Weise, wie der

Hals abfällt und sich vom Körper weg erstreckt, da dieser idealerweise im rechten Winkel steht.

Das wichtigste Merkmal, nach dem ein Pferd beurteilt werden kann, ist wahrscheinlich sein Gang. Pferde besitzen bestimmte Verhältnisse, die die Art und Weise bestimmen, in der sie gehen. Man kann am Gang eines Pferdes erkennen, wie konsistent diese idealen Verhältnisse sind.

In meinem Leben besaß ich nur ein einziges Pferd, das ideale Eigenschaften und Maße hatte. Es hatte wunderschöne Ohren, die weit voneinander entfernt waren, mit feinen Spitzen wie Federenden. Seine Stirn war breit und hatte zierliche Knochen, die wie eine umgekehrte Pyramide geformt waren.

Die Muskeln über seinen Augenbrauen waren ebenfalls wie Pyramiden geformt, die über seinen schönen, glänzenden Augen wachten. Seine Nase hatte zwei breite Nüstern, die eine große Luftmenge inhalieren konnten. Sein Hals war lang vor Stolz und Kraft. Die untere Hälfte seines Körpers war riesig, doppelt so groß wie bei den meisten anderen Pferden seines Alters.

Er hatte ein weiches, glänzendes Fell, durch das man hunderte von Adern sehen konnte, insbesondere die vom Herzen ausgehende Arterie, die sehr deutlich, groß und weit war, als würde sie das Leben und die Energie, die in seinen Adern pulsierten, widerspiegeln. Seine Brust war breit und sein Rücken wurde von einer starken Knochenstruktur, die von einer Muskelschicht bedeckt war, gestützt.

Das Schönste an seinem Schweif war, dass er weder zu hoch noch zu tief angesetzt war. Er befand sich an der richtigen Stelle, als wäre er das perfekte Ende seiner Wirbelsäule. Es war unmöglich, die Breite seiner Oberschenkel oder die Art und Weise, wie er stand oder ging, nicht zu bemerken.

Er hatte große Augen, die vor Pracht und Stolz überströmten, ohne auch nur eine Spur Angst in ihnen. Er hatte starke, kraftvolle Augen, die gleichzeitig freundlich und sanft waren. Er war groß und arrogant mit einer dominanten Haltung. Er konnte jeden unerfahrenen Reiter einschüchtern. Er war wie ein Feuerball, immer voller Leben und Energie.

Ich besuchte ihn oft in meinen Stallungen in Al Quoz in Dubai und betrachtete dieses wunderschöne Wesen mit Ehrfurcht. Er ließ seinen Kopf unter meinen Arm gleiten und streckte die Zunge heraus, damit ich ihm Karotten, die ich immer versteckt bei mir hatte, geben konnte. Immer wenn ich seinen Hals streichelte, war er sehr glücklich.

Ich setzte mich neben ihn und wir starrten uns gegenseitig an. Ich setzte mich auf die Futterbox, die ungefähr auf der Höhe seiner Brust lag. Wenn er neben mir ging, war er genauso groß wie ich. Er hob sein Hinterbein, entspannte es und legte den Kopf vor mich, als wäre er ein Vogel, der in meiner Gegenwart ruht. Dies war das ultimative Vertrauen eines solch starken Tieres.

Was für ein Vergnügen ich damals empfand, als dieses mächtige Pferd diese Momente mit mir teilte. Ich war glücklich, nur mit ihm dort zu sitzen und ihn stundenlang mit Liebe und Bewunderung anzusehen.

Dubai Millennium war das beste Pferd, das ich je besessen habe, und seine Geschichte war wirklich bemerkenswert.

47

Dubai Millennium

Wer hat den Pferden beigebracht, mich bei meinem
Namen zu nennen
>und mich aus der Ferne zu grüßen?
Ich komme näher, sie freuen sich, spielerisch;
>Ich bin abwesend, sie erwarten mich, besorgt.
Sie spüren meine Gegenwart, erkennen mich,
>sind aufgeregt und wiehern ihre Grüße.
Sie kennen mein Herz, schnuppern an meinen Händen,
>als ob sie sagen, sie fühlten so wie ich.
Wenn ich nach langer Abwesenheit zu ihnen komme,
grüßen sie mich;
>die Ställe werden mit ihren Rufen lebendig,
als ob sie riefen, wie schön, dich wiederzusehen,
>wie lange bist du weg gewesen!
Pferde haben Rassen, Nationen und Länder.
>Sie tragen verborgene Geheimnisse tief in sich.

Schon seit er jung war, schien Yaazer überlebensgroß. Sein Gang war einzigartig und unterschied ihn von allen anderen. Er galoppierte und sprang mit großen Schritten, und löste so, noch bevor er erwachsen war, Ehrfurcht und Staunen aus. Seine Bewegungen begeisterten Zuschauer. Aus der Ferne konnte ich ihn schon an seiner Haltung erkennen, noch bevor seine Züge sichtbar waren. Sein kräftiges braunes Fell und seine stolze Haltung gaben ihm eine Aura von Größe. Wir nannten ihn Yaazer, als er jung war, aber änderten seinen Namen in Dubai Millennium, als er erwachsen wurde. Er war eine Rennpferdelegende, die mein Herz eroberte.

Als er zwei Jahre alt war, schickte ich ihn nach Newmarket in Großbritannien, um ihn bei den Rennen auf Grasbahnen zu testen. Er verbrachte den Frühling dort und begann Anfang Oktober zu laufen. Er war von Anfang an erstaunlich. Er nahm an Testrennen in Doncaster und Goodwood teil und gewann alle. Diese Rennen bereiten die Pferde auf das Epsom Derby vor. Dann nahm er an dem Queen Elizabeth II Stakes in Ascot teil und gewann auch dieses. Er gewann auch Rennen in Frankreich und schlug viele bekannte Rennpferde mit Leichtigkeit.

> „Wir nannten ihn Yaazer, als er jung war, und Dubai Millennium, als er erwachsen wurde. Er war eine Rennpferdelegende, die mein Herz eroberte"

Dubai Millennium war ein Pferd, das gerne gewann, tat dies aber auf seine eigene Art und Weise. Er lief so, wie er es für richtig hielt, ohne seinen Jockey wirklich zu beachten. Er war anders und lief von Anfang an mit Höchstgeschwindigkeit. Er gewann gern, aber auf seine eigene Art, da er es liebte, sich hervorzutun. Er würde die Entschlossenheit seiner Konkurrenten von Anfang an brechen. Tatsächlich würde er seine Gegner so stark zermalmen, dass sie nicht in der Lage waren, wieder auf die gleiche Weise zu laufen. Er ist nie als Gleichberechtigter gelaufen; er stand immer heraus, als würde er alle anderen Pferde bitten, ihm zu folgen, und das brach den anderen das Herz!

Ein solch grandioses Pferd eignet sich für große Wettbewerbe. Nachdem er auf den Rennstrecken Europas gelaufen war, entschied ich mich, ihn an einem der größten Rennen der Welt, dem Dubai World Cup 2000, teilnehmen zu lassen. Er hatte es verdient, der Meister aller Rennstrecken zu werden, sowohl auf

Turf- als auch auf Sandbahnen. Er war ein außergewöhnliches Pferd, das es verdient hatte, Weltmeister zu sein.

Der Dubai World Cup ist eine internationale Veranstaltung, die von Pferdeliebhabern aus aller Welt mit Spannung erwartet wird. Ich habe mich voll und ganz darauf verlassen, dass Dubai Millennium das Rennen für mich gewinnen würde. Ich habe seinen Transfer nach Dubai sowie die logistischen Vorbereitungen für das größte Ereignis im Pferderennsport persönlich überwacht. Der Druck wurde mit jedem Tag größer, bis zum Vorabend des Rennens.

Ich traf mich mit unserem Jockey, Frankie Dettori, und gab ihm einige wichtige Anweisungen zum Umgang mit dem Pferd. Nachdem Frankie gegangen war, machte ich einen Spaziergang. Alle waren eingeschlafen, worum ich sie beneidete, denn ich konnte nicht die erforderliche Ruhe und Stille finden, um meine Augen zu schließen. Ich schnappte frische Luft, stieg in mein Auto und fuhr zu meinem Lieblingsplatz, dem Stall in Al Quoz, in dem Dubai Millennium untergebracht war.

Die anderen Pferde waren dabei, sich schlafen zu legen, oder aßen, was von ihrem Futter noch übrig war. Als ich vor den Stallungen mein Auto stoppte, erschien ein Kopf über der Tür und ich hörte ein sanftes Wiehern, das mich in Dubais ruhiger, milder Nachtluft begrüßte.

Ich bewegte mich im Dunkeln auf die Tür zu, ohne die Stalllichter einzuschalten. Dubai Millennium rief bereits nach mir und führte mich so in die richtige Richtung. Es schien, als freute er sich, mich in dieser Nacht zu sehen. Die Nachtwächter rannten schnell zum Stall, als sie hörten, wie seine Hufe klapperten. Dies hörte jedoch auf, sobald er meinen Schatten langsam auf sich zukommen sah. Ich besuchte ihn gewöhnlich zu dieser späten Stunde.

Ich öffnete die Tür und betrat den Stall. Er ging langsam zurück, um mich hereinzulassen. Ich berührte sanft seine Nase und setzte mich, mit meinem Rücken zur Wand, auf den Heuhaufen neben ihm. Er senkte seinen Kopf sanft, kam etwas näher und suchte nach seinem Lieblingsessen, das ich immer in meiner Tasche hatte.

Ich schaute zu meinem riesigen Pferd auf, das so stolz über mir ragte, und fragte: „Wie kannst du so sanft sein, Millennium?" Er blieb stehen und sah mich an, als er meine Stimme hörte, und dann suchte er weiter in meinen Taschen. Er wusste genau wie ich, dass dies der Vorabend eines großen Rennens war. Er hatte diese Routine viele Male durchgemacht. Er bemerkte die Bandagen, die um seine Beine gewickelt waren, die Anzahl der Blutabnahmen, um uns seiner Fitness zu vergewissern, und wie wir ihn beobachteten, als er am Nachmittag die Ställe verließ. Er bemerkte dies alles und wusste, was los war. Er war sehr intelligent und wusste, dass ein großes Rennen bevorstand. Dies machte ihm jedoch nichts aus, da er über diesen Dingen stand.

> „Seine Geschwindigkeit nahm zu, als wäre er in einem Wettlauf mit dem Wind. Mein Herz klopfte, als ich hörte, wie seine Hufe über den Boden donnerten"

Ich steckte meine Hand in meine Tasche und gab ihm die Karotte, nach der er suchte. Seine Ohren bewegten sich hin und her, als er auf meine Stimme hörte. „Mein lieber Freund, ich habe mein ganzes Leben lang auf dich gewartet."

Ich hörte eine Weile auf zu reden, blieb still und fuhr dann fort: „Morgen ist der Tag, auf den wir beide gewartet haben. Dieses Rennen bedeutet mir viel, mehr als jedes andere Rennen in der Vergangenheit. Vielleicht hast du dich mehr für andere Rennen in Europa und anderen Teilen der Welt interessiert, aber dies ist mein Land. Ich möchte, dass du morgen hier läufst, mein Freund – für mich, für Dubai und für die Emirate."

Er schien verstanden zu haben, was ich von ihm verlangte, denn er machte einen Schritt nach vorne und drückte seine Nase an mein Gesicht. Es dauerte nur ein paar Sekunden, doch es erschien mir wie eine ganze Minute. Dann holte er tief Luft und wieherte. Ich legte meine Hand auf sein Maul und stand auf. Mein Besuch bei dieser königlichen Kreatur war zu Ende. Ich ging zur Tür und öffnete sie. Kurz bevor ich ging, drehte ich mich um und lächelte ihn an, und er drehte sich entspannt zum Fenster.

Die Morgendämmerung brach an am 25. März 2000, dem Tag der Weltmeisterschaft in Dubai. Ein Ereignis, auf das alle gespannt gewartet hatten. Nach ein paar kurzen Besprechungen am Morgen ging ich am Nachmittag auf einen Inspektionsrundgang, um die Sicherheitskontrollpunkte für das Rennen zu überprüfen. Ich überprüfte die Hubschrauberlandeplätze und die Rettungswagen und ging zur Polizeibehörde, um die Notfallmaßnahmen mit ihnen zu besprechen. Es war meine Pflicht, die Sicherheit von Scheich Maktoum, dem Herrscher von Dubai, sowie der Zehntausenden von Menschen, die dem Rennen beiwohnen würden, zu gewährleisten.

Die Zeit bewegte sich langsam und mit jeder Minute wurde ich aufgeregter. Es war fast 17 Uhr. Dubai Millennium bereitete sich darauf vor, die Ställe in Al Quoz zu verlassen und zur Rennstrecke in Nadd Al Shiba gebracht zu werden. Ich fuhr dorthin und sah zu, wie er vorsichtig den Anhänger betrat, bevor die Türen geschlossen wurden. Er sah ruhig und zuversichtlich aus. Ich folgte dem Wagen, um sicherzugehen, dass er sicher in seinem Stall bei der Rennstrecke ankommen würde. Dann seufzte ich tief. Nun hing alles von ihm ab.

Der Moment der Wahrheit war gekommen. Die Strecke sah aus wie eine glänzende Perle in Dubai, gefüllt mit Tausenden von

Zuschauern und Fans. Viele freuten sich darauf, zum ersten Mal Dubai Millennium beim Dubai World Cup laufen zu sehen. Frankie kam, um seine letzten Anweisungen zu bekommen. Ich sagte zu ihm: „Kämpfe nicht gegen das Pferd. Wenn er abheben will, halte ihn nicht zurück. Versuche, mit seiner Energie mitzuziehen."

Alle waren angespannt, und von meinem Sitz aus konnte ich Dubai Millennium wie einen Löwen in die Arena schreiten sehen. Sein Fell und seine Augen glänzten. In diesem Moment fühlte ich, dass er bereit war. Er war wie ein Krieger, der darauf brannte, in die Schlacht zu ziehen.

Ich hielt den Atem an, als ich sah, wie sich die Pferde bereit machten, ihre Plätze an der Startlinie einzunehmen. Der Kommentator beschrieb die Vorbereitungen für jedes der Rennpferde und das Publikum rief laut, als sich die Tore öffneten. Die Pferde rannten los!

Dubai Millennium hatte einen guten Start aus dem Tor. Die anderen Pferde gehorchten ihren Jockeys und bremsten nach ihrem anfänglichen Tempo ab, was Millennium jedoch nicht störte. Ich sah, wie Frankie versuchte, das Angriffstempo des Pferdes zu verlangsamen, doch Millennium kümmerte es nicht. Die Versuche des Jockeys, ihn zu bremsen, waren vergebens. Frankie versuchte, sich so weit wie möglich nach hinten zu setzen und ihn mit seinem ganzen Gewicht zu zügeln. Das Pferd beachtete ihn einfach nicht, raste wie ein Blitz zur Spitze und ignorierte jegliche Versuche, das Tempo zu drosseln.

Ich hörte, wie die Leute um mich herum die unglaubliche Geschwindigkeit, mit der Millennium startete, kommentierten. Er rannte, als stünde sein Körper in Flammen. Sie begannen, Frankie zu beschimpfen und beschuldigten ihn, dass er seinem Pferd das Rennen kosten würde. Ihre Stimmen wurden lauter und schrien: „Was glaubt er denn, was er da macht?"

Ich sah, dass Millennium rannte, als ob die Strecke ein Spielplatz wäre, und begann mich zu fragen, was denn dieser Höchstgeschwindigkeitsstart für das Rennen bedeuten würde. Kurz darauf fragte ich mich selbst: „Was macht er denn? Warum reitet Frankie so schnell?"

So eine wahnsinnige Geschwindigkeit! Mit Sicherheit konnte Millennium das Rennen so nicht durchhalten. Die anderen Pferde würden ihn einholen, sobald er müde wurde. Die Berater meines Bruders Scheich Maktoum schrien lautstark: „Dieser dumme Jockey wird uns das Rennen verlieren lassen. Kein Pferd, egal wie stark, kann diese Geschwindigkeit bis zum Ende des Rennens halten."

Scheich Maktoum hörte diese Kommentare, drehte sich zu mir um und schaute weiter diese erstaunliche Vorführung an. Wie ich, glaubte er fest an die Fähigkeiten meines Pferdes.

Obwohl die Vorstellung von Millennium jeder Logik widersprach, war ich mir sicher, dass er gewinnen würde. Er wusste genau, was er tat, denn er war ein Pferd wie kein anderes. Er war so intelligent, dass er, als ich am Abend zuvor im Stall bei ihm saß und ihm sagte, wie wichtig dieses Rennen für mich war, zustimmend nickte. Ich könnte schwören, dass dieses Pferd verstanden hat, was ich ihm sagte. Wenn er nicht mit mir einverstanden gewesen wäre, hätte er den Kopf gehoben und seine Mähne in der Luft geschüttelt. Er war mein Pferd und mein lieber Freund. Ich kannte ihn gut.

Seine Geschwindigkeit nahm zu, als wäre er in einem Wettlauf mit dem Wind. Mein Herz klopfte, als ich hörte, wie seine Hufe über den Boden donnerten. Als Millennium den geraden Teil der Strecke erreichte, ließ er diese in kürzester Zeit hinter sich. Das Publikum war erstaunt und schaute mit angehaltenem Atem zu, was als Nächstes passieren würde.

Millennium behielt sein Tempo bei, ohne zu ermüden. Alle dachten, es würde nur eine Frage von Minuten sein, bis er langsamer wurde oder auf dem Weg zur Ziellinie zusammenbrach. Dann würden ihn die anderen Pferde einholen. Es wäre für mich schmerzhaft gewesen, wenn Millennium müde und langsamer worden wäre, aber stattdessen änderte er die Art und Weise, wie er galoppierte, und nahm noch mehr Geschwindigkeit auf. Er lief weiter, als ob er auf der Flucht wäre. Die Menge war auf den Beinen, um zu sehen, wie dieses Pferd wie ein Hurrikan die Ziellinie in Angriff nahm. Frankie stand in den Steigbügeln und reckte die Hand die Luft.

Millennium rannte mit vollem Tempo weiter bis zur Linie. Nur sechs Längen hinter ihm rannte der amerikanischen Vollblut Behrens, gefolgt vom Rest des Feldes in derselben Entfernung hinter ihm. Millennium hatte den Streckenrekord gebrochen. Das Publikum tobte vor Begeisterung. Etwas Seltenes, Erstaunliches und Außergewöhnliches in der Welt des Pferderennsports hatte vor ihren Augen stattgefunden.

Ich warf meine Rennkarte in die Luft und sprang vor Freude auf. Ich umarmte meinen Bruder mit einer Begeisterung, die sich nicht in Worte fassen lässt. Wir hatten das beste Pferd und er hatte uns nicht im Stich gelassen. Der Gesang und die Begeisterung des Publikums waren überwältigend. Es war ein Sieg für Dubai, für die Emirate und für alle Araber. Wir besaßen das beste Pferd der Welt! Es war wie ein Traum, der vor meinen Augen wahr wurde.

Ich tätschelte stolz mein Pferd und versprach, es später für seinen Sieg zu belohnen. Da ich zu dieser Zeit immer noch arbeitete, war es meine Priorität, dafür zu sorgen, dass Scheich Maktoum sowie das Publikum, das von Millenniums Sieg so begeistert war, sich in Sicherheit befanden. Trotz meiner Aufregung konnte ich nicht aufhören, die Umgebung um mich herum zu beobachten. In solchen Situationen wäre es leicht, sich den Hinterbeinen meines

Pferdes zu nähern und ihm etwas anzutun oder vielleicht, Gott bewahre, jemanden in der Menschenmenge, die auf die Rennbahn strömte, zu verletzen. Mein Handy hörte an diesem Tag nicht auf zu klingeln; ich konnte gar nicht alle eingehenden Anrufe annehmen.

> „Millennium weigerte sich, wie alle anderen abzudanken. Er nahm ein trauriges Ende, wie viele Champions in der Geschichte. Das Publikum liebt und verehrt Champions, und diese weigern sich, auf gewöhnliche Weise zu gehen"

Nachdem ich mit meiner Familie, meinen Brüdern, meinen Töchtern und meiner Frau gefeiert hatte, ging ich zurück zu meinem Auto und fuhr zu einer kleinen Villa, in der eine Gruppe meiner Freunde versammelt war. Ich hatte die Villa kaum betreten, als ein Mann kam und seine Arme um meinen Hals legte. Es war mein Jockey, Frankie, der mich mit einer Reihe begeisterter Rufe willkommen hieß: „Sir, wir haben gewonnen! Sir, wir haben gewonnen! Wo waren Sie, Sir? Wo waren Sie? Wir haben gewonnen, Sir!"

Nachdem sich alle beruhigt hatten, ging ich in der Nacht zurück zum Stall in Al Quoz. „Danke, mein Freund", sagte ich zu meinem Pferd.

„Du kannst dir nicht vorstellen, was dieser Sieg für mich bedeutet, lieber Millennium." Er nickte zustimmend. Es schien, als würde er seinen Kopf drehen, um mich willkommen zu heißen. Ich steckte meine Hand in die Tasche und gab ihm eine Karotte. Nachdem er diese gegessen hatte, legte er seine Nase auf meinen Arm, wie er es normalerweise tat, wenn er meine Stimme hörte.

Dubai Millennium unterschied sich von allen anderen Pferden. Der Jockey musste ihm freie Zügel lassen, um seinen Stil nicht zu behindern. Er musste sich darauf verlassen, dass das Pferd das Rennen so bestritt, wie er es für richtig hielt. Er war viel schneller als andere Pferde, auch ohne zusätzliche Anstrengung. Mit dieser Geschwindigkeit konnten andere Pferde einfach nicht mithalten. Frankie sagte immer, er habe Angst, Millennium zu reiten, nicht weil er ein gefährliches Pferd war, sondern weil er so stark war. Der Versuch, ihn zu kontrollieren, war wie der Versuch, einem Nashorn die Zügel anzulegen. Wenn er laufen wollte, konnte man ihn mit nichts stoppen. Frankie hat immer gesagt, er habe in seinem Leben noch nie ein so starkes Pferd gesehen. Diese Kraft war jedoch nicht ohne Kontrolle. Millennium wusste genau, was er tat. Er wusste, dass er mit Höchstgeschwindigkeit von einem Punkt zum anderen laufen musste, und niemand konnte ihn aufhalten oder seine Begeisterung bremsen. Seine Stärke war außergewöhnlich und es ist unwahrscheinlich, dass diese jemals von einem anderen Pferd erreicht wird.

Der Ruf von Millennium verbreitete sich schnell in der Welt des Pferderennsports. Wir füllten seinen Kalender mit vielen Rennen und er hat diese auch alle bis auf eines gewonnen. Er war nicht nur der Champion auf Turfstrecken, sondern auch auf Sandbahnen. Er war der Champion auf jeder Spur, auf die er einen Fuß setzte.

Das Schicksal gebietet jedoch, dass ein Champion nicht für immer ein Champion bleiben kann. Die Naturgesetze besagen, dass das, was nach oben geht, auch wieder herunterkommen muss. Doch Millennium weigerte sich, wie alle anderen abzudanken. Er nahm ein trauriges Ende, wie viele Champions in der Geschichte. Das Publikum liebt und verehrt Champions. Sie weigern sich, auf gewöhnliche Weise zu gehen. Sie verabschieden sich auf eine Art und Weise, die sie in den Gedanken und Herzen derer, die sie lieben, verewigt.

Am 22. April 2001 erkrankte Millennium. Am folgenden Tag wurde er wegen schwerer Bauchschmerzen operiert, was zu Komplikationen führte. Am 24. April wurde bei ihm eine schwere Graskrankheit diagnostiziert. Dies ist das letzte, was ein Besitzer hören möchte, da diese Krankheit ein Todesurteil ist. Die Graskrankheit wirkt sich auf die Nerven des Verdauungssystems eines Pferdes aus und sein Körper kann diese nicht bekämpfen. Das muss man sich vorstellen! Eine Handvoll Gras kann ein riesiges gesundes Pferd ins Wanken bringen.

An diesem schrecklichen Mittwoch reiste ich von Dubai nach Newmarket, um herauszufinden, ob wir irgendetwas tun könnten. Leider verschlechterte sich sein Gesundheitszustand noch weiter und am Sonntag, dem 29. April, wurde er zum dritten Mal operiert. Trotz aller Anstrengungen, die wir mit einem Team von weltweit führenden Tierärzten unternommen haben, war es offensichtlich, dass es kein glückliches Ende geben würde.

Ich traf die schwerste Entscheidung, die sich ein Pferdebesitzer, speziell einer, der eine so starke Verbindung zu Pferden empfindet, vorstellen kann. Schlimmer war noch, dass dies das beste Pferd der Welt war. Es war eine sehr schmerzhafte Entscheidung, aber es war wichtig, sein Leiden zu beenden. Nach der dritten Operation gab ich die Anordnung, ihn in Frieden sterben zu lassen. Dubai Millennium ist aus dieser Operation nie aufgewacht.

Ich bin noch immer nicht aus dem schönsten Traum erwacht, den ich mit meinem Freund erlebt habe, dem besten Pferd, das ich je gekannt habe.

48

Der Premierminister & Herrscher Von Dubai

Ich bin seit 1968 Teil der Regierung von Dubai und am 2. Dezember 1971 wurde ich auch Mitglied der Bundesregierung der Vereinigten Arabischen Emirate, als ich die Rolle des Verteidigungsministers der Vereinigten Arabischen Emirate übernahm. Ich habe Scheich Zayed bei der Gründung der Union begleitet, während Scheich Rashid mir sehr viel über die lokale Verwaltung beibrachte. Ich habe alles gegeben, was ich hatte, um meinem Land, meinen Führern und meiner Nation im Laufe der Jahre zu dienen. Ich habe mich nie für eine Rolle in der Regierung beworben und ich habe auch nie versucht, Herrscher zu sein. Ich habe den angebotenen Titel Kronprinz von Dubai viermal abgelehnt. Während meiner Dienstjahre war ich ehrgeizig, ohne gierig zu sein, und bemühte mich immer, etwas Besseres für mein Land zu tun, ohne die Rechte anderer zu missbrauchen. Wie ich es sah, hatte Gott mir die Verantwortung für zwei Familien übertragen – mein Volk und meine eigentliche Familie – und ich habe mein Bestes gegeben, um ihr Glück zu erreichen.

Am 4. Januar 2006 wurden schockierende Neuigkeiten verkündet. Mein Bruder, Scheich Maktoum, Gott hab ihn selig, war plötzlich an einem Herzinfarkt gestorben. An diesem Tag wurde ich der Herrscher von Dubai und die Herrscher der anderen Emirate wählten mich zum Vizepräsidenten und Premierminister der Vereinigten Arabischen Emirate. Der Schmerz, Scheich Maktoum zu verlieren, war für mich schwer zu ertragen. Er starb nur 14 Monate nach dem Tod des Vaters unserer Nation, Scheich Zayed, möge er in Frieden ruhen.

Nach ihrem Tod fühlte ich eine größere Verantwortung vor Gott, für mein Land und unsere Geschichte. Ich hatte das Gefühl, dass das Erbe, das sie mir anvertrauten, zu wertvoll war, um dies auch nur einen Augenblick zu vernachlässigen. Ich begann, anders zu denken, und mein Leben veränderte sich.

Nach meiner Wahl zog ich mich zurück, um allein zu sein. Ich betete zwei Rakats oder Gebetseinheiten zu Gott und bat ihn, mich zu inspirieren und mich auf den richtigen Weg zu führen. Ich begann sofort, meine Gedanken und Prioritäten zu ordnen. Ich dachte über all die Dinge nach, die mir bei der Reform der Regierung in den Sinn gekommen waren. Ich stellte eine Liste von Kandidaten für mein neues Team auf und erstellte einen schnellen Plan für meine neue Arbeit und Lebensweise, wobei ich versuchte, meine Pflichten als Premierminister und meine Rolle als Herrscher von Dubai in Einklang zu bringen. Mit Gottes Gnade habe ich diesen neuen Lebensweg angetreten.

Ich bildete ein neues Kabinett und setzte viele der damals etablierten Ausschüsse ab. Ich war noch nie besonders von Ausschüssen überzeugt gewesen, sondern glaubte eher an Arbeitsgruppen. Ich richtete ein neues Büro des Premierministers ein und forderte alle neuen Minister auf, klare Arbeitspläne und Strategien für die Zukunft zu entwerfen. Ich habe ein System eingerichtet, um die Pläne der Ministerien anhand von 3.000 Leistungsindikatoren zu überwachen. Ich bezahlte auch alle Schulden der früheren Verwaltungen. Ich hatte das Gefühl, dass die Arbeit systematisch erledigt wurde und die Räder sich zu drehen begannen. Ich bat alle Minister, mich zu einer Klausur in die Wüste zu begleiten, um umfangreiche Ideen zu diskutieren. Mein Ziel war es nicht nur, die Räder zum Drehen zu bringen, sondern unsere Regierung auf neue Höhen zu katapultieren.

Wir haben uns viel Großes für die Zukunft vorgestellt. Ein Jahr, nachdem ich Premierminister wurde, berief ich eine große Veranstaltung ein, zu der ich den Präsidenten der Vereinigten

Arabischen Emirate, Seine Hoheit Scheich Khalifa bin Zayed Al Nahyan, und alle Herrscher, Kronprinzen, Minister und Beamte des Landes einlud, um die Strategie und Vision der Regierung der Vereinigten Arabischen Emirate zu verkünden. Der Präsident und die anderen Machthaber stimmten der neuen Strategie zu. Diese zielte darauf ab, unsere Regierung bis 2021, dem Jahr des goldenen Jubiläums der Nation, zu einem Erfolgsmodell für den öffentlichen Sektor zu machen.

Fast jeden Monat kündigte ich ein neues System für staatliche Betriebe mit neuen Kennzahlen und Zielen an. Ich verfolgte deren Umsetzung mit einer speziell für diesen Zweck eingesetzten Arbeitsgruppe. Einige Minister kamen zu mir und beklagten sich über den Druck, die erhöhte Arbeitsbelastung, die zahlreichen Ziele und die Veränderungen in den Systemen. Ich bat sie, abzuwarten und Verständnis zu haben. Dann kündigte ich eine Kabinettsumbildung an, um so neues Blut und Energie, die nötig ist, um unsere Ambitionen und Ziele zu erreichen, einzubringen. Ich dankte auch den ehemaligen Ministern für ihren Dienst. Ich nahm etwa alle zwei Jahre Änderungen am Kabinett vor, um sicherzustellen, dass die Arbeitsgruppe, die mir am nächsten stand, immer bereit war, neue Höhen zu erreichen. Ich hielt ein Treffen mit meinen Ministern ab, bei dem ich jedes Ministerium bat, ein oder zwei Indikatoren aus internationalen Berichten auszuwählen und sich für diese zu verpflichten, bis 2021 die Weltspitze zu erreichen. Einige von ihnen fragten mich, ob sie nicht unter den ersten zehn statt an erster Stelle sein könnten. Viele stellten Gründe dafür zusammen, warum dies nicht möglich war. Ich lehnte jedoch alle Entschuldigungen ab, da ich die Glasdecke, die sie für sich selbst gebaut hatten, durchbrechen wollte. Wir sind nicht weniger wert als andere. Diejenigen, die an erster Stelle stehen, sind nicht effizienter, intelligenter oder fähiger als wir. Die Minister stimmten schließlich zu, die Herausforderung anzunehmen.

Heute, vor Ablauf der uns selbst gesetzten Frist, steht die Regierung der Vereinigten Arabischen Emirate bei mehr als 50 internationalen Indikatoren weltweit sowie bei über 100 Entwicklungsindikatoren regional an erster Stelle und ist laut Internationalen Berichten die effizienteste Regierung weltweit. Sie steht weltweit an erster Stelle, wenn es um das Vertrauen der Menschen geht. Scheich Zayed, Gott hab ihn selig, pflegte etwas zu sagen, was mir sehr gefiel: „Menschen sterben und Geld vergeht. Nur die Heimat bleibt erhalten. Nur das, was wir für unser Volk getan haben, wird Bestand haben."

Ich wünschte, Scheich Zayed wäre heute noch unter uns, um zu sehen, was wir in den Vereinigten Arabischen Emiraten erreicht haben, die er aus dem Nichts aufgebaut hat. Ich hoffe, er weiß, dass wir immer noch das Gelübde, das wir ihm gegeben haben, befolgen und die Reise, die er begonnen hat, auf dieselbe Weise, mit derselben Ethik und den gleichen Grundsätzen, die er uns gegeben hat, weitergehen. Ich hoffe, er ist zufrieden mit dem, was wir erreicht haben. Durch die Gnade Gottes haben wir im Geist der Zusammenarbeit und in der Überzeugung, dass wir fähig sind, viele Erfolge verwirklicht. Ich habe dafür gesorgt, dass meine Arbeitsgruppen und alle anderen, die mit mir in der Regierung zusammenarbeiten, verstanden haben, dass es im Wörterbuch der Vereinigten Arabischen Emirate kein „Unmöglich" gibt.

Ich bin überzeugt, dass das größte Hindernis, das die Menschen davon abhält, das Unmögliche herauszufordern, der Glaube daran ist, dass das Unmögliche existiert. Die größte Errungenschaft beim Versuch, eine Person zu stärken, besteht darin, ihr das Konzept zu vermitteln, dass nichts unmöglich ist. Das beste Geschenk, das wir für zukünftige Generationen hinterlassen können, besteht darin, ihnen den Mut zu geben, Dinge zu wagen, die sich noch niemand zuvor zugetraut hat, um neue Höhen zu erreichen, die sich noch niemand vorgestellt hat.

Ich glaube fest daran. Ich investierte besonders in ein bestimmtes Projekt, das diese Glasdecke über den Köpfen vieler Leute durchbrechen soll. Ich möchte die Messlatte höher legen oder sogar für die nächsten Generationen komplett abbauen. Ich habe angekündigt, dass wir, die Menschen in den Vereinigten Arabischen Emiraten, zu unserem goldenen Jubiläum 2021 die erste Weltraumsonde zum Mars schicken werden.

Die Hope Marssonde wird 225 Millionen Kilometer zurücklegen, bevor sie die Umlaufbahn des Roten Planeten erreicht. Doch wir werden sie dort hinbringen. Und wir werden eines von nur neun Ländern der Welt sein, die dies getan haben. Diese Länder haben zwar ihre Entwicklungsreise vor uns begonnen, aber wir sind entschlossen, sie mit Mut, Schnelligkeit und Entschlossenheit zu schlagen. Das Projekt hat viel Begeisterung hervorgerufen und unserer Gemeinschaft neues Leben und Energie verliehen. Unsere Jugend blickt jetzt in den Himmel und unser Volk träumt davon, die Sterne zu erreichen.

Mein Versuch, die Kultur des Unmöglichen in unserer Gesellschaft zu verändern, war ein Erfolg. Nachdem ich dieses Projekt angekündigt hatte, war ich sehr gerührt, als mir ein Freund sagte: „Wenn Zayed bei uns wäre, wäre er wirklich stolz auf uns und würde an unserem Glück teilhaben."

49

Hoffnung Für Die Menschheit

Ich genieße Jagdausflüge, weil sie mir erlauben, mein Büro zu verlassen, meine Routine zu durchbrechen, meine Gedanken neu zu ordnen und meine Energie aufzuladen. Auf einer Reise in ein afrikanisches Land vor einigen Jahren kamen wir in eine kleine Stadt, in der ich eine Schule für die Menschen vor Ort gebaut hatte. Ich machte einen Überraschungsbesuch und fand nur ein paar Dutzend Schüler in dem großen Gebäude, in dem sich viele Hunderte hätten befinden können. Ich fragte, warum dies der Fall sei, und man sagte mir, dass der Hauptgrund dafür, dass die Kinder nicht zur Schule kamen, der Hunger war. Ich war schockiert über diese Begründung und habe ein paar Sekunden gebraucht, um dies zu verstehen. Wir bauen Schulen, um den Hunger zu beseitigen. Bildung ist unsere Hauptwaffe gegen Armut, aber ein grundlegender Mangel macht sie in unseren Händen nutzlos. Die Welt kann manchmal sehr grausam sein, indem die Ärmsten am meisten leiden. Man erzählte mir, die Schüler würden jeden Tag auf den Farmen nach Essen suchten oder zu Hause bleiben, wenn sie extrem unterernährt und fast zu schwach waren, sich zu bewegen.

Ich ließ in der Schule eine große Küche und Kantine bauen, die mit der besten Ausrüstung, den besten Lebensmitteln und einem kompletten Team ausgestattet wurde. Ein Jahr später kam ich zurück und sah, dass in der Schule Tausende Schüler in zwei Schichten morgens und abends unterrichtet wurden. Ich fühlte mich so glücklich. Anderen etwas zu geben, segnet uns im Gegenzug mit Glück, Ruhe und Gelassenheit. Wir haben das

Geben oft nötiger, als die Bedürftigen unsere Hilfe benötigen. Wenn du anderen gibst, so gibt dir Gott. Wenn du dich demütig machst, erhebt Gott dich. Wenn du Gnade und Mitgefühl zeigst, umarmt dich Gott. Ich verlasse mich nicht auf meine persönlichen Bemühungen zur Durchführung humanitärer Arbeit, sondern auf fokussierte und nachhaltige Organisationen, die eine größere Wirkung entfachen können, und habe daher viele Projekte ins Leben gerufen, die von einem hoch engagierten Team verwaltet werden.

Vor einigen Jahren gründete ich Dubai Cares, eine philanthropische Stiftung, die sich auf Bildung in armen Ländern konzentriert. Bisher haben mehr als 18 Millionen Schüler davon profitiert. Zu unseren Initiativen gehören auch eine gemeinnützige Organisation, die über zwei Millionen Familien geholfen hat, und die International Humanitarian City, die Rettungsaktionen bei Natur- und humanitären Katastrophen für ein Viertel der Länder der Welt organisiert und unterstützt. Wir haben eine Stiftung für Bildung und eine technische Stiftung, die Tausenden das Programmieren beibringt. Wir haben ein Stiftungsvermögen von einer Milliarde AED für medizinische Projekte und Forschung, eine Organisation, die sich auf die Behandlung von Blinden spezialisiert und Millionen von Menschen geholfen hat, ein Internationales Institut für Toleranz, Konferenzen zu Kultur und Medien sowie Preise für die Künste und die arabische Sprache und viele andere Initiativen. Alle diese Projekte unterstehen der Schirmherrschaft der Mohammed Bin Rashid Al Maktoum Global Initiatives, zu der mehr als 30 Organisationen und Initiativen gehören, die mehr als 130 Millionen Menschen helfen.

Ich rühme mich nicht gern und sage dies auch nicht, um meinen Ruf zu verbessern – Gott allein kennt meine Absichten. Ich sage dies, um andere, die die Mittel haben, zum Helfen zu ermutigen. Ich sage diesen Leuten, dass ihr Erfolg im Leben nicht ihre Fähigkeit, nach Menschlichkeit bei jedem einzelnen Menschen auf der Welt zu suchen, beeinträchtigen darf. Ich habe noch nie von jemandem gehört, der arm wurde, weil er etwas gab, der zu arbeiten aufhören musste, um Gutes zu tun oder dessen Errungenschaften gemindert wurden, weil er anderen etwas gegeben hatte. Jeder kann etwas geben. In jedem Menschen ist Güte und in jedem von uns ist eine barmherzige und großzügige Seele. Wenn man den Schmerz eines anderen Menschen lindern kann, ist dies wie das Pflanzen einer Blume im Garten, das Anzünden einer Kerze im Dunkeln oder das Retten eines Lebens, das Gott, der Allmächtige, schätzt.

Im Jahr 2016 rief ich einen Wettbewerb ins Leben, um zu beweisen, dass jeder, unabhängig von seiner Position oder seinem Vermögen, ein Wohltäter sein kann. Der Durchschnittsmensch kann der Menschheit genauso gut oder sogar besser als Tausende von Geschäftsleuten, die Millionen besitzen, dienen, da das Gute aus dem Herzen kommt und Mitgefühl Teil der Seele ist. Es hat nichts damit zu tun, wie viel Geld man hat. Ich nannte den Wettbewerb ‚Arab Hope Makers' und rief alle, die selbst an humanitären Aktivitäten beteiligt waren oder die über die Aktivitäten anderer berichten wollten, dazu auf, davon zu erzählen und die edlen Bemühungen hervorzuheben. Die Hoffnungsträger, die das Gute verbreiten und dazu beitragen, das Leben von Millionen von Menschen in der arabischen Welt zu verbessern, würden so ihre Belohnung bekommen. Wir erhielten Tausende Vorschläge, Tausende Lichter der Hoffnung, die unsere Region erhellten, von denen die meisten bisher unbekannt waren. Wir hörten so viele inspirierende Geschichten, wie zum Beispiel die eines jungen Mannes, der Waisenhäuser in vom Krieg verwüsteten Ländern baut; oder die einer jungen Frau, die ihren komfortablen Sitz im GKR verlassen hat, um jahrelang in einem verarmten Land zu leben und dort Tausende von Menschenleben zu retten; oder die eines Arztes, der über soziale Medien ein Team von 3.000 Ärzten zusammenstellte und Herzoperationen für Kinder in armen Ländern durchführte; oder die eines anderen jungen Mannes, der ältere Obdachlose aufnahm und ihnen aus seinen bescheidenen Mitteln Schutz und medizinische Versorgung bot; oder die einer jungen Frau, die verzweifelte Flüchtlinge vor dem Ertrinken auf See rettete, und die einer 70-jährigen Frau, deren Alter sie nicht davon abhielt, zu den Armen zu reisen und dort zu arbeiten.

Dies sind nur einige der Geschichten, die wir hörten. Ich erinnere mich besonders an Faris aus dem Sudan. Er war überrascht zu erfahren, dass in einigen Dörfern seines Landes die Einschulungsraten aufgrund von Hunger extrem niedrig waren. Faris hat niemanden dafür verantwortlich gemacht. Er sprach nicht von Ungerechtigkeit, vergoss einige Tränen und kehrte dann in sein normales Leben zurück. Stattdessen ging er nach Hause und bereitete mit Hilfe seiner Mutter Sandwiches für die Schulkinder vor. Am nächsten Tag tat er es wieder und bald machten die Frauen in seiner Nachbarschaft das Gleiche. Eine Gruppe Freiwilliger hörte seine Geschichte und auch sie begannen, ihm zu helfen. Im Laufe von zehn Jahren haben sie mehr als 40 Millionen Sandwiches verteilt. All dies wurde durch eine persönliche Initiative erreicht, die Faris mit guten Absichten, gutem Herzen und sehr einfachen Mitteln begann. In jedem von uns steckt ein Faris.

Auf die Frage, warum ich Arab Hope Makers ins Leben gerufen habe, sagte ich: „Wir suchen den Menschen in jedem von uns." Diese Initiativen motivieren gewöhnliche Menschen dazu, außergewöhnlich zu sein. Sie motivieren die Wohlhabenden, zu erkennen, dass sie mehr tun können, um Leiden und Verarmung zu lindern. Diese Initiativen motivieren alle dazu, positiv über die Herausforderungen in ihrer Gemeinschaft nachzudenken, anstatt äußere Einflüsse zu beschuldigen und darauf zu warten, dass die Regierung ihre Probleme löst.

Vor einigen Jahren haben wir in den Vereinigten Arabischen Emiraten das Jahr des Lesens ausgerufen, um so unsere Kinder zum Lesen zu ermutigen, da dies ihre Gedanken und ihren Horizont erweitert und zivilisierte, kulturell gebildete Persönlichkeiten aufbaut. Ich las in den Nachrichten, wie wenig

Menschen in der arabischen Welt lesen. Ich bat um Vorschläge und eine Idee war, einen Wettbewerb mit dem Namen ‚Arab Reading Challenge' zu veranstalten. Bei dieser sollten die teilnehmenden Schüler mindestens 50 Bücher pro Jahr lesen und diejenigen, die sich auszeichneten, belohnt werden. Das Team schlug vor, dass wir versuchen sollten, jedes Jahr 100.000 Schüler dazu zu animieren, an dem Wettbewerb teilzunehmen. Ich hob das Ziel für das erste Jahr jedoch auf eine Million an. Schon im ersten Jahr nahmen rund 3,5 Millionen Schüler teil.

Im zweiten Jahr verdoppelte sich diese Zahl auf sieben Millionen und im dritten Jahr stieg sie auf 10,5 Millionen Schüler aus 44 Ländern weltweit an. Jeder von ihnen las mindestens 50 Bücher. Es war eine große Errungenschaft, die ich jedoch nicht allein erzielt hatte. Alle Bildungsministerien in den teilnehmenden arabischen Ländern waren begeisterte Unterstützer des Projekts. Sie glaubten daran, meldeten sich freiwillig und motivierten die Schüler zur Teilnahme. Über zehn Millionen Schüler wurden von 87.000 Betreuern, die alle Freiwillige waren und die an diese Idee glaubten, überwacht. Man braucht nicht viel Geld, um Wirkung zu erzielen. Man benötigt nur ein lebendiges und mitfühlendes Herz, den Willen, Missstände aufzudecken, und den Mut, sich den Herausforderungen zu stellen, damit diese Region ihre Zivilisation wiederaufbauen kann. Wenn jeder von uns ein Zehntel von dem gibt, was wir bekommen haben, gäbe es keine Armen, Kranken oder Analphabeten mehr. Ich erinnere mein Team immer daran, dass Gott der Barmherzige und der Gnädige ist. Unsere Seelen kommen von Gott, dem Allmächtigen. Je barmherziger wir anderen Menschen gegenüber sind, desto näher sind wir bei Gott.

50

Zehn Regeln der Führerschaft

Vor einigen Monaten twitterte ich über einen Aspekt der Krise in der arabischen Welt. Ich sagte, unser Problem sei administrativ, nicht politisch, und wir brauchten Administratoren anstatt Politiker, die in der Lage sind, die Entwicklungslücken in unserer Region zu überbrücken. Ich habe folgende Nachricht auf Twitter erhalten: „Hoheit, wenn Sie die zehn Gebote für die Staatsverwaltung an einen Beamten in der arabischen Welt weitergeben würden, welche wären das?"

Ich hielt dies für eine ausgezeichnete Frage, die mich zum Nachdenken anregte: Was sind die zehn wichtigsten Regeln für die Regierung in unserer modernen arabischen Welt?

Zuallererst beharre ich darauf, dass das Leben eine nie endende Reise des Lernens ist. Je mehr wir lernen, desto mehr erkennen wir, wie wenig wir tatsächlich wissen, was normalerweise weniger ist, als wir uns vorstellen. Wenn wir also aufhören zu lernen, hören wir auf, im Leben Fortschritte zu erzielen. Basierend auf meiner eigenen bescheidenen Erfahrung, habe ich hier meine zehn Regeln für jeden zusammengefasst, der einen offiziellen Posten in der Regierung oder Verwaltung innehat.

1. Regel: Diene dem Volk. Der Zweck der Regierung ist es, dem Volk zu dienen, das Ziel der öffentlichen Verwaltung ist es, der Gesellschaft zu dienen, und die Rolle der staatlichen Verfahren, Systeme und Gesetze ist es, den Menschen zu dienen. Dies sollte man nicht vergessen. Man sollte nicht den Prozess verherrlichen,

Gesetze heiligsprechen oder denken, dass Systeme wichtiger als Menschen sind. Diese sind dazu da, den Menschen zu dienen, ihr Leben einfacher und komfortabler zu gestalten, und sie können jederzeit geändert werden. Viele verlieren dies aus den Augen und denken, dass ihre Rolle darin besteht, die bestehenden Systeme zu schützen, die gesetzlichen Bestimmungen wörtlich anzuwenden und etablierte Prozesse umzusetzen. Dieser Glaube ist jedoch die Hauptursache für viele unserer administrativen Probleme. Wenn der Gesetzgeber, die Abgeordneten, die Minister, die Verwaltungsbeamten, diejenigen, die öffentliche Dienstleistungen entwerfen und anbieten, sowie diejenigen, die Haushaltspläne erstellen und Projekte durchführen, den Endzweck im Auge behalten und das Prinzip ‚dem Volk dienen' befolgen, dann würden sich ihre Prioritäten, Pläne und Entscheidungen ändern. In unserer arabischen Welt würde es eine Verwaltungsrevolution geben.

2. Regel: Vergöttere nicht deine Position. Stellen, Positionen und Verantwortlichkeiten sind alle vorübergehend. Der echte Wert liegt in der Arbeit und der Leistung einer Person. Je härter man arbeitet, desto mehr wird man erreichen und desto mehr erhöht man seinen Status und Namen. Man wird dafür hier in dieser Welt und im Jenseits belohnt. Wenn man sich in die Position verliebt, wird man niemals den Mut haben, Entscheidungen zu treffen, die einen dazu bringen, seine Ambitionen zu erfüllen. Wenn man sich in eine Position verliebt, gibt man dieser einen höheren Stellenwert als seinen Werten, Prinzipien und Zielen, die man im Dienste der Menschen erreichen möchte. Die Position selbst sollte das geringste Problem sein. So wird man gestärkt und dazu inspiriert, die Organisation, für die man arbeitet, seine Gemeinschaft und sein Land zu verändern. Man sollte langfristig auf das Wohlergehen der Nation und nicht auf die Position, die man vorübergehend einnimmt, achten.

3. Regel: Lege einen Plan fest. Wenn man keinen Plan hat, hat man schon so gut wie verloren. Viele Beamte gehen täglich ihrer Arbeit nach, aber versäumen es, sich auf die kommende Woche oder den kommenden Monat vorzubereiten. Dies ist eine der größten administrativen Herausforderungen, denen wir gegenüberstehen. Die Rolle eines echten Führers besteht darin, zu wissen, in welche Richtung er gehen soll, und das Team dahin zu führen und zu motivieren, bis das Ziel erreicht ist. Wenn man keinen Plan festlegt, wandert man nur ziellos umher. Es macht keinen Unterschied, was man macht oder nicht macht, da man nichts Wertvolles erreichen wird.

4. Regel: Überwache dich selbst. Kontrolliere die Leistung deiner Organisation. Beauftrage eine Person damit, die Organisation von innen zu überwachen, sowie einen neutralen Dritten, der sie von außen beurteilen kann. Es müssen klare Leistungsindikatoren vorhanden sein, um sicherzustellen, dass man sich in die richtige Richtung bewegt und sein Ziel erreicht. Man sollte sich und sein Land nie selbst betrügen, indem man schwache Maßstäbe und ineffiziente Überwachungssysteme festsetzt. Es ist unmöglich, ein Projekt ohne echte und ehrliche Vorgaben, an die man sich und an die das Team sich halten muss, in die Tat umzusetzen.

5. Regel: Baue dein Team auf. Niemand kann alleine Gipfel besteigen. Eine einzelne Hand kann nicht klatschen. Ein Team hilft daher, neue Horizonte zu erreichen. Es ist wichtig, Befugnisse an die Mitglieder des Teams zu delegieren, sie zu leiten, zu lehren und zu stärken. Man muss auch dabei helfen, das Genie und die Kreativität in ihnen zu wecken, sie zu belohnen und sie für ihre Leistungen in den Mittelpunkt zu stellen. Dann kann man sich entspannen und das Ergebnis genießen, da ein großartiges Team einen vorwärtsbringt, während ein schwaches Team getragen werden muss, bis man selbst zusammenbricht.

6. Regel: Erneuere oder danke ab. Regierungen, die nicht innovativ sind, werden schnell alt und müde und können im Rennen um Fortschritt nicht mithalten. Neue Ideen sind eine Inspiration für die ständige Erneuerung, die es ihnen ermöglicht, Konkurrenten zu schlagen, Kosten zu senken und sich neu zu

erfinden. Die moderne Wirtschaft basiert auf Innovation und die
heutige Welt sucht nach neuen Talenten mit frischen Perspektiven.
Man darf nie aufhören, nach genialen Einfällen in seinem Team,
bei seinen Kunden und in der Öffentlichkeit zu suchen. Es gibt
nichts Stärkeres als eine großartige Idee.

7. Regel: Kommuniziere und sei optimistisch. Es ist wichtig,
immer mit der Öffentlichkeit, der Gemeinschaft und den Medien
in seinem Umfeld zu kommunizieren. Wenn man sich der Welt
mitteilt, kann man nicht nur ein Image und einen Ruf aufbauen,
sondern auch seine Ziele und Fähigkeiten kundgeben. Einige
Regierungen betrachten die Kommunikation mit den Medien als
zweitrangig und halten sie manchmal sogar für lästig. Ich bin aber
davon überzeugt, dass dies wichtig und notwendig ist. Medien
helfen nicht nur dabei, ein Image aufzubauen, sondern schaffen
auch Transparenz in einer Regierung und vermitteln den Menschen
die Richtung, in die sie sich bewegt. Durch die Medien kann man
die Unterstützung der Menschen erhalten, da sie wissen, wohin
man sie führen will. Menschen verzeihen einem dann auch eher
einen Fehler, da sie wissen, dass man in ihrem Dienst steht. Wenn
man seine Ziele in den Medien preisgibt, hat dies nicht nur den
Vorteil, dass man Achtung erfährt, sondern veranlasst einen auch
dazu, größere Anstrengungen zu unternehmen, um die Dinge zu
erreichen, die man öffentlich verkündet hat. Man muss immer
kommunizieren und darf sich niemals verstecken. Man sollte die
Medien immer wie Freunde behandeln, nicht wie Feinde. Sie sind
die Freunde eines dynamischen, ehrlichen Führers und die Feinde
der Korrupten, Verschlagenen und Faulen.

8. Regel: Suche den Wettbewerb. Der Wettbewerb ist ein
wesentliches Merkmal menschlichen Verhaltens. Man muss sich
an sich selbst und mit anderen messen. Unternehmen sind
erfolgreich, wenn sie sich in einem offenen Wettbewerb
behaupten können. Man sollte auf lokaler und internationaler
Ebene immer nach dem ersten Platz streben. Die Umgebung, in
der man arbeitet, muss immer wettbewerbsfähig sein. Suche den

Wettbewerb mit der Vergangenheit, um eine bessere Zukunft zu gestalten, und den Wettbewerb mit deinen Zielen, um noch ehrgeizigere Ziele zu erreichen. Der Wettbewerb bedeutet daher die Existenz einer Regierung, ohne ihn lässt die Motivation nach, schwindet die Begeisterung und erlischt die Entschlossenheit.

9. Regel: Baue Anführer auf. Wenn man Führungskräfte aufbaut, baut man auch eine Zukunft. Ein echter Anführer ist einer, der andere Anführer aufbaut, und eine echte Organisation ist eine, die Anführer hervorbringt. Das Aufrechterhalten von Spitzenleistungen liegt in der Fähigkeit einer Organisation, Führungskräfte auszubilden, die Horizonte erweitern, Energie bündeln und der Organisation zu neuen Höhen verhelfen können. Das Aufbauen von Anführern ist ein Geheimnis, das nur denen gewährt wird, die ihr eigenes Ego überwinden können und verstehen, dass ihre größte Errungenschaft darin besteht, Menschen aufzubauen, nicht Gebäude.

10. Regel: Gehe hinaus und lebe ein sinnvolles Leben. Diejenigen von uns, die in der Regierung arbeiten, sind gesegnet. Unsere Arbeit ist nicht gewöhnlich, sondern die schönste Aufgabe in unserem Leben. Sie ist das Leben selbst. Unsere Arbeit ist sinnvoll. Sie ermöglicht es uns, das Leben von Millionen von Menschen zum Besseren zu verändern. Man sollte nie seine eigene Rolle, Arbeit oder Bemühungen unterschätzen, da man die Aufgabe hat, Leben zu gestalten, die Zukunft zu planen und Nationen aufzubauen.

Möge Gott mir und Ihnen die Fähigkeit geben, der Nation und ihren Menschen zu dienen.

Dies ist nur der Anfang.

Mohammed bin Rashid Al Maktoum

Über den Autor

Seine Hoheit Scheich Mohammed bin Rashid Al Maktoum wurde in Dubai geboren. Er studierte an der Al Ahmadiya School in den Vereinigten Arabischen Emiraten und der Mons Officer Cadet School in Großbritannien.

Im Jahr 1968 wurde Scheich Mohammed zum Leiter der Dubaier Polizei und 1971 zum jüngsten Verteidigungsminister der Welt ernannt. 1995 wurde er Kronprinz und dann im Jahr 2006 Herrscher von Dubai. Im selben Jahr wurde er zum Vizepräsidenten und Premierminister der Vereinigten Arabischen Emirate gewählt und mit der Bildung einer neuen Regierung beauftragt.

2018 war sein 50. Jubiläum im Dienst seiner Nation, in dessen Rahmen er die Entwicklung der Weltstadt Dubai geprägt und vorangetrieben hat.

Scheich Mohammed leistete Pionierarbeit im Staatsdienst und der strategischen Planung, schuf neue Führungspersönlichkeiten und trieb die umfassende Einführung fortschrittlicher Technologien auf Regierungsebene voran.

Im Rahmen der Mohammed Bin Rashid Global Initiatives hat er mehr als dreißig philanthropische Initiativen und Organisationen ins Leben gerufen, welche humanitäre Arbeit leisten, Leiden lindern und Hoffnung für die Zukunft bringen.

Als Dichter hat Scheich Mohammed eine Reihe von Sammlungen verfasst, die von seiner Liebe zur Natur, zur Wüste, zum Meer und wichtigen humanitären Themen inspiriert wurden. Er ist außerdem ein erfahrener Reiter, der als Teilnehmer bei Pferderennen weltweit Preise gewann und einen der weltweit führenden Pferdezucht- und Rennsportbetriebe, die Godolphin-Stallungen, gründete.